禁毒

社会工作者伦理与案例解析手册

主编 孙沛 鲁小华

清华大学出版社
北京

本书封面贴有清华大学出版社防伪标签，无标签者不得销售。
版权所有，侵权必究。举报：010-62782989，beiqinquan@tup.tsinghua.edu.cn。

图书在版编目（CIP）数据

禁毒社会工作者伦理与案例解析手册 / 孙沛，鲁小华主编. -- 北京：清华大学出版社，2024.7. -- ISBN 978-7-302-66728-5
Ⅰ . D669.8-62
中国国家版本馆 CIP 数据核字第 2024G76R80 号

责任编辑：孙　宇
封面设计：王晓旭
责任校对：李建庄
责任印制：宋　林

出版发行：清华大学出版社
　　网　　　址：https://www.tup.com.cn，https://www.wqxuetang.com
　　地　　　址：北京清华大学学研大厦 A 座　　邮　　编：100084
　　社 总 机：010-83470000　　　　　　　　邮　　购：010-62786544
　　投稿与读者服务：010-62776969，c-service@tup.tsinghua.edu.cn
　　质量反馈：010-62772015，zhiliang@tup.tsinghua.edu.cn
印 装 者：三河市人民印务有限公司
经　　销：全国新华书店
开　　本：165mm×235mm　　印　张：19.5　　字　数：298 千字
版　　次：2024 年 7 月第 1 版　　　　　　印　次：2024 年 7 月第 1 次印刷
定　　价：99.00 元

产品编号：097834-01

编 委 会

主　编：孙　沛　鲁小华

编　委：（按姓氏拼音排序）

陈丽文　成　呆　高安静　黄宗祯
李　斌　李郢颖　李月娇　林令瑜
刘　林　刘　腾　刘　宇　刘雪莉
马　征　牛　勇　苏怀智　王　静
王　娟　王春光　王佑宇　吴作民
薛　灵　尹　露　张　淼　张杨佳
张英俊　邹筱雯

学术顾问：彭凯平　樊富珉　杨凤瑞　陈存仪
　　　　　李宪辉　刘志民　李晓东

前言

2014年，清华大学樊富珉教授和芝加哥大学罗钦道博士一起将团体关系会议从美国引入中国，主要由鲁小华博士负责推进，会议的议题是探索团体关系在心理健康和物质成瘾康复中的应用。当时对于我们来说，物质成瘾是一个遥远的名词。2016年，第二次团体关系会议继续探索心理健康和物质成瘾，同年，中国禁毒基金会在清华大学资助了一项研究——研究物质成瘾的综合心理干预方法，该项目由彭凯平教授和樊富珉教授指导，孙沛博士主要负责。2018年鲁小华博士赴芝加哥大学访学，进一步进修团体关系与行为成瘾的干预，2019年回国后经孙沛博士邀请加入了禁毒基金会的课题组，并在全国招募对物质成瘾研究和干预感兴趣的实务和研究者一起开展工作，本书是该课题的成果之一。

3年多来，课题组分成不同的子课题小组，每周会面研讨，阅读文献、交流心得、探索新方法，在这个过程中加深了对物质成瘾的发生机制的认识，对物质成瘾干预的不同方法、不同流程的认识。违法与犯罪、社区戒毒、强制戒毒、社区康复、自愿戒毒等名词日渐耳熟能详，对物质成瘾的人群以及家庭也有了更多的认识和理解，原来那些遥远的名词，逐渐熟悉与清晰起来。

在研究过程中，我们发现很多戒毒人员并不清楚有哪些途径可以求助，甚至有些人对毒品是什么都不是非常清楚，因此我们编写了《戒毒人员"心瘾"戒断心理自助手册》，在编写的过程中，我们发现从事禁毒戒毒工作的专业人员在一些具体工作过程中遇到的困难与专业伦理相关，在把握伦理边界上尚缺乏一些清晰的认知和可借鉴的指南，通过进一步的探索，我们发现禁毒社会工作者是一个新兴的职业，在工作组织架构上涉及不同部门的对接，在专业的指导上还缺乏行业规范和指南，因此借鉴社会工作和心理咨询行业的相关伦理规定，基于一线工作实践经验，我们撰写了本书，希望通过本书给禁毒社会工作者的日常工作提供较为清晰的伦理指南和案例参考。

社会工作是一项人与人之间的工作，而人是十分复杂的。伦理是社会工作的核心，社会工作者在实践工作当中的每个决定、每个动作甚至是与服务对象说的每一句话，都会涉及伦理问题。另外，在社会工作者需要具备的知识和技能中，伦理渗透其中，因此社会工作伦理技能应该像对待专业方法一样，被谨慎地对待。

伦理规范了禁毒社会工作者的专业行为，使服务对象在接受服务的过程当中能够有安全的服务空间。对于禁毒社会工作者，伦理一方面的作用是指导社会工作实务，保证服务的品质；另一方面是对禁毒社会工作者的保护，避免处置不当而招致法律或专业困境。同时，禁毒社会工作行业的发展离不开禁毒社会工作者的不断思考，其中以伦理思考的过程最为基础，禁毒社会工作者在服务过程中展现出的专业价值观和伦理观，更能够获得社会大众的信赖和支持。

禁毒社会工作中伦理的重要性不言而喻，引导读者思考禁毒社会工作伦理是本书的一个主要目的；另一个目的是帮助禁毒社会工作者做伦理决定时有充分的知识储备，并结合国内的禁毒社会工作形势与工作案例，开展本土化的、缜密的伦理思考。

本书分为理论和案例两大部分。在理论部分，第1章详细介绍了伦理和社会工作的概念，包括伦理与道德、价值观的关系；第2章介绍了禁毒社会工作者的职责定位，包括禁毒体系、禁毒社会工作者的使命及意义、禁毒社会工作者的工作角色及工作对象等；第3章介绍了禁毒社会工作者的伦理基础，包括禁毒社会工作者的工作方法、工作相关理论基础、社会工作者和心理咨询相关的伦理守则等；第4章在前面章节的基础上，起草了禁毒社会工作者的伦理守则；第5章在第4章的基础上，介绍了禁毒社会工作者在工作过程中不同情况下的决策模式和筛查方法，以期为禁毒社会工作者提供一些具体的指导。在案例部分，结合理论部分，从经济、专业、保密、生命安全、宣传报道、远程服务和亲密关系等方面，详细阐述了如何运用伦理分析方法来应对伦理挑战，提升禁毒社会工作者的专业性，从而为禁毒工作更好地保驾护航。

本书还有一个小小的期许，就是让禁毒社会工作者以及其他领域的社会工作者能够思考"社会工作伦理"。人是一切的理性者，自身是目的，伦理是工具，使用方法需要不断地打磨。因此在每章的开始，编者也都会提出关于本章需要思考的内容，带着问题来读本书会有更多的收获。

附录部分列出了禁毒社会工作相关的法律法规、政策文件，便于禁毒社会工作者对照查看、理解章节内容，相当于一个资料库，在一线工作当中遇到类似的问题可以参考。

本书整体框架和思路由主编孙沛和鲁小华协商确定，本书主要编委为北京交通大学心理中心的马征（撰写3万字）、广东省阳山县妙灵社会工作服务中心的陈丽文（撰写10万字）、北京市社康社会工作服务中心的王佑宇（撰写7万字）、北京市社康社会工作服务中心的刘雪莉（撰写2万字）、清华大学社会科学学院心理学系的薛灵（撰写6万字），湖南省岳阳市幸福社会工作服务中心的张杨佳（撰写1万字）和湖北省荆州市荆州区残疾人就业服务中心的李郖颖（撰写1万字）。马征是全书的协调人，负责框架搭建、组织协调；陈丽文负责学科伦理的对比、主导提出伦理草案，并贡献了很多精彩案例；王佑宇负责基础理论和案例的部分工作；刘雪莉负责提供一线工作经验；薛灵负责学科伦理的对比，修改部分案例，整理参考文献。在主编的统筹领导下，整个工作团队在积极的氛围中顺利完成了本书的写作。

我们希望通过本书传递伦理知识，更好地提升禁毒社会工作者的专业水平，营造既有边界又有温度的禁毒工作氛围，从而更好地服务于禁毒事业。

感谢中国禁毒基金会一直以来的支持。感谢北京市监狱戒毒管理局的王静警官，北京社会管理职业学院陈洪涛教授，上海大学费梅苹教授，清华大学晋军教授、沈雨瞳、赵嘉路等对本书提出的反馈和修改建议。在这些专业意见的陪伴下，我们日益规范，日益严谨，并且更加坚信我们所做的事情是有意义的。

孙　沛　鲁小华

2024年2月

目 录

第一部分 理论部分

第1章 伦理基础 ……………………………………………… 3
1.1 与伦理相关的概念辨析 ……………………………… 4
1.2 社会工作伦理的概念 ………………………………… 8
1.3 社会工作专业伦理的重要性和价值 ………………… 17

第2章 禁毒社会工作者的职责定位 …………………………… 22
2.1 禁毒社会工作者的使命及意义 ……………………… 23
2.2 禁毒社会工作者在我国现有禁毒体系中的作用 …… 26
2.3 禁毒社会工作者的角色 ……………………………… 33
2.4 禁毒社会工作者的服务对象及内容 ………………… 36
2.5 禁毒社会工作者的独特性与政策建议 ……………… 46

第3章 禁毒社会工作者的伦理基础标准 ……………………… 50
3.1 禁毒社会工作的工作方式 …………………………… 50
3.2 禁毒社会工作理论基础 ……………………………… 52
3.3 禁毒社会工作伦理基础 ……………………………… 55

第4章 禁毒社会工作者工作中的伦理守则 …………………… 90
4.1 禁毒社会工作专业价值 ……………………………… 91
4.2 禁毒社会工作伦理原则参考 ………………………… 95
4.3 禁毒社会工作者伦理守则（草案） ………………… 96

第 5 章 禁毒社会工作者的伦理工作指南 113
5.1 禁毒社会工作伦理决策模型 113
5.2 禁毒社会工作伦理通用决策模式 116
5.3 总结 127

第二部分 案例解析

第 6 章 老李的大额财产——经济相关问题 130
6.1 案例概述 130
6.2 主要现实问题 131
6.3 伦理挑战 131
6.4 伦理分析 131
6.5 应对建议 133

第 7 章 小玲的结婚邀请函——专业关系的相关问题 138
7.1 案例概述 138
7.2 主要现实问题 139
7.3 伦理挑战 140
7.4 伦理分析 140
7.5 应对建议 141

第 8 章 李哥的"信任"——保密与保密例外问题 147
8.1 案例概述 147
8.2 主要现实问题 148
8.3 伦理挑战 148
8.4 伦理分析 149
8.5 应对建议 151

第 9 章 小娜的隐痛——保护生命健康优先的伦理案例 157
9.1 案例概述 157
9.2 主要现实问题 158
9.3 伦理挑战 159

9.4　伦理分析 …………………………………………………… 160
　　9.5　应对建议 …………………………………………………… 161
　　9.6　案例反思 …………………………………………………… 169

第 10 章　小组工作中的两难——边界相关问题 …………………… 172
　　10.1　案例概述 ………………………………………………… 172
　　10.2　主要现实问题 …………………………………………… 173
　　10.3　伦理挑战 ………………………………………………… 174
　　10.4　伦理分析 ………………………………………………… 175
　　10.5　应对建议 ………………………………………………… 176

第 11 章　一部手机带来的烦恼——远程服务的案例 ……………… 184
　　11.1　案例概述 ………………………………………………… 184
　　11.2　主要现实问题 …………………………………………… 185
　　11.3　伦理挑战 ………………………………………………… 185
　　11.4　伦理分析 ………………………………………………… 186
　　11.5　应对建议 ………………………………………………… 186

第 12 章　被骚扰的社会工作者——专业关系与亲密行为的案例 … 192
　　12.1　案例概述 ………………………………………………… 192
　　12.2　主要现实问题 …………………………………………… 193
　　12.3　伦理挑战 ………………………………………………… 193
　　12.4　伦理分析 ………………………………………………… 194
　　12.5　应对建议 ………………………………………………… 194

结　　语 ………………………………………………………………… 199

参考文献 ………………………………………………………………… 201

附　　录 ………………………………………………………………… 206
　　附录1：《国家禁毒委员会成员单位主要职责》……………… 206
　　附录2：《中华人民共和国禁毒法》…………………………… 213
　　附录3：《戒毒条例》…………………………………………… 223
　　附录4：中国内地（大陆）《社会工作者职业道德指引》…… 231
　　附录5：中国香港《注册社会工作者工作守则》……………… 233
　　附录6：中国台湾《社会工作师伦理守则（节选）》………… 239

附录7：美国《社会工作者协会（NASW）伦理守则》……… 243
附录8：我国不同地区和美国社会工作伦理守则的具体比较 … 265
附录9：APA 与 CPS 伦理守则比较 ………………………… 281
附录10：不同国家和地区团体心理伦理守则比较 …………… 295

后　记……………………………………………………… 298

第一部分

理论部分

第一部分是有关理论的探讨，综合了心理学、社会学与社会工作的不同学科视角，本书在此基础上提出了禁毒社会工作者伦理守则（草案）。禁毒社会工作者伦理守则（草案）为本书第一部分的核心内容。

第一部分从伦理基础、社会工作者的伦理谈起，聚焦于禁毒社会工作者的职责与伦理，随后提出禁毒社会工作者伦理守则（草案）和禁毒社会工作者的伦理指南，重点为禁毒社会工作者提供在实务工作过程中便于使用的"工具包"。

前3章内容多为禁毒社会工作的早期研究梳理。第4章禁毒社会工作者伦理守则（草案），伦理守则沿用前文思路，是在反思禁毒社会工作专业价值和伦理原则的基础上提出的，禁毒社会工作者对服务对象、同事、机构、专业和社会五个方面的伦理责任。这也符合《社会工作者职业道德指引》的五项主要内容。"禁毒社会工作者的伦理工作指南"由禁毒社会工作者伦理决策模型和通用决策模式两部分组成，伦理决策模型将禁毒社会工作伦理决策基础与禁毒、心理咨询伦理决策模式进行比较分析，突出禁毒社会工作特色、兼顾心理咨询伦理的一贯思路，通过提出禁毒社会工作伦理通用决策模式，旨在帮助禁毒社会工作者提升伦理敏感性，应用"六步法"、伦理准则和伦理原则筛查方法解决实际伦理困境。

本书所提出的理论和实际操作思考仅为部分学科和实际工作经验的反思，如有错漏，并不代表所引著作和研究者的错误，笔者只希望能抛砖引玉，为逐渐壮大的禁毒社会工作专业队伍提供一点帮助。如果引起大家更多的讨论与思考，欢迎随时反馈并加入我们。

本书编委会对理论的研读与探讨，不会因为编写告一段落而中止，带着以下问题开始本书的阅读，可能会有更多获益：

（1）伦理和社会工作伦理分别是什么？

（2）你认为，禁毒社会工作伦理会有什么不同？它可能更聚焦于哪些地方？

（3）结合实际工作，或第二部分案例，你会如何应用禁毒社会工作伦理守则与伦理工作指南？是否还有更多反思？

第 1 章

伦理基础

康德说:"有两种东西,我对它们的思考越是深沉和持久,它们在我心灵中唤起的惊奇和敬畏就会与日俱增,这就是我头顶上的星空和心中的道德律。"

作为一线社会工作者,常常埋头于实务工作中,也许并没有太多时间思考一些看似宏大宽泛的伦理、道德等议题,但如果可以花点时间抬头仰望星空,回望社会工作助人的初心,看清心中的价值观和社会工作的价值理念,并问问自己:我的价值观是什么?我的价值观是否与专业价值观相契合?我尽到对服务对象的义务了吗?我对同事、对工作机构、对这个行业是否尽责了?也许这些问题并没有明确答案,但每一次提问都会对自己以及对这个专业多一些自我觉知,少一些迷茫和困惑,多一些从容、自在、平静,从而更加坚定做好专业服务。

本章编者尝试通过伦理与道德、价值观的辨析说明伦理是什么,继而阐述什么是社会工作专业伦理以及社会工作专业伦理的重要性,最后简要概括社会工作专业伦理的核心原则。这些内容可以帮助读者更好地理解社会工作的专业伦理。

伦理听起来是一个非常宏大的议题,古今中外的哲学家们围绕着这个议题进行了诸多讨论,仅是管中窥豹就能让我们应接不暇。本章尽可能地从伦理学中提取出有关联的部分,聚焦于社会工作伦理。

1.1 与伦理相关的概念辨析

社会工作是在科学指导下的助人服务活动，要遵从人类社会基本的价值观。人文精神贯穿社会工作的介入过程，道德、价值观和伦理经常被提及但又容易被混淆。虽然不要求社会工作者深入探讨哲学问题，但专业价值观和专业伦理对社会工作与社会工作者具有重要意义和价值，这要求专业社会工作者至少需要简单区分道德、价值观、伦理、专业价值观和专业伦理等基本概念。

1.1.1 道德

"道德"一词，在汉语中可以追溯到老子所著的《道德经》："道生之，德畜之，物形之，势成之。是以万物莫不尊道而贵德。道之尊，德之贵，夫莫之命而常自然。"其中"道"指的是世间运行的真理，"德"指的是人的品性。在荀子所著《劝学》篇中说："故学至乎礼而止矣，夫是之谓道德之极。"在两位先贤的论述中，"道"和"德"是两个分开的概念，分别指遵循天道和尊重自己的德行。在现代汉语字典中对道德的定义是一种社会意识形态，是人们共同生活及其行为的标准和规范，对社会生活起约束作用。

国外学者对"道德"（morality）有两种定义方法：一是描述性的，即道德指的是由某个社会、组织或个人所接受或提出的一套行为准则；二是规范性的，即道德是一个非正式的、适用于所有理性者的、规范那些会影响他人的行为的、可能存在某种目的的公共系统，是一种适用于所有力行者的行为公则。

现代德性伦理学（virtue ethics）中的一个重要分支"道德模范人物"提出，社会当中存在着一个模范式的道德人物，"他"的道德信念（如孔子、亚里士多德等）影响着其他人甚至是整个社会，当社会中的人发现自己想要成为他们中的一些人，而不想成为别人的时候，模范式的人就出现了，随着对这个人的模仿与传播，"他"被抽象为一个道德的标准。

人类学家认为，人类的道德源于人的本能和直觉。人的道德本能和直觉有两大类，一类是利他的给予，另一类是互相的合作。前者关心的是个人能给他人带来什么好处，后者关心的是人与人的往来过程是否对等公平。因此人们关心他人的福祉，要与人为善而不是损害他人利益，人与人之间的关系是互惠平等的，待人做事要公平。

生物学家从生物演化的角度阐述了公众的良心会受到社会刺激的强化，群体认同感和群体行为对社会认知起作用，道德具有其社会功能，它能凝聚不同的群体，现代社会的许多道德规范受到了自然选择的影响，例如灵长类动物会养育幼崽、不背叛群体等；自然选择让人类更好地在集体中生存下去，也逐渐形成了人类社会的道德。

综合中西方和不同领域对道德的看法，本书认为现代社会普遍接受和理解道德是人们共同生活及其行为的准则和规范，在道德框架内的行动是为了获得某种幸福，同时，获得幸福的过程和程度是社会普遍认可的，是可以增进社会整体福祉、促进社会进步的。

1.1.2 价值观

价值观是基于人的一定的思维感官之上而作出的认知、理解、判断或抉择，也就是人认定事物、辨定是非的一种思维或取向，从而体现出人、事、物一定的价值或作用。许多学者也为"价值观"下了不同的定义。马斯洛（Maslow）认为价值观是一个装满了各种不同性质和特性的大容器。价值观具有多元性，在不同时代、不同社会生活环境中形成的价值观是不同的。库珀曼（Kupperman）认为价值观是值得拥有或具备的东西。价值观夯实了生命和这个世界，决定了人的自我认识，影响和决定一个人的理想、信念、生活目标和追求方向的性质。大多数社会科学家都沿用约翰·杜威的定义，价值观是选择好的和想要有的行为的指南或标准。杜威对价值观的定义很精准也非常具有应用价值，可以用价值观指导人们的行为选择，然而现实中行为和价值观常常是不一致的，因为人们公开的价值观可能与真实的价值观是不同的，还有很重要的一个原因是价值观一般都高度概括，而行为却是非常具体。

1.1.3 伦理

伦理（ethics）一词的词根源于希腊语"ethos"，最初的意思是习俗、惯例或习惯，《柯林斯词典》对伦理的解释是关于对错的道德信念和道德规则，即道德上正确的行为（Ethics are moral beliefs and rules about right and wrong）。伦理在汉语最早见于《礼记·乐记》，意思是人伦道德之理，指人与人相处的各种道德准则，即人与人的关系和处理这些关系的规则。伦理是人类社会中人与人之间、人与社会、人与国家的关系和行为的秩序规范，任何持续影响全社会的团体行为或专业行为都有其内在特殊的伦理要求。

1.1.4 伦理与道德的关系

从西方的词源学上看，道德和伦理是同义词，在古希腊"伦理"这个词刚开始只具备风俗、习惯的意思，随着斯多亚派对"普遍自我意识"的发现，"伦理"这个概念开始向个人内心深化，被理解为不依外界环境为转移的道德，于是"伦理"本身也就具有了"道德"的意味，这一理解也就逐渐成了西方哲学家们传统的理解，其中包括康德。康德将"伦理学"称为"道德学说"，道德和伦理是混在一起用的。但黑格尔提出了不同的看法，他认为伦理和道德是不同的，以黑格尔从抽象到具体的方法论原则剖析，"道德"和"伦理"这两个概念呈现的内容是从抽象逐渐走向具体，道德具有主观性，缺乏现实性，伦理具有现实性，必须以伦理的东西承载道德，才能让道德获得真正的现实性。

以上是本书对伦理与道德的辨析，期望社会工作者看到讲社会工作伦理的地方使用了社会工作道德时，能理解这里的伦理和道德指的都是社会工作的行为规范和行为准则。我国民政部在2012年颁布了《社会工作者职业道德指引》，条例简介写道："本指引旨在推动社会工作者职业道德建设，引导社会工作者积极践行专业价值理念、规范专业服务行为、履行专业服务职责。"这部《社会工作者职业道德指引》的性质就相当于社会工作行业的伦理守则。

1.1.5 伦理与价值观的关系

要理解伦理，还需要区分伦理与价值观之间的差异，尽管这两个概念经常被混用，但它们并不等同。价值观可以为行动提供更有效的指导，从价值观衍生推导出的伦理原则，为实践活动提供决策的指南，能够帮助筛查和评估实际选择的对与错，因此伦理原则来源于价值观。

如何将价值观的标准转化为行为，是伦理学家们关注的焦点。伦理是从价值观中衍生推导出来的，必须与价值观协调一致。两者不同的是，价值观关注的是好的和想要的东西，而伦理关注的是正确的东西。举例来说，"隐私"是好的、人们想要的东西，是社会工作中重要的价值观，从中衍生推导出来的伦理是"保密原则"，进一步推导出来的伦理守则是"社会工作者在使用服务对象的录音、录像等服务资料时，应征得服务对象的授权后才可使用"。

从上面的例子可以看出，价值观旨在指导人们选择想要的东西，但并不总能带来期望的结果，而伦理及伦理守则是一种更加具体的实践内容。高度概括的价值观能够得到更普遍的赞同，但操作化为具体适合的行为方式，就需要伦理原则的出现来延伸实际操作的部分，伦理着眼点在行动上，有学者称伦理为"行动着的价值观"。

1.1.6 伦理与法律的关系

吸毒属于违法范畴，贩卖、制造毒品等属于犯罪，在《中华人民共和国禁毒法》《中华人民共和国刑法》以及各地区的戒毒条例当中，对"毒"有明确的规定。上文中并未提及法律相关的问题，然而伦理与法律是联结紧密的两部分内容，在本土化的过程中也是必须思考的一环。本部分内容主要参考赵芳（2016）所著《社会工作伦理：理论与实务》一书中的一些论述提出分析思考。

禁毒社会工作对相关法律法规的学习有一定的要求，且禁毒社会工作者作为本国的公民是需要遵守法律规定的，"不知道有关法律"或"出发点是为了服务对象"这样的理由，不再是禁毒社会工作者伦理决策与法律发生抵触时可以接受的理由。这部分内容的目的是帮助禁毒社会工作者了解法律与伦理间相互依赖的关系，进而思考实际工作中与法律相关的内容。

法律是由国家制定或认可的规范，对社会成员具有普遍的约束力。守法是每个人的义务，当然也包括禁毒社会工作者。法律的另一个特点是时效性和区域性，一些地方性法规、条例等会根据各地的特点，在不违背上位法的情况下订立和调整，这是禁毒社会工作者需要注意的。

法律与伦理的相似和不同是什么呢？遵纪守法是义务，是强制性的，以处罚作为威胁；遵守伦理原则是自愿的，只是从道德上对其进行强化。在有社会工作相关立法的国家，专业伦理也可以通过处罚的方式来强制执行，例如吊销社会工作者资格证。国内目前还没有相应的强制措施，有的地区通过社会工作者协会对区域内社会工作者进行约束。然而在具体的实践中，也出现了因伦理问题被协会除名的社会工作者到其他地区从事社会工作的情况，可见区域性规定的强制性力度与法律是天差地别的。

法律是明确无疑的，伦理是不确定的、模糊的。尽管如此，法律诉讼的结果却不像法律条文那样明确无疑，因为法律条文是有灵活性的，一个特定的法律条文是否使用也取决于一方或是另一方律师的辩护。

法律由立法机构颁布，可以通过之后颁布的法律、修正案、司法解释来修改变动；伦理原则虽然随着时代不同有所变化，但核心的内容却很少发生改变。法律与伦理有着密切的关系，不仅因为法律有伦理方面的考虑，更是因为法律往往是建立在伦理原则的基础上的。

一般认为，在伦理上提供服务的专业人员，包括禁毒社会工作者，有守法的责任。当一个有伦理意识的禁毒社会工作者察觉到所面对的情景存在伦理与法律冲突时，他（她）有义务采取行动，然而这种行动要符合社会工作专业价值观、伦理原则和标准，又要符合法律的框架。当看起来没有合理的解决冲突的方法时，禁毒社会工作者应当寻求咨询，禁毒社会工作者不仅要关心理想的状态，也要关注怎样做才能与理想的状态更契合。

1.2 社会工作伦理的概念

社会工作是一种专业活动，用以协助个人、群体、社区去强化或恢复能力，以发挥其社会功能并创造有助于达成其目标的社会条件。1980年弗里兰德（Friedlander）在《社会福利导论》一书中强调，社会工作是一种专业服务，是一种专业助人的过程。1996年，中国台湾地区学者廖荣利在《社会工作概要》一书中对社会工作的定义是一种艺术或学科，它通过提供专业助人的服务，以增强个人与群体的人际关系和社会生活功能。这种助人的专业方法注重人们和其所处环境的交互关系，社会工作也是现代社会中一个独特的专业领域，运用社会学和心理学的学科原则，以解决社区生活中的特殊问题，并减除个人的生活逆境和压力。1942年威特默尔（Witmer）在《社会工作：一种制度的分析》中认为，社会工作是有组织的机构或团体为解决个人所遭遇的困难而实施的一种援助，是为协助个人调整其社会关系而实施的各种服务。学者王思斌认为，社会工作是以利他主义为指导，以科学的知识为基础，运用科学的方法进行的助人服务活动。

2006年中国共产党第十六届中央委员会第六次全体会议发布《中共中央关于构建社会主义和谐社会若干重大问题的决定》，指出要"建设宏大的社会工作人才队伍"。按照中央文件精神，结合国内外经验，社会工作是社会建设的重要组成部分，体现社会主义价值理念，遵循专业伦理规范，坚持助人自助宗旨，在社会服务、社会管理领域，综合运用专业知识、技能和方法，帮助有需要的个人、家庭、群体、组织和社区，整合社会资源，协调社会关系，预防和解决社会问题，恢复和发展社会功能，促进社会和谐。

社会工作的渊源可以追溯到1601年《伊丽莎白济贫法》的颁布，社会福利和社会制度的逐渐成形使得社会工作萌发，慈善组织会社与睦邻组织运动推动了社会工作的发展。随着文艺复兴与启蒙运动的思想变革，社会科学也逐步开始发展，为社会工作理论知识建构提供了基础。此后，随着工业化的发展，社会矛盾凸显，社会工作从宗教活动、志愿活动中脱离出来，专业社会工作雏形初现。学界普遍认为，专业社会工作的诞生点是1917年玛丽·埃伦·里士满（Mary E. Richmond）《社会诊断》一书的出版，书中界定了社会工作者的职责，并通过大量的案例展现了社会工作的工作技巧，科学的助人活动逐渐被提起重视。

专业的社会工作不断吸纳之前的社会价值，以社会工作的视角和方式，将社会中的重要道德观念引入专业当中并进行加工，以此奠定了社会工作的价值基础。心理学、社会学、哲学等学科为建构社会工作知识体系提供了大量支持，社会工作的研究领域、研究视角也在不断拓宽，逐渐形成了社会工作的专业价值观和伦理体系，多个理论范式与专业工作方法被运用在实务工作当中。

对社会工作学科历史发展脉络的探析，关注学科的哲学基础、价值观发展以及价值观本土化过程，从历史角度对社会工作伦理进行解读，西方传统思想观念与价值传统是需要考量的，中国传统文化对中国特色社会工作有深远影响。

1.2.1 社会工作伦理发展

随着工业革命引发的社会问题，早期的福利工作者由宗教信徒、富人、善人组成，做好事的人未接受过专业训练，"他们的工作重点是满足服务对象的生存需求，例如食品、居住等，并给他们提供精神寄托。初期的社会工作伦理是自然发生的，部分源自于信仰，是对救助者的一种施舍。"

上文提到《社会诊断》一书的出版，标志着社会工作专业的诞生，按照格林伍德（Greenwood）提出的观点，专业应具备五个特性：拥有自己的理论体系、具有权威性、取得社会认可、专门的伦理守则及专业文化，因此制定全体社会工作者共同遵守的伦理守则是必不可少的。1917年前后，社会工作专业化进程不断推进，从伦理角度对社会工作者的行为给出了更加明确和具体的规范，社会工作伦理开始形成体系，在这一时期，社会工作伦理从宗教自发指导逐渐过渡到开始关注自身伦理素质和工作中的伦理困惑。

20世纪初期至70年代，是社会工作伦理价值观的探索时期（the values period）。随着城市定居救助之家运动（Settlement House Movement）的兴起，社会工作者开始将注意力转向了社会公正、社会改革和公民权利，认为个人和社会问题的产生并不是个人失能的结果，而是社会环境恶化导致的，因而社会工作者有改善服务对象生存环境的伦理义务。同时，他们意识到个人的价值观，包括他们对贫困者、药物滥用者等弱势群体或边缘群体的态度，直接影响他们与服务对象的关系和提供专业服务的手段。1951年，美国社会工作者协会全国代表大会颁布一套伦理守则（陈海萍，

2010）。

列维（Levy）曾言，伦理是价值观在人类关系和事务中的运用。20世纪70年代末，美国社会工作者协会出版了《社会工作百科全书》（*Encyclopedia of social work*）（1975），其中将社会工作伦理定义为"社会工作专业，依据其哲学信念和价值取向的影响，发展而来的一套专业伦理原则与标准，用来引导与限制职业社会工作者从事助人活动、助人行为等"。

20世纪80年代以来，在后现代主义、女性主义、建构主义等理论思潮的冲击和影响下，社会工作对人类行为的理解经历了由单元决定论到多元决定论的发展过程（汪新建，2008）。在多元决定论的处境下，社会工作者在开展实务时不可避免地要面临"选择"的挑战，即他们必须在两个或者是更多彼此有关系但却矛盾的服务需求中做出选择，而每一个选择都可能会对一个人或更多的人产生不想要的结果（拉尔夫·多戈夫、唐纳·哈林顿、弗兰克·M.洛温伯格，2005；罗肖泉，2005）。

20世纪90年代是伦理标准的成熟和伦理风险的管理阶段，以1996年美国全国社会工作者协会代表大会通过新的《全国社会工作者协会专业伦理守则》（*NASW code of ethics*）为标志。在此阶段，越来越多的社会工作者认识到，助人实践在组织与环境的限制下存在很多风险，伦理风险的管理显得尤为重要。社会工作者对服务对象信息的泄露和处理、对服务对象不当的评估和安排都可能导致意想不到的负面后果。通过特定机构的伦理核查和指导支持，可以减轻社会工作者做出伦理决定所承担的负担和风险。1999年，美国的《全国社会工作者协会专业伦理守则》再次修订，进一步丰富和澄清了社会工作的伦理标准（陈海萍，2010）。

但与此同时，实证主义也给社会工作伦理发展带来一些问题。西方主流的社会工作研究者跟随实证社会科学观的研究思路，从技术理性的角度去建构理论和介入模式，把人际关系所产生的困苦化解为技术层面的事务，并且鼓励工作人员尽可能保持价值抽离和不干预的态度从事实务工作（郭伟和，2022）。实证主义强调的是客观可证，社会工作者的方法要可实证，有确凿的数据，精于社会工作服务利益的计算，强调服务的效率。社会工作在这个阶段强调介入的方法和技术，而忽视了社会工作伦理，使社会工作的人文价值、伦理关怀和专业使命逐渐淡化。

社会工作专业在中国发展起步较晚，彼时以美国为主的西方国家伦理已经发展得较为成熟，国内学者根据实际情况和既有经验，对社会工作伦理进行本土化诠释，同时开始应对日渐凸显的伦理危机。

过去十年间，伴随着我国国家治理体系与社会治理模式的不断转变与创新，第三部门、各类非营利组织纷纷投入到社会治理的行列中。其中以专业社会工作为主导的服务供给模式在国内不断发展起来，特别在珠三角沿海的一些发达地区，如广州、深圳、东莞等地，借助中国香港、中国台湾等地区的服务经验，让自身实务发展走在了全国社会工作发展前列（刘畅，2018）。

在本土社会工作实务如春笋般成长起来的同时，行业内部社会工作者的伦理危机逐步展现。由于社会工作伦理在我国缺少本土化过程，一方面，社会工作者在服务过程中不易感受到伦理规则带来的束缚而"为所欲为"，另一方面社会工作在遇到伦理困境时因缺乏参照标准而"手足无措"，社会工作者在实务过程中极易遭遇伦理困境。迟缓发展中的中国内地（大陆）本土社会工作伦理，一定程度上也拖累了社会工作本土化与本土社会工作发展进程（刘畅，2018）。

今后的一段时间里，加速推动社会工作伦理在国内的发展将会是社会工作领域的重点目标之一。毕竟，伦理问题渗透在社会工作中的每一个方面，社会工作者需要敏锐地意识到实践中的伦理问题，思考工作情境中涉及的伦理原则，并将伦理原则应用于专业活动之中。

1.2.2 社会工作伦理价值基础

社会工作非常重视价值，从上文的讨论中可以发现社会工作伦理是一种价值的探讨。徐道稳（2002）认为社会工作的价值取向有三种：一是作为一种助人活动，其价值取向有尊重人的价值、满足人的需求；二是作为一种专业和职业，其价值取向有接纳不同、自觉自愿、个别化；三是作为一种福利制度，其价值取向有公平正义、有秩序、社会福祉等。

中国传统文化是优秀的资源，王思斌（2001）认为儒家强调礼义仁爱和有为，道家则主张清净无为，不外求；儒家的孝悌和"亲亲"道家的自守自持形成了指导一般民众的基本的"求一助"哲学。刘华丽（2007）认为儒家思想对当代中国社会工作具有指导意义，有助于个体生命在家庭和社会的关联中找到恰当定位。王春霞（2006）认为中国社会工作受到传统文化影响，家庭式的亲情价值观在中国社会中有较广泛的文化基础，社会工作者要让服务对象学会自决。刘威（2006）认为中国古代有着丰富的救贫济困等慈善福利思想，守望相助是朴素的民间资源，"推恩"于民作为统治者德政策略的重要组成部分，它们为社会工作在中国的发展提供了深厚的价值基础。

西方的社会工作起源于慈善事业，价值观源于西方基督教文化中的博爱思想和慈善文化，在探索社会工作价值观来源时发现，中国儒家的仁爱思想、佛教所讲的慈悲精神与西方社会工作价值观有很多相似之处。随着中西方交流加深，双方的价值观不断的融合，社会工作伦理也随之发展。社会工作这一西方舶来品在本土化的过程当中，"社会工作伦理"部分也发生着改变以适应中国"土壤"。

1.2.3　专业伦理与专业价值观

专业价值观源于所在社会固有的价值观，专业价值观大多数时候与社会的价值观并行不悖，但在重点、优先次序或阐述上可能有很大不同。与价值观一样，专业价值观也要在一定人群中，达成共识。

美国《全国社会工作者协会专业伦理守则》（1999）在前言中指出："社会工作专业的使命根植于一套核心价值观中。"中国香港社会工作专业伦理守则指出："价值观是社会工作的灵魂，社会工作实践在价值观的指导下才能健康、有序地进行，社会工作价值观在实务层面上表现为社会工作的伦理守则。"对伦理和价值观的关系有了初步了解之后，才能进一步探讨社会工作专业伦理。

1.社会工作专业伦理

专业伦理是源于个人自愿选择成为一名专业人员，诸如社会工作者，而具有的特殊义务。专业伦理澄清了专业实践中与伦理有关的问题的处理方式。社会工作专业伦理属于专业伦理的范畴，将社会工作的价值观转化到专业实践活动当中，帮助社会工作者审视和评估工作中选择的对与错，帮助社会工作从业人员认识到如何在实际工作中尽力做到道德上正确无误，学会在任何专业工作情形下思与行皆符合伦理要求。

社会工作专业伦理来源于社会的伦理，但并不等同，就像社会工作的价值观来源于社会的价值观，但却不等同。社会工作是富有人文主义精神和社会关怀的专业，它把人类的尊严、与生俱来的价值和权利都放在优先位置。例如社会伦理和社会工作专业伦理都强调平等原则，社会伦理将所有人的利益放在相同的位置上。但是社会工作专业伦理把当事人的利益放在高于所有其他人的利益的位置上，优先加以考虑。

社会工作专业伦理对社会工作者和社会工作实践而言有许多指导意义，社会工作不只要掌握技术上如何可行，更需要知道如何介入才是对的，怎样的介入和介入效果才算是为受助者的福祉尽了最大努力，什么是切实增进了受助者的福祉而不是社会工作一厢情愿的想法，在日常工作中社会工作者并没有过多时间进行思考，社会工作专业伦理为社会工作者做出正确决策提供帮助，即使不能提供全部答案，专业伦理中阐述的共性和概括性的原则，在调整后可以用于每个独特的情境。

2. 社会工作专业伦理与社会工作专业伦理守则

社会工作专业伦理来源于社会工作专业价值观，为实务工作者提供判断行为对错的原则性指导，社会工作专业伦理守则是对社会工作专业伦理的具体化，识别和描述出了对专业人员伦理行为的期望。社会工作专业伦理与社会工作伦理守则，两者之间的价值取向是一致的，关系紧密，内容上相辅相成。也正因如此，当谈论到社会工作"伦理"的时候，有时谈论得更理论化一些，有些时候又好像是一种具体的行为指导，清楚上述的关系就不容易混淆。

社会工作专业伦理是在价值观层面的理论依据，而其专业伦理守则是实践层面的行为规范。如上文所说，专业伦理的形成是以价值观为基础，为社会工作者的助人行为提供理论依据，美国《全国社会工作者协会专业伦理守则》中规定了社会工作者与服务对象之间、与同事之间、与机构之间、与社会之间应该保持什么样的关系；在服务过程当中，面对不同的服务对象，社会工作者应该遵循哪些原则。专业伦理主要从价值观的层面告诉社会工作者开展工作的依据。

理论依据是开展实务工作的前提。从理论到实践之间还需要一系列行动才能达到社会工作的效果，从世界各国的情况来看，各个国家地区根据自身情况，对社会工作专业价值观、专业伦理内容的理解并不完全相同，在具体的社会工作行为指导上也有很多差异。

不同的国家社会工作实践存在很大的差异，这就要求建立本土化的专业伦理守则，为区域内社会工作者的具体助人行为提供了规范和指引。也就是说，社会工作专业伦理守则是在实践层面告诉社会工作者做什么和怎么做才是正确的，而且除了道德层面，专业伦理守则也在一定程度上体现了法律规定的强制作用。

社会工作专业伦理更宏观，影响和制约的范围更大；社会工作专业伦理守则更微观，影响和制约的范围更具体。增加了"守则"二字，就意味着需要社会工作者认识统一、共同遵守执行，认识统一是共同遵守执行的前提，如果认识不统一，那么很难实现共同遵守执行，而范围越大，认识就越难统一，这也是前文所说各个国家和地区在社会工作专业伦理本土化上还存在一定差异的原因。例如社会工作专业伦理中，社会工作者对服务对象的伦理规定了应当平等和接纳服务对象，如果只在某个区域范围内还是容易实现的，如果上升到世界范围内，由于各国的风俗习惯甚至法律不同，可能很难达成统一认识，很难共同遵守执行。于是针对"平等接纳"就有了不同国家和地区的具体行为规范，这个规范就是社会工作专业伦理守则。

综上所述，社会工作专业伦理和专业伦理守则两者之间是紧密连接的，内容存在交叉的地方，虽然有部分相同，但是侧重点不同，前者更侧重理论指导，后者侧重具体实践操作。

社会工作价值体系可以总结为四个部分（图1-1）：一是社会价值观，即社会大众所崇尚的基本价值，是社会工作价值体系的基础层次，从中衍生出专业价值来；二是专业价值观，以社会价值观为基础，根据国际社会工作的普遍原则，结合中国社会文化实际情况，形成的社会工作者对具体事务的看法；三是专业伦理，即社会工作者的职业道德操守，由社会工作专业价值观决定，是一整套指导社会工作者履行工作职责和义务的指南，预防渎职和道德风险的理论指导原则；四是专业伦理守则，是更微观的对

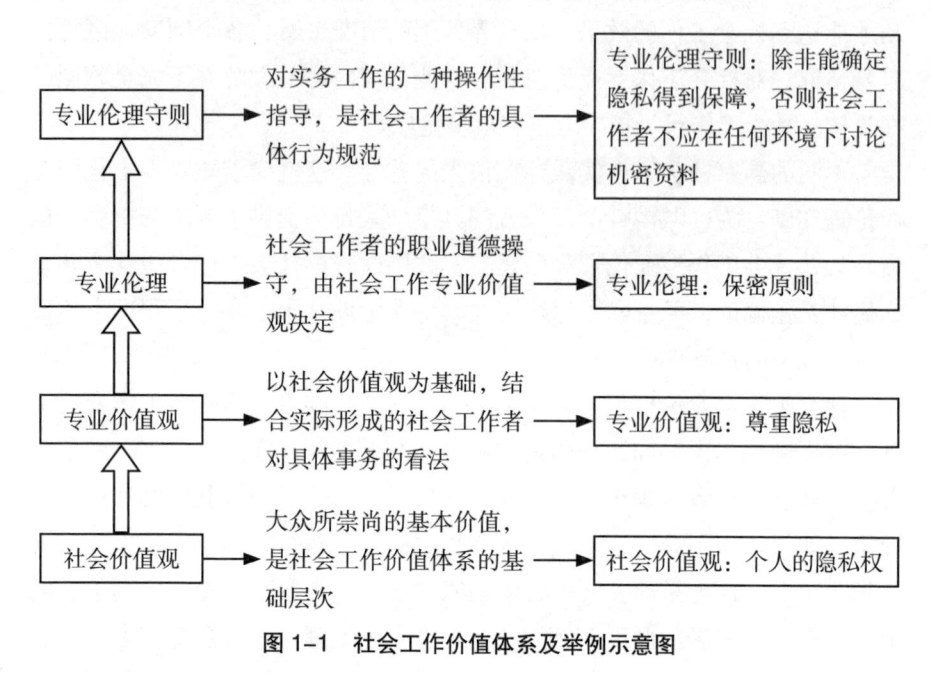

实务工作的一种操作性指导，是社会工作者的具体行为规范。

```
专业伦理守则  ← 对实务工作的一种操作性指导，是社会工作者的具体行为规范  →  专业伦理守则：除非能确定隐私得到保障，否则社会工作者不应在任何环境下讨论机密资料
    ↑
专业伦理      ← 社会工作者的职业道德操守，由社会工作专业价值观决定  →  专业伦理：保密原则
    ↑
专业价值观    ← 以社会价值观为基础，结合实际形成的社会工作者对具体事务的看法  →  专业价值观：尊重隐私
    ↑
社会价值观    ← 大众所崇尚的基本价值，是社会工作价值体系的基础层次  →  社会价值观：个人的隐私权
```

图 1-1　社会工作价值体系及举例示意图

这里我们简单对 1.1 和 1.2 节的内容进行回顾，即社会价值观、专业价值观、伦理原则和伦理守则的基本含义是什么。

首先，高度概括的价值观能够得到更普遍的认同，但无法有具体适合的行为方式，伦理原则的出现主要用以延伸实际操作的部分，伦理着眼点在行动上，有学者称伦理为"行动着的价值观"。

其次，法律与伦理相似的地方和不同的地方是什么呢？遵纪守法是义务，是强制性的，以处罚作为威胁；遵守伦理原则是自愿的，只是从道德上对其进行强化。

最后，社会工作者面对实务工作中各种复杂情境，必须有一套清晰可循的行为准则，伦理守则是在伦理原则基础上进行细分，针对不同对象不同情境的具体条目，即为伦理守则的内容。

1.3 社会工作专业伦理的重要性和价值

每个致力于获得专业地位的职业都尝试发展出一套专业伦理守则,社会工作的职业化、正规化、转型为专业也与伦理守则的形成和完善密不可分。中国社会工作发展势头迅猛,近几年禁毒社会工作的发展也逐渐提速,这是中国社会工作者,特别是禁毒社会工作者的机遇,在看到从业社会工作者数量增长的同时,也要重视推动本土社会工作专业化和职业化发展,丰富和完善本土社会工作伦理守则是重要的环节和途径。

当代社会的特征之一就是存在多元甚至相互矛盾的价值观,这可能是社会工作实践中会遇到各种伦理问题的重要原因。"渴望从高科技的影响、专业化和快速的技术创新中重拾人类的价值观和对道德的关心。"这促使编者回顾社会工作伦理,探寻社会工作的本质,从以下几方面重新发现社会工作专业伦理的重要性(图1-2)。

```
                          ┌─ 伦理是对服务对象的保护
         对服务对象的重要性 ─┤
                          └─ 伦理是对服务品质的保障

社会                        ┌─ 伦理是对社会工作者的保护
工作                        │
伦理                        ├─ 培养专业教育中的伦理观念
的    ── 对社会工作者的重要性 ─┤
重要                        ├─ 对社会工作者的指导
性和                        │
价值                        └─ 促进社会工作者个人成长

                          ┌─ 社会工作专业发展的要求
         对社会工作行业的重要性─┤─ 社会工作专业的约束
                          └─ 社会工作专业地位的提升
```

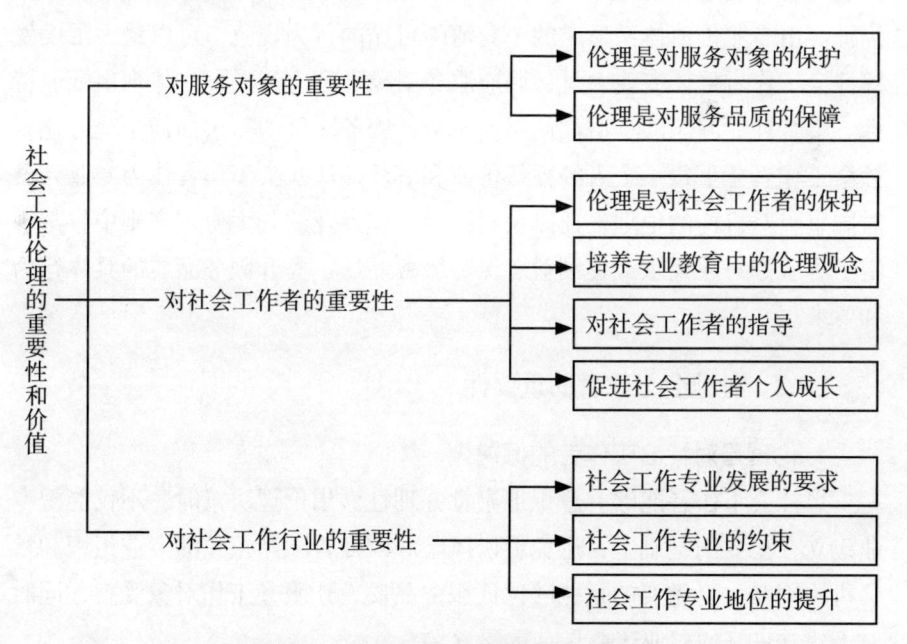

图1-2 社会工作伦理的重要性和价值

1.3.1　对服务对象的重要性

1. 伦理是对服务对象的保护

社会工作在一定程度上是伦理实践的过程，专业伦理问题也是职业道德问题，伦理问题并不是只有在特殊情况下才会遇到的小概率事件，而是渗透在日常社会工作实践的每个决定中，从服务方案问题的界定、目标设定、优先次序的确定、使用的策略、追求的结果、评估结果到行动系统的参与方，以及参与方包含的当事人、机构、社区、专业、社会等诸多关系中，时时存在。社会工作专业伦理守则强调社会工作者对服务对象的责任，规范专业服务行为，保护服务对象的正当权益。为实务工作者提供行为与伦理决策指引，加强社会工作行业内的伦理监督。

2. 伦理是对服务品质的保障

社会工作是以利他主义为核心理念的专业，不同年代提出的社会工作专业使命都体现了热爱、服务、促进公平、维护正义和改善人与社会环境关系的理想追求，由此形成的价值观和专业伦理强调促进个人福祉和社会福祉。由专业价值体系形成的一套清晰可循的行为规范，可以最大限度发挥社会工作者群体专业力量，回应服务对象和社会的需要，体现出专业特性。不管社会问题的类型如何层出不穷，服务对象的需求如何千变万化，社会工作者尊重每一个人的独特价值和尊严，从社会工作者作为专业人员对同事、对机构的伦理责任以及对社会工作专业的几大伦理守则中，都规定了为服务对象谋求最佳利益、保障服务品质、提升服务品质的具体行为和要求。

1.3.2　对社会工作者的重要性

1. 伦理是对社会工作者的保护

当社会工作者能够有意识地察觉并理性做出伦理决策时，不仅能把专业建立在稳妥的基础上，避免诉讼风险和因处置不当招致的专业组织和社会机构制裁，更重要的是能够保证服务品质，让服务工作对象受益，同时对于建立良好的职业道德具有重要意义。

2. 培养专业教育中的伦理观念

大多数人在接受社会工作专业学习和训练之前，个人价值观与社会工作价值观存在一定的差异，因此伦理思考方式和伦理决策也会存在一定的差异。在社会工作培育过程中，能否形成内化的专业价值观、表现出专业的伦理行为，是衡量学习者是否达到培育目标的关键指标。在实际培养中，无法要求个人伦理与专业伦理完全一致，但要求社会工作者能够意识到两者的差异在哪里，以及如何调节伦理冲突。

3. 对社会工作者的指导

社会工作结合了心理学、社会学、管理学等多个学科的理论和技术，从这些学科"工具箱"中可以拿出认知行为疗法、社会政策倡导、SWOT分析等，从工具的角度看，社会工作者似乎无所不能。现在关键的问题是决定应该做什么，越来越多的社会工作者已经认识到自己面对的问题超出了工具或技术层面。尤其是人与人之间的工作，任何技术都可能有效果，在不同的情境下会有不同的适配工具，然而社会工作应该做什么？怎么做？能不能这样做？成为他们要面对的问题。

4. 促进社会工作者个人成长

在民政部的《社会工作者职业道德指引》，以及在其他国家和地区的伦理守则当中，对提升专业能力、促进专业发展都有相关的伦理规定。社会工作者应当在自身专业能力和服务范围内提供专业服务，在专业能力不足时，应当努力提升自我，做一个自律的社会工作者。社会工作者的职业目标不是拿证工作，或是"加官晋爵"，而是不断地发展与提升自我。现今大多数的培训将实务技能作为培训重点，因为需要社会工作者立刻可以开展专业服务，而社会工作伦理往往一笔带过，甚至不会特意去讲。这实际上是本末倒置的，社会工作伦理是社会工作的价值观，理论是基于价值观发展或是从别的学科中借鉴来的，实务技巧发源于理论，是理论的具体表现形态。社会工作者的个人成长需要在核心处发展，换言之，要重视社会工作伦理。

1.3.3 对社会工作行业的重要性

一个专业的构成需要专业的理论、方法、价值观，也需要有专业伦理支撑。社会工作伦理是由价值观发展而来的专业伦理，是这个专业对人、事、物甚至世界的看法，例如助人自助、接纳、尊重等。"专业"指的是一种专门从事的职业，在学术方面需要专业的知识，在技术方面需要扎实的能力。每当遇到社会工作方面的问题时，社会工作者能够给出合理的答案，这不是大多数人能力可及的，如何管理这种知识、能力，以使更好地服务大众，可以称为专业伦理。按照各种专业的不同特性，例如医学伦理、法律伦理、工程伦理、建筑伦理等，这是社会工作与其他不同专业的区分。

1. 社会工作专业发展的要求

在探索社会工作的专业价值过程中，社会工作者之间形成的共识，促进了专业发展，社会工作中的价值判断会对服务产生影响，因此不断成熟和完善的伦理探讨也会促进社会工作的专业发展。社会工作伦理决策是一个动态的过程，在这个过程当中需要社会工作者不断思考，在本书中会提供一种思考方式，但仅仅是一种思考的方式，并不一定是最好或是最规范的，也希望读到本书的社会工作者将之作为开阔思路的工具，不断地发展社会工作的伦理决策能力。

2. 社会工作专业的约束

社会工作者在服务过程中，处于资源的强势地位，与服务对象的平等专业关系可能会自觉或不自觉地发生变化，服务过程当中可能会出现损害服务对象利益的情况。伦理也是社会工作者与其他专业者共信互信的保障，在统一伦理下共同开展工作，会产生工作合力，放大社会工作的工作效果。

3. 社会工作专业地位的提升

就我国现状而言，社会工作还是一种较新的专业领域，社会认知度较低，是否能够提升社会大众对社会工作的认识，取决于社会工作者的工作内容和效果。虽然社会工作的理论、方法和技术有助于解决问题和提升服务水平，但专业伦理在其中的作用更为关键，社会工作者在服务过程中展现出的专业价值观、专业伦理，有助于获得社会大众对社会工作专业的信任和支持。

思考题

（1）道德、价值观、伦理之间的关系是什么？说一说你的理解。

（2）价值观、伦理和伦理守则之间的关系是什么？请举例说明。

（3）社会工作专业伦理对禁毒社会工作者有什么样的影响？对服务对象有什么样的影响？对禁毒社会工作行业有什么影响？

第 2 章

禁毒社会工作者的职责定位

无论你是新手社会工作者还是在禁毒领域工作了一段时间的成熟社会工作者，开始本章之前，请你思考：你认为禁毒社会工作最理想的工作情境是什么样的？禁毒社会工作者在其中的作用有哪些？与政府、社会组织、企业等单位合作的过程中，禁毒社会工作者在其中扮演什么样的角色？在面对不同的服务对象时，与社会利益是否出现过冲突，你是如何工作和处理的？

本章旨在阐述禁毒社会工作者在禁毒体系中的位置以及如何在承担多重角色时取得平衡，为禁毒社会工作不同情境下的伦理决策铺垫了基础，并与第 4 章的内容相比较，读者可以在伦理决策的过程当中尝试打开思路，看到服务对象之外可能会涉及伦理议题的人和事。

本章首先描述了社会工作者的工作使命，禁毒社会工作者作为其中一个分支方向，在秉承社会工作者工作使命的基础上，结合服务群体与内容的不同，进而提出禁毒社会工作者的使命。

其次介绍了我国禁毒体系，禁毒社会工作者在这个体系中的位置以及能够发挥的作用。

再次探讨了禁毒社会工作者的不同角色，并且在不同情境下角色的转换以及多个角色同时体现，结合前两节的内容，简要讲述了不同角色的工作方向。

最后讲解了禁毒社会工作者遇到的服务对象以及工作内容，为可能出现的不同的伦理情景进行了简要的描述。

2.1 禁毒社会工作者的使命及意义

2.1.1 社会工作者的使命及意义

社会工作的使命根植于社会工作价值观和专业伦理,两者有着密不可分的联系。全国社会工作者职业水平考试的教材《社会工作综合能力》(中级)中将社会工作的使命分为两类:一是社会使命,即解决社会问题、满足社会需求、维护社会稳定、促进社会公平正义;二是专业使命,即解危救困、整合资源、挖掘潜能、助人自助。《社会工作者职业道德指引》(2012)中第四章提到"践行专业使命,促进机构发展",包括社会工作者应认同机构使命,积极维护机构的形象和声誉,并致力于推动机构遵循社会工作专业使命。

社会工作始终把人道主义、利他主义以及建立至善至美的社会作为专业的旗帜。国外学者在描述社会工作专业的基本使命中指出,突出体现社会工作者助人专业与其他专业区别的有三项内容,即"为弱势、受压迫者服务""关注社会情境中的个人福祉""促进社会正义与历史变迁"。《美国社会工作者协会伦理守则》的序言部分阐述了社会工作者的使命,大致可以概括为:增进人类福祉;帮助满足所有人的基本需要,特别关注弱势群体的需要与权利;为了服务对象的利益而促进社会公正和社会变革;提高人们满足自身需要的能力。

综合分析国内外关于社会工作者的使命,概括出如下使命(图 2-1):

1. 为弱势群体提供服务

通过社会工作的专业方法,整合各方资源,促进服务对象个人、家庭、群体或社区的福祉,在助人自助的宗旨下,提升服务对象解决问题的能力。

2. 促进社会的公平正义

关注弱势群体是社会工作者基本的工作要求,敏锐地发现社会中存在的问题,及时地链接资源,促进社会大背景下弱势群体的福祉,提升社会福利水平。

```
                    ┌─→ 为弱势群体提供服务 ←─→ 为戒毒康复者提供服务 ←─┐
社                  │                           ↓                      禁
会                  │                    改善戒毒康复社会环境            毒
工                  │                           ↑                      社
作  使              ├─→ 促进社会的公平正义 ←─→ 维持社会和谐稳定 ←─────┤  会  使
者  命              │                                                   工  命
的  及              │                     ┌─→ 促进禁毒社会工作发展 ←─┐  作  及
    意              │                     │                             者  意
    义              └─→ 促进社会工作专业发展 ─→ 促进跨专业及跨界别的合作 ←┤  的  义
                                          │                              
                                          └─→ 进行毒品预防教育及宣传工作 ←┘
```

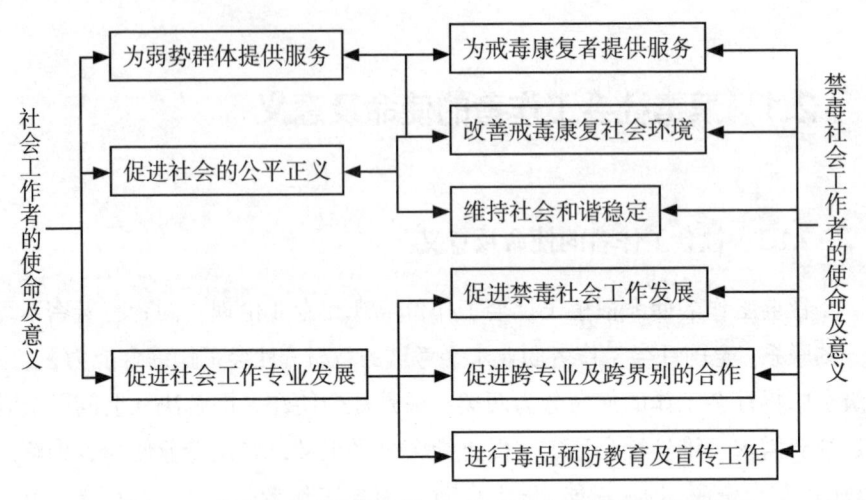

图 2-1　社会工作者与禁毒社会工作者使命及意义的对应关系

3. 促进社会工作专业发展

社会工作者应当通过不断学习、研究、交流和实践，推进社会工作专业的发展。

上文中对社会工作者的使命可以再进行细化，禁毒社会工作者的使命应当符合社会工作的使命。该领域当中的弱势群体指的是戒毒康复人群及其家属，大部分服务对象的社会支持水平较低，不仅表现在经济、住房和日常生活等方面，也表现在缺乏与社会保持紧密联系的精神支持上，此外，社会对吸毒人员的标签也让服务对象的情况雪上加霜。禁毒社会工作者也注意到解决问题的社会力量是十分重要的，改变社会大众对戒毒康复的认识，创造良好的社会康复环境，从维护社会秩序、促进社会和谐的角度来说也是非常必要的。

2.1.2　禁毒社会工作者的使命及意义

禁毒社会工作需要禁毒社会工作者学习更多的跨学科跨领域知识，包括毒品成瘾或物质成瘾的医学和心理学知识、相关法律法规知识、常见毒品知识、边缘群体文化等内容，并通过不断实践来提升禁毒社会工作者对知识的运用，进而促进禁毒社会工作的发展。禁毒社会工作者有以下使命（图2-1）：

1. 为戒毒康复者提供服务

禁毒社会工作者所面对的不仅是戒毒康复问题，也包括高危人群筛查、降低毒品伤害、躯体脱毒、心理脱瘾、社会康复等一系列问题，在其中全过程或在某一阶段提供多元化的服务。协助戒毒康复者接受职业治疗和训练，安排他们加入互助小组、为他们举办求职技巧训练和职业技能培训，帮助他们了解个人能力和回归正常生活。

2. 改善戒毒康复社会环境

目前社会对毒品问题的态度是憎恶的，大众容易给戒毒康复者贴上"坏人"的标签并避而远之，因此很少有人会去了解物质成瘾疾病，这对戒断的成瘾者重新回归社会是不利的，禁毒社会工作者需要关注戒毒康复者的临时或长远居住环境，并改善这种情况。

3. 维持社会和谐稳定

禁毒社会工作者直接服务于个人，通过解决个人及其家庭的问题，减少社会问题激化的风险，促进社会成员之间的良性互动，从而起到维持社会和谐稳定的作用。

4. 促进禁毒社会工作发展

禁毒社会工作是社会工作的一个重要分支，所涉及的交叉领域知识较多，禁毒社会工作者需要增加相关领域的知识学习，重新梳理知识体系，不仅关乎禁毒社会工作者个人的成长，也涉及到禁毒社会工作专业的发展。

5. 促进跨专业及跨界别的合作

由辨识吸毒者、鼓励其寻求协助及治疗，到最终远离毒品，需要不同界别和专业的同心协力，如禁毒社会服务单位及医疗界之间的合作等，方可全程扶持吸毒者，加强其戒毒决心。禁毒社会工作者应善用不同社会资源（如劳动人社局的资源）提供就业或岗前培训，还可与民营企业合作，为戒毒康复者提供就业机会。

6. 进行毒品预防教育及宣传工作

以社区和学校为阵地，通过线上线下的多媒体教育及辅导服务，降低毒品的吸食率，包括制作禁毒短片、建立社交媒体平台以推广积极的人生观、预防复吸的心理治疗、帮助高危/隐蔽青年吸毒者做正向人生发展规划，为吸毒者家人提供短期家庭辅导服务。

2.2 禁毒社会工作者在我国现有禁毒体系中的作用

本书中禁毒社会工作者是指具有社会工作的科学知识、方法技能和伦理守则的同时，具备禁毒相关知识，在禁毒领域开展戒毒康复、禁毒宣传、社会倡导等一系列直接或间接服务的专业化人员。

禁毒社会工作者在有些地方又被称为"禁毒专员"，禁毒社会工作者和禁毒专员都是从事禁毒社会工作的专职人员，二者最主要的区别在于，禁毒社会工作者具备专业资质，从事禁毒领域的专业社会工作。而禁毒专员则是由社区招募或者从其他地方委派专门负责禁毒工作的工作人员。

目前，不同的地区在聘用禁毒社会工作者和禁毒专员的形式上略有不同。有些地方以政府购买社会组织服务的形式来聘请专业社会工作者参与到禁毒工作中，其中有禁毒社会工作者岗位购买或者项目内容打包等多种购买形式。还有些地区由区级禁毒委员会办公室、街道社区等通过自己招聘或者通过劳务派遣公司派遣等形式，招募到适合禁毒工作的禁毒专员，在乡镇街道、社会治安综合治理委员会办公室（简称综治办）、戒毒康复中心或站等地点工作。由于政府工作人员与禁毒社会工作者在处理问题的方式上不尽相同，更加需要禁毒社会工作者在不同工作体系中认清自己的角色和职责定位。

国家禁毒办等十二部门印发的《关于加强禁毒社会工作者队伍建设的意见》中明确了禁毒社会工作者的四项职责任务：提供戒毒康复服务；开展帮扶救助服务；参与禁毒宣传教育；协助开展有关禁毒管理事务。前两项是直接面对戒毒康复人员开展的工作，后两项宣传与管理工作是间接开展的工作，而在实际的工作过程中，无论是直接与间接，禁毒社会工作者都扮演了不同的角色，这决定了禁毒社会工作者的角色定位是多重且复合的。在直接服务的过程中，禁毒社会工作者可能会成为评估者、治疗者、支持者和教育者；在间接服务的过程中，禁毒社会工作者可能成为研究者、政策影响者（倡导者）、咨询者、审批者；在直接与间接的复合型工作中，禁毒社会工作者还可能成为协调者、代理人、监督者和策划者等角色。每一个角色都是对禁毒社会工作者专业性的巨大考验。

毒品问题是世界难题，有些国家将毒品归为医疗问题、政治问题的范畴，还有些国家将毒品看作是严重的犯罪。在中国，毒品问题不仅是医疗和政治问题，因此我国的禁毒态度一直都是对毒品"零容忍"。需要注意的是，这是我国对毒品的态度，而不是对吸毒者的态度。吸毒行为在我国是违法行为，《中华人民共和国禁毒法》第四章明确指出：国家采取各种措施帮助吸毒人员戒除毒瘾，教育和挽救吸毒人员。在具体工作的过程中，谁来教育挽救？如何教育挽救？效果如何？这些问题已经成为近几年禁毒工作的重点和需要攻克的难题。

《2021年中国毒情形势报告》中提到中国毒品制造呈现萎缩之势，制毒规模、产量和工厂窝点持续减少，在国内毒品消费市场所占份额明显下降。但中国毒品问题仍然复杂并且呈现出新变化、新特点，主要表现在以下几个方面：滥用种类多样，吸食毒品替代物质增多；滥用场所更加隐蔽，利用网络平台在线吸毒增多。目前我国毒品防控形势向好，主要体现在两个方面：①滥用人数持续减少。根据以往数据对比，现有吸毒人数中，海洛因同比下降19%，冰毒同比下降18.5%，氯胺酮同比下降9%，大麻同比下降10.7%。根据各地城市污水毒品成分检测结果显示，海洛因、冰毒、氯胺酮等3类滥用人数较多的主流毒品消费量普遍下降。②由于受到毒品供应和流通数量的双重影响，国内毒品市场出现买不到、吸不起、纯度低的普遍现象，部分吸毒人员通过减少吸毒频次及使用量，或者使用精麻药品和非列管物质替代，或交叉滥用非惯用毒品以满足毒瘾的现象。但毒品影响公共安全的风险依然存在，因滥用毒品替代物质后，出现各类精神类疾病症状，比如狂躁症状，甚至诱发精神障碍及心脑血管疾病，存在引发肇事、肇祸风险。仍有不法分子利用具有镇静、催眠、麻醉作用的精神药品制成"迷奸水""听话水"，实施强奸、猥亵等犯罪活动。

严打严防是我国禁毒斗争的主要策略，与国际禁毒斗争"减少毒品供应、减少毒品需求、减少毒品危害"的主要策略高度一致。近些年，在平安法治建设战略背景下，禁毒工作也越来越受重视，政府将禁毒工作纳入国家安全战略，深入推进平安法治中国建设。

2018年，中共中央总书记、国家主席、中央军委主席习近平对我国禁毒工作作出走中国特色的毒品问题治理之路的重要指示，由国家禁毒委员会（简称国家禁毒委）部署构建"六全"毒品治理体系：

（1）推动全层级落实禁毒工作责任。坚持党管禁毒，实施"一把手"工程，加强调研指导，强化规划统筹，落实禁毒考核，严格责任追究。

（2）开展全覆盖毒品预防教育。强力推进禁毒宣传教育，强化毒品预防教育。

（3）开展全环节服务管控。开展涉毒人员排查，实施分级分类管控，加强戒毒康复人员帮扶救助。

（4）开展全链条打击毒品犯罪。提升科技信息化运用能力，加大涉毒犯罪打击力度。

（5）开展全要素排查管控。开展高危场所、制毒工具排查，易制毒化学物品管控，开展寄递行业检查。

（6）开展全方位毒情监测。提升涉毒情报信息获取能力，全面开展污水监测。

在习近平同志的重要指示下，以及国家禁毒委部署的"六全"毒品治理体系的指导下，形成了中国特色的禁毒体系构架，即禁毒工作是以公安部门、司法部门为主，卫生药监、城市街道办事处、乡镇人民政府、社会组织、企事业单位等多部门参与合作为辅的禁毒体系构架，以下对这些机构做简单介绍。

国家禁毒委：1990年成立，是中国最高的禁毒领导机构。《中华人民共和国禁毒法》规定国务院设立国家禁毒委，负责组织、协调、指导全国的禁毒工作。现有公安部、国家卫生健康委员会、教育部等41个成员单位。国家禁毒委的办事机构为国家禁毒会办公室（简称禁毒办），设在公安部。禁毒办负责执行禁毒委的各项决定，开展日常工作。

公安部禁毒局：1998年，国务院批准公安部设立禁毒局，该局同时为国家禁毒委的办事机构，主要职责是掌握毒品违法犯罪活动动态，拟订预防、打击对策；组织、指导、监督对毒品犯罪案件的侦查工作；承担对麻醉药品药用原植物、麻醉药品和精神药品流入非法渠道的查处工作；依法承担对易制毒化学品的管制等工作；组织、协调、指导地方公安机关开展吸毒人员管理工作等。

国家禁毒委成员单位有41个,包括公安部、中央宣传部、最高人民法院、最高人民检察院、外交部、教育部、国家卫生健康委员会、海关总署、中共中央网络安全和信息化委员会办公室、国家发展和改革委员会、科技部、工业和信息化部、国家安全部、民政部、司法部、财政部、人力资源和社会保障部、生态环境部、交通运输部、农业农村部、商务部、文化和旅游部、应急管理部、中国人民银行、国家市场监督管理总局、国家广播电视总局、国家国际发展合作署、国务院港澳事务办公室、国务院台湾事务办公室、国家移民管理局、国家林业和草原局、中国民用航空局、国家邮政局、国家药品监督管理局、国家乡村振兴局、中央军委联合参谋部作战局、海警局、全国总工会、共青团中央、全国妇联、中国铁路总公司。

我国禁毒体系中包含如此多的成员单位,说明我国对禁毒工作的重视,而在多部门合作的过程中,如何各司其职、如何参与到具体工作内容中、如何使成员单位的职能最有效地深入服务到整体的禁毒工作中,是一个需要长期不断探索、不断磨合、不断完善的过程。在国家大力发展禁毒社会工作的背景下,社会工作者可以从宏观、中观、微观三个维度参与到整体禁毒体系各个层面的工作中,并不断为走出中国特色毒品问题治理之路贡献社会工作者的专业力量。

社会工作起源于工业革命之后的慈善救助,仅仅是"做善事"并不能体现出社会工作的专业性。1917年出版的《社会诊断》一书,奠定了社会工作专业知识的基础,使社会工作摆脱了以往单纯慈善事业的形象,标志着现代社会工作的诞生,也是个案工作专业方法的开始。按照专业发展的历史脉络,社会工作者在帮助一个又一个个人和家庭的同时,开始思考社会结构性的问题,推动政策的变革能够更广泛、更有效率地惠及个体和家庭,因此一些社会工作者开始在宏观的系统中工作。通过微观和宏观的工作逐渐发现两者越来越向两端发展,社会工作也因此被分成两派,美国社会学家默顿提出了中层理论,这是一种不排斥宏观抽象理论,又接纳具体经验分析的理论,社会工作也吸取了其中的经验来弥合微观与宏观之间的裂痕,由此中观社会工作逐渐被接受。下文所介绍的禁毒社会工作不同层面,也是按照社会工作维度的历史发展进行的叙述。

2.2.1 微观禁毒社会工作

微观社会工作顾名思义，是指以个人、家庭为主要服务对象，其方法不仅限于个案工作、小组工作两种方法，在服务对象需要的时候也会采用社区工作方法或者社会工作行政的方法，整合资源提供服务。

国家在禁毒斗争中投入了大量资源，构建了符合中国国情的禁毒公共服务体系，禁毒社会工作服务也在这个过程中应运而生。我国是以强制隔离戒毒为主，自愿戒毒、社区戒毒和社区康复为辅的戒毒服务体系。禁毒社会工作中最重要的也是最主要的部分就是参与戒毒康复服务，禁毒社会工作者参与微观服务是通过社会工作三大工作方法——个案工作、小组工作、社区工作来帮助服务对象达到戒毒康复、预防复吸、改善生活质量的目的。工作具体内容为戒毒康复人员提供戒毒康复、社会救助服务等，同时参与禁毒宣传教育。有些时候，禁毒社会工作者需要参与公安、司法、卫生等部门的行政工作，因此禁毒社会工作者的工作直接影响到戒毒工作的成效，也是社区戒毒能否取得成效的关键因素。

2.2.2 中观禁毒社会工作

微观社会工作虽然可以解决个人或家庭的具体问题，但是由于忽视了宏观因素而变得过于追求精细化，认为任何个体都是不同的，从而产生"反理论"的倾向；宏观社会工作在一定程度上能够弥补微观社会工作的非结构性问题，同时也让部分社会工作者认为落地性差。社会工作专业在理论和实务模式逐渐发展成了微观和宏观两种取向，随着社会的发展和变革，两者间的矛盾逐渐凸显，为了找到两者之间的联结，中观社会工作逐渐被社会工作者所了解。

禁毒社会工作者如何参与到整体的禁毒体系，主要取决于当地的毒品形势及《戒毒条例》。禁毒社会工作服务在不同的省市，采取的服务策略和模式也有所差异，其中以项目制运作方式为主，有些省市以当地禁毒办直接招聘禁毒社会工作者的形式，还有些地方则以政府民营的合作形式开展禁毒社会工作服务。

项目制运作是一种政府主导的政府购买模式，政府以"项目"为载体实现对第三方社会组织的专项转移支付，从而实现对国家禁毒公共服务建设自上而下的推进，将国家政策推及地方和基层，实现了对国家禁毒公共服务建设的统筹。随着禁毒社会工作的迅速发展，带动了整体社会工作队伍专业化建设以及社会工作伦理的提升。有研究发现，禁毒社会工作项目制体现了其独特的运作逻辑——贯彻国家意志、政府行政主导明显、公安介入力度强烈、彰显政府政绩。

但这一运作逻辑也呈现出禁毒社会工作服务的项目制运作逻辑冲突：行政管理与社会工作者专业价值的冲突、强力管控与福利化柔性服务的冲突、禁毒服务管理过程面临的法治冲突。这些冲突深刻影响了禁毒社会工作的政府购买的初始目标，即政府职能重心向社会管理职能和经济建设转变。因此培养专业禁毒社会工作人才队伍，制定禁毒社会工作技术标准，建构相关理论和实践方法，制定禁毒社会工作伦理标准，是建立具有中国特色的禁毒社会工作体系的重要组成部分。

2.2.3 宏观禁毒社会工作

宏观社会工作是针对微观社会工作而言的，以地区和国家为目标系统，强调社区工作、社会工作行政和社会政策三个部分的协调工作。

禁毒社会工作是以政府主导，国务院设立国家禁毒委员会，负责组织、协调、指导全国禁毒工作。2008年《中华人民共和国禁毒法》首次将社区戒毒提到政策层面，为社区戒毒模式提供了法律保障，随着国家着力加强禁毒社会化工作，陆续出台正式文件及规定，禁毒工作得到了高质量的发展。

在《中华人民共和国禁毒法》的指导下，各地推出了与禁毒相关的社会政策，部门之间的协调逐渐顺畅。毒品管制工作主要由公安负责，打击一切毒品违法犯罪行为；而戒毒工作主要由卫生行政部门、药品监督管理部门、公安司法部门共同协作治理，具体情况每个省（市、区）参考本地戒毒条例略有不同；其中禁毒宣传教育工作则是尤为重要的，国家采取各种形式开展全民禁毒宣传教育，普及毒品预防知识，增强公民的禁毒意识，提高公民自觉抵制毒品的能力，并鼓励公民、组织开展公益性的禁毒教育工作。

政策落实的最基层单位就是社区，随着社会力量的加入，通过社会工作的方式将政策落实，禁毒社会工作者作为纽带起到了让政策和社区工作融合的作用。

随着社会各个阶层对禁毒认识的不断提高，普通大众开始意识到禁毒斗争只靠公安机关进行打击是远远不够的，需要全社会的力量参与，如何动员全社会参与其中，也是亟待解决的问题。在国家大力发展禁毒社会工作的过程中，各个省（市、区）逐渐意识到禁毒社会工作者在这些工作中的重要性，也在不断探索、尝试将社会工作纳入整个禁毒工作体系的新模式中，为走出中国特色毒品问题治理之路提供实践基础。

吸毒人员具有违法者及患者的双重身份（参见附录《中华人民共和国禁毒法》第四章禁毒措施），这也奠定了禁毒社会工作者工作内容需要实现管控与服务并重的基础原则，从违法的角度禁毒社会工作者需要协助禁毒办、街道等政府机构开展吸毒人员摸底排查工作，建立社区戒毒、社区康复人员档案，做好出所衔接，开展定期评估、尿检等工作；从患者角度禁毒社会工作者需要对服务对象（即吸毒人员）开展戒毒康复、心理疏导、禁毒教育等工作。禁毒社会工作者评估服务对象的需求后，帮助链接生活、就学、就业与美沙酮维持治疗等方面的社会资源。目前禁毒社会工作者的主要工作是，在社区进行社区戒毒和社区康复工作，但有些地区的禁毒社会工作者已经将工作深入强制隔离戒毒所。在强制隔离戒毒所内，民警的工作主要是监督和管理，而禁毒社会工作者通过运用专业的工作方法，比如个案和小组等工作方法，与强制隔离戒毒人员逐渐建立信任关系，并通过形式多样、种类丰富的小组工作方法，丰富所员在强制隔离戒毒期间的生活。在强制隔离戒毒期间，禁毒社会工作者通过专业方法的应用不仅对促进强制隔离戒毒所的人性化管理、人文氛围的营造发挥了重要作用，而且还为吸毒人员离开戒毒所转到社区提供了无缝衔接的专业社会工作服务。

综上所述，禁毒社会工作者要具备从微观到宏观穿梭的能力，对伦理能力的要求亦是如此。禁毒社会工作者要面对服务对象及其家庭，通过专业技能提供服务，采用的是微观层面的伦理视角；随着服务人群的扩大、自身能力的提升和经验的积累，服务对象从个人变为群体、社区或是社群，还要与机构和其他专业人员共同工作，采用的伦理视角从微观转向了中观；禁毒社会工作者有可能参与到政策制定的讨论、禁毒宣传教育等更间接、宏观的工作，这也要求禁毒社会工作者从宏观层面考虑伦理。从微观到宏观，从宏观到微观，根据服务内容的类型、数量和规模适用不同的伦理，禁毒社会工作者的每一个伦理决策都有可能改变一个人的命运。

2.3 禁毒社会工作者的角色

目前，禁毒社会工作者以政府购买社会组织服务、禁毒办等用人单位招聘这两种主要形式参与禁毒工作，在乡镇街道、综治办、戒毒康复站等地点工作。由于政府与禁毒社会工作者在处理问题的方式上不尽相同，更加需要禁毒社会工作者在不同环境中明确自身的角色和职责。

2.3.1 禁毒社会工作者的专业角色

禁毒社会工作者协助禁毒政策的具体实施，因为其本身的服务对象、服务方法、服务内容的多元化，所以在不同情况下扮演着不同的角色。以服务方法的不同为标准，可以将禁毒社会工作者的角色归纳为以下三类（图 2-2）。

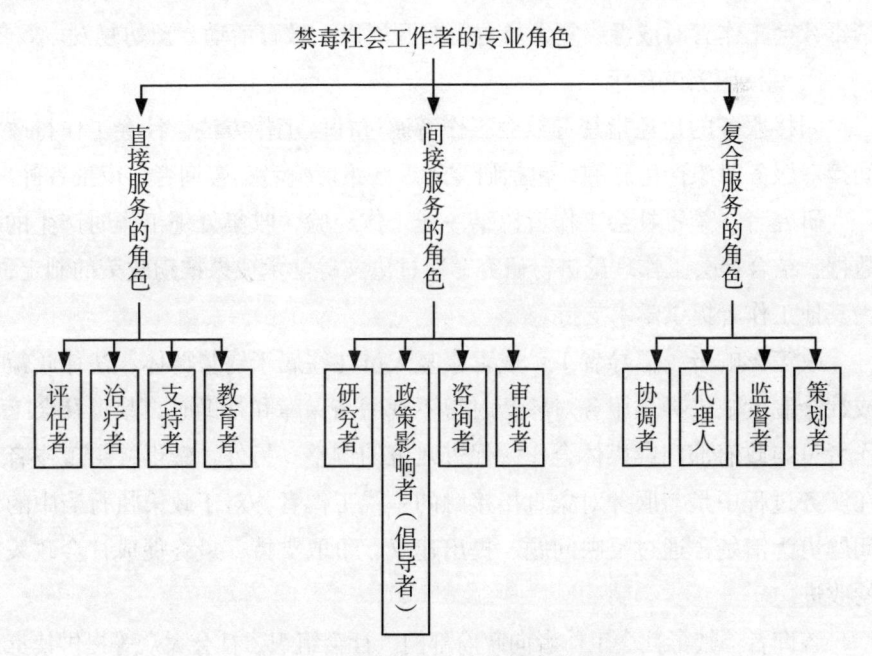

图 2-2 禁毒社会工作者的专业角色

1. 直接服务的角色

直接服务的角色指禁毒社会工作者通过个案、小组等工作方法直接面对服务对象开展的工作，包括评估者、治疗者、支持者、教育者等。

评估者：对戒毒康复人员及其家庭做充分的评估，以戒毒康复者为中心开展"身－心－社"全方位的评估。例如评估戒毒康复人员的健康状况、复吸的高危因素、家属与家庭的戒毒康复因素、社会支持的正面和负面因素等，以便基于专业判断选择适当的介入方式，这部分也是后续工作开展的个案概念化基础。

治疗者：临床工作角色，以个案工作为主，通过分析服务对象面临的困难，直接为服务对象提供戒毒康复等帮助，激发其潜能，使服务对象受到损伤的社会功能得以恢复。

支持者：禁毒社会工作者通过专业技巧和价值观，对戒毒康复者及其家属予以心理上的理解和支持，并在服务过程当中鼓励服务对象，与他们一同面对困难。

教育者：禁毒社会工作者面向社会大众开展的毒品预防宣传、禁毒政策法规讲解等教育活动，提高公众对禁毒知识的了解，使之远离毒品伤害。禁毒社会工作者对戒毒康复人员也需要开展以上教育活动，预防复发。

2. 间接服务的角色

间接服务的角色指禁毒社会工作者通过社区工作方法、社会工作行政间接对服务对象产生影响，包括研究者、政策影响者、咨询者、审批者等。

研究者：禁毒社会工作者总结一线工作经验，收集处理工作时产生的数据，结合社会工作理论进行研究，通过论文等学术成果推动政策的制定，为其他工作者提供学术支持。

政策影响者（倡导者）：戒毒康复人员往往属于弱势群体，法律政策或社会制度缺失导致服务对象暂时得不到适当保障和帮助时，禁毒社会工作者可与政府部门或媒体合作，促进政策的调整。另外，禁毒社会工作者在实务过程中是与服务对象直接接触的一线工作者，对于政策执行当中的问题更为清楚，通过反映问题、提出建议、争取支持，最终促成社会政策的改进。

咨询者：禁毒社会工作者向政府部门、社会组织、社会大众等提供禁毒方面的咨询，以实务专家的身份参加研讨会，从专业的角度提供咨询意见。

审批者：当禁毒社会工作者受雇于政府部门时，对戒毒康复人员有一定的行政权力，例如审核请假、审核材料等。

3. 复合服务的角色

复合服务的角色指禁毒社会工作者既为服务对象直接提供服务也间接提供服务，类似于服务对象与社会的中间人，包括协调者、代理人、监督者、策划者等。

协调者：理想中的禁毒社会工作者背后有一定的资源系统，能够与派出所、戒毒所、医院、戒治机构等部门及相关人员建立良好的工作关系，形成完整的资源协作网络，根据戒毒康复人员的个性化戒毒康复需求，整合网络资源，与不同部门共同协作提供优质的戒毒康复服务。

代理人：禁毒社会工作者与那些需要接受服务但是不知道在哪里寻求帮助的服务对象形成工作联盟，与其共同寻找所需资源。禁毒工作单靠禁毒社会工作者一人是不能完成的，只有借助各方资源并与相关职能部门、专业机构合作，才能更好地服务于戒毒康复人员。在工作过程中，禁毒社会工作者可为服务对象及其家属提供相关资源，例如办理低保、医保、就业、法律援助等。

监督者：禁毒社会工作者有时会协助公安部门督促服务对象尿检、了解戒毒康复的情况，通过这样的方式监督服务对象减少复吸、提高操守率。

策划者：禁毒社会工作者不仅要开展个案管理工作，与戒毒康复人员共同策划一年的康复计划，也要对自己的工作有规划和梳理，每月、每年进行工作计划，策划临时性的活动等。

2.3.2　禁毒社会工作者的岗位角色

禁毒社会工作者在不同的工作场域中扮演着不同的角色，国内禁毒社会工作因为地域、购买方、招聘方式、岗位职责等不同，工作内容也略有侧重。按照不同的服务场域，可以分为以下几种类型：

社区戒毒（社区康复）社会工作者：指在社区戒毒和社区康复工作中为戒毒康复人员提供服务的禁毒社会工作者，主要在社区中提供服务，以回归社会为主要工作目标，签订社区戒毒（康复）协议、落实社区戒毒（康复）措施，督促戒毒康复人员按照协议规定执行，提供就业指导、心理疏导、政策咨询等服务，做好档案管理等行政性工作。

驻所社会工作者：指在强制隔离戒毒所中工作的社会工作者，"强制"可以帮助戒毒者戒除生理毒瘾、矫正不良行为、习得新知识，禁毒社会工作者进行心理辅导、就业辅导、出入所适应、家属辅导等工作。

美沙酮驻点社会工作者：指在美沙酮药物维持治疗门诊的禁毒社会工作者，相对于驻所社会工作者，服用美沙酮的戒毒康复人员自由度更高，社会工作者与医务人员合作，共同为门诊戒毒康复人员提供用药指导，支持戒毒康复人员回归社会，提供除医疗知识外的心理、政策、法律等知识，引入社会资源为门诊戒毒康复人员提供多方资源。

其他类型社会工作者：社会工作服务机构雇佣的禁毒社会工作者，往往根据服务项目外派到康复站、社区、戒毒所等不同的场所开展工作，根据项目内容开展专业化的禁毒社会工作服务，也被称为项目社会工作者。

2.4 禁毒社会工作者的服务对象及内容

2011年6月22日国务院第160次常务会议通过、2011年6月26日公布施行的《戒毒条例》指出："戒毒工作坚持以人为本、科学戒毒、综合矫治、关怀救助的原则，采取自愿戒毒、社区戒毒、强制隔离戒毒、社区康复等多种措施，建立戒毒治疗、康复指导、救助服务兼备的工作体系。"2017年1月20日，国家禁毒办、公安部、民政部、财政部等12部门联合出台《关于加强禁毒社会工作者队伍建设的意见》，提出"禁毒社会工作是禁毒工作的重要组成部分，是坚持'助人自助'价值理念，遵循专业伦理规范，运用社会工作专业知识、方法和技能预防和减轻毒品危害，促进吸毒人员社会康复，保护公民身心健康的专门化社会服务活动"。这里进一步明确了禁毒社会工作的服务目标。服务目标决定了服务方向，包括服务对象和服务内容。下文将依据服务对象的特点以及禁毒社会工作的实际服务需求，对禁毒社会工作者的服务对象和服务内容进行梳理。

2.4.1 禁毒社会工作者的服务对象

1. 吸毒人员

禁毒社会工作者最核心的服务对象是吸毒人员，根据禁毒法律法规和相关文件，吸毒人员包含以下几类：

（1）社区戒毒人员：对吸毒成瘾人员，被县级、设区的市级人民政府公安机关责令其接受社区戒毒，并出具责令社区戒毒决定书，送达本人及其家属，通知本人户籍所在地或者现居住地乡（镇）人民政府、城市街道办事处。社区戒毒期限为3年，自报到之日起计算。

（2）强制隔离戒毒人员：被公安机关责令强制隔离戒毒或吸毒成瘾人员自愿接受强制隔离戒毒，经批准进入强制隔离戒毒场所戒毒的人员，期限为2年。

（3）社区康复人员：对解除强制隔离戒毒的人员，强制隔离戒毒的决定机关责令其接受不超过3年的社区康复。社区康复在当事人户籍所在地或者现居住地乡（镇）人民政府、城市街道办事处执行，经当事人同意，也可以在戒毒康复场所中执行。

（4）其他社会面吸毒人员：在全国吸毒人员动态管控系统内登记的有吸毒史且未在监管场所中，除社区戒毒人员、社区康复人员外，自愿戒毒、进入戒毒康复场所、参加药物维持治疗、脱失逃跑、戒断3年未复吸、社会面有吸毒史等状态人员。

禁毒社会工作者所处的禁毒岗位不同，服务的吸毒人员也会有侧重，比如强制隔离戒毒所的驻所社会工作者，重点服务强制隔离戒毒所内的戒毒人员；社区戒毒社区康复禁毒社会工作者，重点服务社区戒毒和社区康复戒毒人员；美沙酮门诊的驻点社会工作者，重点服务在门诊部服用美沙酮的戒毒人员。

2. 吸毒人员家庭

有关研究发现，吸毒问题的解决不能单独依靠吸毒者个人，也需要家庭成员的帮助，吸毒行为破坏了家庭成员之间的关系，并且会因为家庭成员的相互作用而维持和改变。家庭既影响药物成瘾的形成，也影响生理脱毒后的康复，家庭对吸毒人员的影响可以从家庭结构、家庭关系、家庭功能三方面来看。家庭结构指家庭成员的构成、组合和搭配，家庭结构的改变，如死亡或者离异会增加药物滥用的可能性。家庭关系主要指家庭成员之间的情感联结，如亲子关系、夫妻关系，家庭的支持会对吸毒者起到监督的作用，促进其对吸毒行为的反思，有助于成瘾行为的降低，在家庭中受到亲人的疏远或不相认，缺少温暖，这些家庭的压力容易使吸毒者的情绪不稳定、烦躁，产生心理焦虑、抑郁而导致复吸。家庭功能可以从家庭的具体特征或从家庭完成的任务来理解，父母采取拒绝的、过度保护的抚养方式形成的松散、混乱的家庭功能影响康复效果。因此家庭是戒毒服务中一个重要的介入方向，戒毒人员的家庭成员也是禁毒社会工作者的主要服务对象，包括戒毒人员的父母、配偶、子女等。

3. 社会大众

社会工作注重"人在情境中"的理念，禁毒社会工作者不仅关注戒毒人员本身，而且应该关注如何为戒毒人员营造一个没有歧视、接纳戒毒人员的社会环境，同时根据《中华人民共和国禁毒法》，禁毒工作实行预防为主，综合治理，禁种、禁制、禁贩、禁吸并举的方针。预防新增吸毒人员，也是禁毒工作至关重要的目标，因此禁毒社会工作者的服务对象涉及社会大众。

4. 禁毒工作相关工作人员

禁毒工作相关工作人员包括禁毒志愿者、禁毒专干、社区民警、监管场所民警、村（居）委员会工作人员、医护人员等。禁毒社会工作者不只是需要改变服务对象所处的人或系统，还要改变服务对象之外的其他系统。禁毒社会工作者要帮助戒毒人员获取系统和社会环境中的资源。例如禁毒社会工作秉持着尊重戒毒人员，相信他们可以改变的理念开展戒毒康复、帮扶救助等服务，但可能存在一些禁毒工作相关人员受社会偏见影响，认为吸毒人员改变不了，没必要花那么多时间做那么多事情，那么他们很可能并不认同禁毒社会工作者的工作，不支持甚至可能会反对。禁毒社会工作在中国依然处于起步阶段，需要提升禁毒相关工作人员对禁毒社会工作的了解和认识，促使禁毒相关职能部门支持推动禁毒社会工作服务专业化开展，提升禁毒社会工作的服务成效。

2.4.2 禁毒社会工作者的服务内容

1. 针对吸毒人员的服务内容

吸毒人员是禁毒社会工作者最核心的服务对象，吸毒者是社会中的一类特殊群体，他们是违法者，也是患者。作为违法者，吸毒人员必须遵守相关的法律法规，具有强制性，但作为患者，他们是有自决权的服务对象，针对吸毒人员的不同属性，禁毒社会工作的服务目标和服务内容也不相同。

（1）禁毒社会工作者为吸毒人员提供戒毒康复服务：禁毒社会工作者在提供戒毒康复服务前，需对戒毒康复人员进行调查，调查的内容包括行动趋向、生活状况、社会关系、现实表现等情况。根据调查的内容评估戒毒康复人员面临的问题和需求，评估内容主要包括：

▶ 生理、心理、社会等问题和需求预估，例如生理方面是否存在生理脱毒的情况或者身体健康问题，心理方面是否有抑郁、焦虑等心理问题或其他的精神症状，社会需求方面是否有稳定的经济来源、固定住所、掌握谋生技能等。

▶ 危机评估，包括评估威胁戒毒康复人员生命的危机因素、复吸的危机因素等。

▶ 心理社会发展需求评估，包括戒毒动机、戒毒信心、改善与家庭关系、社会关系等愿望和行动等。

▶ 社会支持系统评估，包括评估社会、家庭、朋辈等各种正面和负面因素。

以上评估内容应根据需要记录和归档。禁毒社会工作者在评估戒毒康复人员的问题和需求之后，才能为戒毒康复人员提供有针对性的戒毒康复服务。服务内容主要包括：

▶ 开展心理咨询和情绪疏导。

▶ 开展社会心理行为干预，对可能有复吸及危害社会行为的戒毒康复人员进行必要的行为干预。

▶ 进行人际关系辅导，包括婚恋、夫妻、亲子、同事、邻里关系等。

▶ 提供自我管理能力和社会交往能力提升服务。

▶ 帮助戒毒康复人员调适社区及社会关系，营造有利于戒毒康复的社会环境。

▶ 开展有利于戒毒康复人员社会功能修复的其他专业服务。

戒毒是一个长期且艰难的过程，禁毒社会工作者在提供戒毒康复服务时，需要有扎实的理论和技术，可借鉴动机强化治疗、认知治疗、行为治疗、团体治疗、家庭治疗等专业工作技术。禁毒社会工作者也需要有理论和实际相结合的宽广视角，正如习近平总书记说的："这是一个需要理论而且一定能够产生理论的时代，这是一个需要思想而且一定能够产生思想的时代。我们不能辜负了这个时代。"理论以及由理论形成的信念影响着人们如何看待戒毒康复人员的问题和需求，而且理论也会给我们提供科学、系统的思路，以便为戒毒康复人员提供服务，禁毒社会工作者应为有需要的戒毒康复人员开展以循证为基础的社会心理行为干预，将理论的高度与实践的深度有机结合。

当禁毒社会工作者在提供戒毒康复服务时，要清楚自己的能力界限，对超出自己能力范围的服务要及时寻找资源和提供转介服务，如有医疗治疗需要的戒毒康复人员，提供医疗治疗转介，包括戒毒医疗机构、药物维持治疗机构、专科医疗机构；对有精神障碍的戒毒康复人员，提供精神科诊断和治疗的转介等。

（2）禁毒社会工作者为吸毒人员开展帮扶救助服务：禁毒社会工作者根据收集的资料评估问题及需求对戒毒康复人员开展帮扶救助服务，服务内容主要包括：

▶ 协助有需要的戒毒康复人员申请最低生活保障、医疗救助和临时救助等帮扶救助服务。

▶ 为有需要的戒毒康复人员开展生涯规划和就业指导，链接就业、职业培训等方面的政府资源与社会资源，促进其就业。

▶ 为有需要的戒毒康复人员链接就学就业资源、其他政府资源与社会资源，提升生计发展能力。

▶ 组织志愿者和社会力量开展戒毒康复人员帮扶救助志愿服务，改善社会支持网络，促进社会融入等。

禁毒社会工作者在开展帮扶救助过程中，要清楚禁毒工作的机制和禁毒社会工作者可以承担的角色，《中华人民共和国禁毒法》规定禁毒工作实行政府统一领导，有关部门各负其责，社会广泛参与的工作机制。禁毒社会工作者需要有多元合作、跨部门联动的意识和能力，承担起协调者、代理人等角色进行资源整合和资源链接，禁毒社会工作者心中要有一张资源地图，包括政府各部门、群团组织、企业以及社会力量可以提供的资源。这样禁毒社会工作者才有可能为戒毒康复人员提供实实在在的帮助，解决其生活、学业、就业以及医疗等方面的困难，同时也推动构建一个更完善、更健全的禁毒社会服务体系。

（3）禁毒社会工作者为吸毒人员开展禁毒宣传教育工作：禁毒社会工作者应根据戒毒康复人员的需求，开展戒毒禁毒宣传和教育工作，服务内容主要包括：

▶ 为戒毒康复人员开展社区戒毒社区康复法律法规、戒毒康复资源、社会工作服务等信息和资源的宣传工作。

▶ 开展调适戒毒康复人员与社区及社会关系的宣传教育服务，构建社区支持网络，营造有利于社区戒毒的社会环境。

▶ 开展禁毒法律法规、政策、毒品知识、防治艾滋病和传染病、药物维持治疗等相关政策和知识的宣传，增强禁毒意识，提高自觉抵制毒品的能力。

▶ 向戒毒康复人员宣传关于尿检及毛发检测的相关知识。

▶ 组织有意愿的戒毒康复人员参与社区志愿活动，鼓励参与社区协商，为社区发展出谋划策，参加社区组织的各类公益倡导活动，增强社区融入等。

（4）禁毒社会工作者协助开展禁毒管理事务：禁毒社会工作者可根据禁毒管理部门要求，协助开展有关禁毒管理事务，禁毒社会工作者所处的禁毒岗位不同，需要协助开展禁毒管理事务的内容也有很大差异，社区戒毒社区康复领域的禁毒社会工作者主要面对的是社区戒毒社区康复人员，他们要遵守社区戒毒或社区康复的协议，这样就涉及一整套完整的从报到建档、定期报到评估、到评估解除协议的禁毒管理程序和要求。下面主要以社区戒毒社区康复领域的禁毒社会工作者为例，他们要协助开展的禁毒管理事务的内容主要包括：

▶ 对被责令社区戒毒社区康复人员开展无缝衔接工作，促进社区戒毒社区康复人员实现从拘留所或强制隔离戒毒场所到社区戒毒社区康复场所的顺利转变。

▶ 对按规定时间到执行地报到的社区戒毒社区康复人员开展建档工作，了解被责令社区戒毒社区康复人员基本信息、介绍相关法律法规和政策的规定、签订协议书和权利义务告知书、建立档案。

▶ 进行社区戒毒社区康复人员动态管控、动态跟踪，协助建立相关档案资料，做好工作台账，对工作对象的戒毒康复情况进行定期评估。

▶ 在进行吸毒检测过程中，对社区戒毒社区康复人员提供建档、面谈、结果归档等工作。

▶ 协助开展吸毒人员排查摸底工作。

▶ 督促、帮助社区戒毒社区康复人员履行协议，努力减少现实危害。

▶ 发现社区戒毒社区康复人员拒绝报到或严重违反协议的、参加戒毒药物维持治疗人员严重违反治疗规定的，向乡镇（街道）禁毒工作机构报告，并协助收集提供有关材料。

禁毒社会工作者在协助开展禁毒管理事务时，需要清楚社会工作者的角色和定位，清晰并守住工作的界限，才能更好地发挥禁毒社会工作者的专业性，推动构建禁毒社会服务体系。2011年6月26日公布施行的《戒毒条例》规定："县级以上地方人民政府公安机关负责对涉嫌吸毒人员进行检测，对吸毒人员进行登记并实行动态管控，并依法责令社区戒毒、决定强制隔离戒毒、责令社区康复，管理公安机关的强制隔离戒毒场所、戒毒康复场所，对社区戒毒、社区康复工作提供指导和支持。""乡（镇）人民政府、城市街道办事处应当根据工作需要成立社区戒毒工作领导小组，配备社区戒毒专职工作人员，制订社区戒毒工作计划，落实社区戒毒措施。""社区戒毒专职工作人员、社区民警、社区医务人员、社区戒毒人员的家庭成员以及禁毒志愿者共同组成社区戒毒工作小组具体实施社区戒毒。"在实际禁毒工作中，协助戒毒的工作需要有更多的成员加入，例如目前禁毒社会工作者也成为社区戒毒或社区康复工作小组的一员，既发挥着评估者、治疗者、教育者和支持者等直接服务的专业角色，又发挥着协调者等复合服务者的专业角色，充分调动起工作小组的协同合作、各司其职、发挥各自优势，去更好地帮助戒毒康复人员预防复吸和回归社会。

2. 针对吸毒人员家庭的服务内容

吸毒人员与家庭的关系是密不可分的。一个吸毒人员，首先是家庭重要成员之一，也是家庭中出了问题（身患成瘾性疾病）的个体。吸毒人员为什么去吸毒？在这背后，有家庭的因素、责任和关联性。2011年香港大学发布《青年滥药与家庭关系的研究》内容指出，"吸毒涉及多种因素，不同因素是彼此互动和相连的系统，其中家庭因素是重要的一环"。大量的实证研究表明以家庭治疗处理吸毒行为具有成效。要让戒毒康复人员摆脱毒品，保持操守，就要在他们接受治疗的同时，帮助他们建立周围的支持系统，其中家庭支持占有重要地位，为达到预期的戒毒康复效果，家庭成员具有不可替代的作用。研究表明家庭成员对患者的宽容、接纳、理解和关爱，对戒毒康复人员坚定戒毒信心至关重要。所以越来越多的禁毒社会工作者意识到针对吸毒人员家庭开展服务的重要性，也有越来越多的研究和实务经验揭示出家庭必须和戒毒者一起成长的道理。

针对吸毒人员的家庭开展的服务，在具体的服务情境以及所依据的服务理念下可能会有所不同，但最根本的还是要回归到改善吸毒者与其家庭成员的关系，提升家庭对于处理吸毒问题的效能感，帮助吸毒者停止吸毒。

为吸毒者的家庭提供的服务可以分为两种。第一种是针对家庭内部的系统开展的服务，如为家庭成员提供的提升家人对吸毒者有关吸毒问题的了解和认识，掌握预防复吸的方法与技巧；帮助家人解决生活困难、提升家人身心健康的平衡发展，认清自己如何帮助吸毒的家庭成员，提升吸毒者的戒毒动机；引入家庭治疗的技术，探索家庭的系统、结构、家庭成员的互动过程、沟通模式等，使吸毒者和家人更了解家庭互动与吸毒行为的互相影响，改善互动模式，调整行为促进成长，让家庭成员联合一起积极参与吸毒家庭成瘾的戒毒治疗，更有效协助当事人戒毒。帮助戒毒人员科学戒毒，更为重要的是，要做好吸毒人员回归家庭、回归社区后的预防复吸工作，家人如果能全程参与戒毒过程构建家庭式康复治疗模式，将增强吸毒者自身抵御毒品诱惑的能力，进一步巩固戒毒成效，取得标本兼治的效果。第二种是针对吸毒与吸毒家庭系统建立互助支持关系开展的服务，如多元家庭治疗小组、成立吸毒家人自助团体等搭建吸毒者家庭的互助平台，建立家庭彼此间支持的气氛，集结同路人的力量和支援，重建家庭内在资源及社区关系。

吸毒对个人和家庭都带来种种影响，戒毒是一辈子的功课，家庭接纳与支持同样是一生的作业，对吸毒者的家庭提供服务，建立更多有助戒毒的保护因素。借用李维榕老师对家庭工作者的提醒，编者同样认为在戒毒服务中，社会工作者的眼睛不能只看到问题，同时要看到人的能量、人的创意，最重要的是要在千万捆绑中看到出路、看到希望、看到新的可能性。

3. 针对社会大众的服务内容

针对社会大众的禁毒服务，有三个方面的目标：一是预防性，增强公民禁毒意识，提高公民自觉抵制毒品的能力，预防新增吸毒人员；二是倡导禁毒社会工作理念，减低并消除社会歧视与排斥，营造接纳戒毒人员回归社会、融入社会的社会环境；三是培育禁毒社会力量，让更多人成为毒品违法犯罪的监督者、毒品预防的宣传员、戒毒康复人员的助人者。

针对社会大众的禁毒服务，涉及的人群非常广，禁毒社会工作者的人数和力量有限，必须考虑禁毒服务的广度和深度的问题，需要根据所服务区域人群的特点和服务需求，有策略、有重点开展。例如，可以在社会大面积进行一般层次的禁毒宣传，普及毒品预防和艾滋病防治等相关知识、宣传禁毒政策和工作成效；针对社会高危人群，如滥药行为高发地区的群体、遭受毒品间接危害严重的人群进行预防干预，阻止其进一步受到毒品的危害，开展精准性的毒品预防宣传教育，对那些潜在的导致吸毒的因素提高警惕，并采取必要的步骤加以改善。

针对社会大众的禁毒服务，除了宣传毒品的危害，更需要从积极的视角去构建群体的希望和自尊、去发展积极的品质和力量，正如"地上种了菜，就不易长草，心中种了善，就不易生恶。"这句朴实话语所蕴含的智慧。当今吸毒群体的低龄化，青少年的毒品预防是不容忽视的问题。我们可以通过家庭教育，教育家长去培养孩子正确的价值观和人生目标，养成良好的行为习惯，加强亲子关系，让家成为孩子躲避人生风雨的爱与温暖的港湾；我们可以让那些成绩不好、行为有偏差、较难融入集体等边缘孩子找到在学校的乐趣和自我价值，让在校读书学习比投向毒品更有吸引力；我们可以让社区以及社会为青少年提供发现自我、发展自我、奉献自我的机会，让青少年在参与社区及社会的服务中，获得自我的力量和价值。营造一个更有利于青少年成长的家庭、学校、社会环境，从根本上去抵御毒品的侵害。

针对社会大众的禁毒服务，禁毒社会工作者需要联动更多的力量参与，加强合作，因为禁毒工作是全社会的共同责任，从教育局、妇联、团委、公检法、文化等政府部门、群团组织，到非营利组织、志愿者等社会力量，每个组织、每个个人从优势出发，积极参与减少滋生吸毒的社会条件，共同营造一个精神文化生活丰富、和谐平安的社会氛围，推动实现全民共建、共治、共享的毒品治理新格局。

4. 针对禁毒工作相关工作人员的服务内容

禁毒工作相关人员在此界定为在禁毒社会工作服务过程中，禁毒社会工作者会接触到的或者需要与之合作的参与禁毒工作的人员，例如禁毒专职工作人员、民警、村居工作人员、医护人员、禁毒志愿者等。将禁毒工作相关人员也作为禁毒社会工作的服务对象，是基于这样的考虑：他们是吸毒人员重要的资源，他们可以构成重要的戒治环境。如果他们对戒毒人员有更科学客观的认识和了解，对禁毒社会工作理念有更清楚的了解以及由衷的认同，他们对戒毒工作具备更专业的知识和技能，那么禁毒社会工作者与他们可以形成更好的合力，为戒毒人员创造一个资源丰富的戒毒康复环境。

李晓凤等在2013年发表的《生态系统理论视角下禁毒社会工作实务模式探索——以珠江三角洲地区为例》论文中，分析认为我国禁毒社会工作实务模式从20世纪80年代至今经历了三种模式的发展，80年代初步形成的传统戒毒模式是以公安机关主管的强制戒毒、司法机关主管的劳教戒毒、卫生医疗机构开办的自愿戒毒这三种体制戒毒治疗机构为主，体制戒毒治疗机构在戒毒工作中发挥了重要作用，从全面协助吸毒人员彻底脱毒看，传统戒毒方法仍有完善的空间。对毒品成瘾的治疗方法持续不断地探索以及艾滋病等毒品公共卫生危害问题的出现，人们开始把目光聚焦于吸毒人员全方位的治疗问题。进入21世纪，随着对毒品成瘾治疗的许多问题有更为清楚的研究成果，为了防止"戒毒康复者"复吸，各种戒毒方法与康复治疗技术不断地推陈出新。2004年我国启动了海洛因成瘾者社区美沙酮维持治疗计划，针对药物依赖的心理社会原因、药物成瘾后的心理行为表现、复吸的原因与影响依赖者康复的心理社会因素等，开始实施了心理行为的干预策略与方法。2008年，深圳市开始通过购买社会组织服务的方式将专业禁毒社会工作者引入禁毒工作中，随后广州等地也开始购买禁毒社会工作服务，李晓凤等认为现阶段比较实际的做法是结合我国传统的禁毒工作方法，构建生态系统理论视角下禁毒社会工作社区综合发展模式，这些模式包括充权使能模式、综合医学健康模式、社区戒毒与康复模式等。

2017年发布的《关于加强禁毒社会工作者队伍建设的意见》也提到要"不断完善毒品问题治理体系，持续提升禁毒工作的社会化、职业化、专业化、科学化水平"。

毒品知识、禁毒政策、毒品成瘾治疗方法以及禁毒模式等都在不断发展和变化，禁毒工作相关人员也需要不断学习和提升，不能还停留在传统戒毒模式以及过时的毒品知识中。因此禁毒社会工作者可以根据自己专业能力和经验、岗位角色有意识地为禁毒工作相关人员提供禁毒相关的理念、知识和技能。对于一线禁毒社会工作者，可以为禁毒志愿者以及一些未接触过禁毒工作的新手禁毒工作人员介绍禁毒社会工作理念和做法，毒品的政策法规以及毒品相关知识等，在日常工作中用实际行动加以耐心解说，有意识地去影响禁毒相关工作人员，帮助他们理解认同社会工作者的做法；对于有经验的禁毒社会工作管理人员，要善于发现实际工作中存在的问题，思考解决问题的思路和方法，提炼禁毒社会工作经验，积极与禁毒工作相关人员对话，优化禁毒社会工作服务模式，推广有效经验，凝聚共识加强合作；对于禁毒领域的资深社会工作者、禁毒领域的专家，可以将最新的禁毒研究成果、最前沿的资讯带给禁毒工作相关工作人员，探讨优化禁毒工作模式、毒品问题治理体系，成为禁毒政策的影响者和倡导者。

✚ 2.5 禁毒社会工作者的独特性与政策建议

2.5.1 禁毒社会工作者的工作特点

根据本章对禁毒社会工作者使命与意义，在禁毒体系中的作用、角色、服务对象与内容这四个方面的论述，将禁毒社会工作者的工作总结为强制性、专业性、复杂性、周期性、广泛性等特点。

强制性：禁毒社会工作属于司法社会工作的一种，司法社会工作相对其他领域本就具有较高的强制性，例如典型的社区矫正，在禁毒领域里的社区康复、社区戒毒，以及社会面吸毒人员的管控，都有相关的法律法规和政策文件，服务对象基本为非自愿，因此禁毒社会工作服务具有强制性。

专业性：禁毒社会工作作为社会服务的一个分支有其专业化的规范。

复杂性：就服务对象来说，他们的身份较复杂，既是违法者又是患者，一方面，他们属于弱势群体，另一方面，其对社会大众而言又具有一定的危险性，因此也叫高危弱势群体、违法者、病人。服务对象面临的问题多，社会对其定位也较为复杂。

周期性：法律规定社区戒毒和社区康复的期限为3年，强制隔离戒毒的期限为2年，而社会面管控也同样具有一定的周期，禁毒社会工作者对服务对象的接触具有周期性特点。

广泛性：①禁毒社会工作者的职责范围非常广泛。我国禁毒方针是"预防为主、综合治理""禁种、禁制、禁贩、禁吸并举"。这就意味着禁毒社会工作者在许多工作环节中均需配合、参与。②禁毒社会工作者的知识结构要极其广泛。禁毒社会工作政策性强，因此禁毒社会工作者要懂政策；禁毒本身也是个法律术语，因此要求禁毒社会工作者懂法律法规；为了解毒品如何进入人体，如何发挥作用，需要学习生理学知识，除此以外还包括心理学、社会学等方面的知识；禁毒社会工作者还需要熟悉当地的文化，了解当地的风俗习惯，例如四川凉山州涉毒问题，就跟城市化、当地彝族文化有很强的联系。③禁毒社会工作者的工作场域也很广泛。禁毒法规定的四种戒毒服务模式中禁毒社会工作者都可以参与，但无论哪一种模式，最终都会回到社区，社区戒毒是禁毒社会工作者的"主战场"。④禁毒社会工作者还可以参与自愿戒毒对象的提前无缝接轨服务、美沙酮门诊的生理心理干预、强制隔离体系的提前介入、戒毒医院等场域的戒毒工作。

2.5.2 禁毒社会工作者的群体特点

禁毒社会工作者群体的特点，包括具备较强的管理能力、能够平衡专业与行政工作、资源整合能力要求高、对伦理和规范化操作敏感等。

具备较强的管理能力：禁毒社会工作者需要具备较强的个案管理能力，针对戒毒人员的服务主要以个案的社会工作手法为主，禁毒社会工作者既需要懂得专业禁毒社会工作者的服务理念方法，又需要心理咨询师的专业深度将心理咨询技术融入服务中开展戒毒康复行为干预，还需要根据禁毒管理部门要求，协助开展有关禁毒管理事务。

能够平衡专业与行政工作：在专业之外，禁毒社会工作者还需要了解政府体系的做法，平衡好专业和行政性工作，处理好专业工作和相关部门的关系。

资源整合能力要求高：在专业技术层面，禁毒社会工作者需要以系统的视角为戒毒人员提供服务，整合医疗、精神科、心理咨询师等专业资源为有需要的戒毒人员提供支持或转介服务；在社会衔接方面，禁毒社会工作者需要具备资源整合、资源链接的能力，例如为戒毒人员寻找正式和非正式的资源，帮助就业、解决生活困难等。

对伦理和规范化操作敏感：考虑到禁毒工作的强制性、专业性、复杂性、周期性、广泛性等特点，禁毒社会工作者所面临的风险更高，因此更要求禁毒社会工作者对专业伦理更为熟悉、规范化操作更流畅，从而更好地规避工作中可能遇到的风险

2.5.3 现实问题与政策建议

现阶段禁毒社会工作者的工作内容与群体特点，在其"高标准、严要求"的背后反映出的是一些亟待解决的现实问题。

首先，禁毒社会工作者需要具备较强的个案管理能力，究其原因，很重要的一点是禁毒社会工作者不仅需要很高的专业性，而且需要协助禁毒事务管理的内容多，繁杂且琐碎，如果个案管理能力不足，可能直接影响到服务效果。

其次，禁毒社会工作者需要能够平衡专业与行政工作，这是因为禁毒社会工作者的管理部门归属不够明确，各个地区购买服务的主体不同，因此缺少工作独立性，需要与多方对接工作，这对社会工作者而言是额外的考验。

再次，资源整合能力要求高，禁毒社会工作者主要依靠运用专业知识技能、注重个人成长来进行服务，因此有能力整合更多资源的社会工作者才能更顺畅地开展服务。

最后，需要禁毒社会工作者对伦理和规范化操作敏感，原因在于禁毒社会工作者领域本身的规范性不足，伦理和规范敏感是对社会工作者自身的一种保护。

思考题

（1）理想与现实中的禁毒社会工作有着不小的差距，我们能够做些什么来缩小这之间的差距？

（2）从微观到中观再到宏观，禁毒社会工作者在其中穿梭，从生态系统理论出发，禁毒社会工作者分别能够发挥什么作用？

（3）在你的实际工作当中，面对服务对象不同的问题，你扮演过哪些角色？请详细说一说。

第3章

禁毒社会工作者的伦理基础标准

开始本章之前，请你思考一下：作为禁毒社会工作者你最常使用的工作方式和理论是什么？你是否了解社会工作伦理，什么是社会工作的伦理守则，具体的社会工作伦理守则又包括哪些内容？具有怎样的实务价值？在禁毒工作实践中，你是否常用到一些心理咨询的理论和技术？你是否思考过社会工作与心理咨询之间的联系与区别？

本章首先描述了禁毒社会工作的常用方法，以及对应的工作特点。

其次描述了禁毒社会工作的理论基础，介绍了相关学科理论以及技术。

最后介绍了禁毒社会工作的伦理基础，主要包括不同国家、地区社会工作伦理守则内容的比较，国内外心理咨询伦理守则内容比较，并介绍两者之间的区别，以及伦理与法律之间的关系。

⊕ 3.1 禁毒社会工作的工作方式

3.1.1 个案工作

个案工作是社会工作三大方法之一，指的是专业社会工作者在利他主义的价值观指引下，运用科学的专业知识和技巧，以个别化的方法为个人及家庭提供支持，帮助个人和家庭减轻压力、解决问题、挖掘潜能，不断提高个人及家庭的生活质量与服务水平的工作方法（王思斌，2004）。

当一位社会工作者要同时开展多个服务对象的工作时，个案管理工作应运而生。Ballew 和 Mink（1998）将个案管理定义为提供给那些正处于多重问题且需要多个助人者同时介入的服务对象的协助过程。它强调两个方面的内容：一是注重发展或强化资源网络；二是重视培养服务对象获得及运用资源的能力。戒毒康复人员往往面临着心理健康、就业、家庭、社会融入等多方面的问题，禁毒社会工作者需要在其中扮演多种角色，针对不同的服务对象提供不同的服务，而个案管理方式能够有效地将复杂多样的需求与个人资源、社会资源整合起来，最大化地利用资源，培养服务对象的自主能力，帮助其顺利走向社会。

戒毒康复是一个长期的、个别化的过程，禁毒社会工作者需要长时间的工作才能产生效果。与个案管理不同的是，个案工作是针对服务对象的某一个问题深入长期的工作，达到问题解决的过程。

3.1.2 小组工作

小组工作是一种以两个或以上的个人组成的小组为工作对象的社会工作方法，它主要由社会工作者通过有目的的小组活动和组员之间的互动，帮助小组成员共同参与集体活动，从中获得小组经验，处理个人、人与人之间、人与环境之间的问题，行为改变，恢复与发展社会功能，开发个人潜能，从而获得个人成长（王思斌，2004）。戒毒康复人员由于吸毒经历往往容易遭遇社会上的排斥，这也导致戒毒康复人员对融入社会比较排斥，而小组工作方式通过营造一个宽松的环境，使他们在这个群体中找到认同感、建立信任感、提高人际交往能力，同时，成员成功的戒毒经历也能成为小组中他人的榜样，进一步为其树立戒毒的信心。

3.1.3 社区工作

社区工作是以社区及其成员整体为对象的社会工作介入手法。通过组织成员有计划地参与集体行动，解决社区问题、满足社区需求（王思斌，2004）。该方法鼓励社区居民参与到禁毒活动中，防止毒品在社区中蔓延，一起营造一个健康无毒的社区环境。同时通过社区工作方法，加强对毒品危害的宣传教育，培养社区居民的禁毒意识，提高对禁毒社会工作的支持。

3.1.4 其他工作

除了以上社会工作方法，禁毒社会工作者因为需要协助进行台账管理等工作，需要使用社会工作行政的方法，将禁毒相关的法律法规变成日常的服务活动，加强机构管理，提高实施的效果。此外，禁毒社会工作者如果能够有效运用社会工作研究的方法介入禁毒服务中，进行科学系统的调研、成效评估，将更有利于服务方式的调整、服务的优化和服务经验的总结提炼，提升禁毒服务的成效以及有助于有效经验的推广和运用。

3.2 禁毒社会工作理论基础

3.2.1 社会学

从国际经验和我国港台地区的经验看，社会工作与社会学是两个独立的学科，但由于我国社会工作的历史发展与社会学密切相关，目前社会工作仍属于社会学二级学科。社会学与社会工作有着许多共同点，但也有很多的不同。社会工作和社会学都对人、人际互动和了解这些互动感兴趣。社会学家特别关心的是，在与他人的联系中人们是怎样行动的，什么时候会采取什么样的行动，以及为什么要采取这样的行动。社会学家做的是识别社会问题，从事研究和尽一切可能了解人类联系中的互动。一部分社会学家也开始关注解决社会问题，从而出现了应用社会学。社会工作者也对了解人、了解人们如何与他人打交道感兴趣，但他们更关心的是如何帮助这些人解决问题，改善社会功能并提升社会福祉，宏观社会工作也会关注政策和社会环境，这些与个体社会工作之间有着密不可分的联系。

社会学的视角能够帮助禁毒社会工作者了解吸毒和戒毒康复的社会背景，从而理解这个人群，为社会工作服务提供理论支持。戒毒康复人员在社会交往中形成了各种联系，社会关系的纵横交错构成了社会网络，个人、家庭、单位等都可以作为社会网络中的节点。社会关系的表现也有很多种，在戒毒康复工作当中，健康支持性的社会关系有助于戒毒康复，"毒友"

等不良关系对戒毒可能产生不良的效果。

从群体的角度看，戒毒康复人员的家庭是最基本的社会群体，也是最早形成的社会关系之一，家庭具备的社会化和社会控制功能让儿童能够逐渐融入社会，而不良的功能有可能导致个人的社会问题。吸毒人员所组成的群体往往是社会亚文化群体，在这个群体当中有其自身独特的文化，包括语言、符号、价值观念、规范等，禁毒社会工作需要了解这个群体，才能够更好地建立工作关系，从而顺利地开展服务。

社会学的理论多种多样，从冲突理论、交换理论、结构功能理论、符号互动理论等不同的理论视角出发，对于毒品成瘾这一社会事实会有不同的理论解释，对禁毒社会工作者的工作概念化将会有很大的帮助。

3.2.2 心理学

心理学是一门以研究人类心理现象和行为活动为主的科学，禁毒社会工作是一个多学科融合的服务，涉及服务对象心理、生理、社会等多个方面的内容，因此禁毒社会工作的开展离不开心理学的理论与技术。通过调查分析，发现戒毒人员的吸毒经历往往伴随着人际、就业、家庭、社会等多方面的问题，这也造成他们存在一些人格缺陷、认知错误、自制力差、情绪不稳等心理问题，进而影响到戒毒的动机。另外，虽然通过强制戒毒能够完成生理戒毒，但是多项研究表明，对毒品心理依赖难以迅速戒除，处理不好很有可能使服务对象再次走向复吸。因此在戒毒康复工作中，有必要利用心理学相关理论与技术帮助服务对象树立戒毒信心、重建对生活的希望，最终达到完全摆脱对毒品依赖的目标。

在对服务对象进行脱毒过程中，常常使用心理治疗技术：

1. 动机访谈法

也叫动机晤谈法，指以服务对象为中心，通过独有的面谈原则和谈话技巧，帮助其探索与解决内在矛盾，激发促成行为改变的内在动机。该技术借鉴了认知行为理论，在这个过程中，禁毒社会工作者通过一系列的沟通与助人技巧，表达对服务对象的接纳，增强与服务对象的共情，使服务对象感受到被理解和尊重，进而在禁毒社会工作者的干预下，共同探索潜在问题，产生想要戒毒的愿望，不断激发戒毒的内在动机，最终促成改变。

2. 行为疗法的情境戒治

行为疗法的情境戒治（情境模拟法）是通过设置一些真实性和准真实性的情境来学习应对渴求的知识和技能，通过模拟再现可能诱发复吸的高危情境，在最接近于真实生活的状态下，达到改善认知、重塑不良行为、增强应变能力的目标（赵雪莲，2015）。该疗法借助了条件反射理论、学习理论、强化作用等理论知识，在戒毒康复中的主要应用包括系统脱敏治疗、厌恶治疗、生物反馈疗法等。通过情境戒治能够降低戒毒康复人员对毒品的心理渴求，提高其对抗毒品诱惑的能力。

3. 认知行为疗法

认知行为疗法整合了认知疗法与行为疗法，指通过重建认知，改变行为纠正人们的错误认知、消除不良情绪的一种心理治疗方法。在理论应用思路上一般从认知、行为、情绪三方面着手，首先在认知层面帮助服务对象认识到自身的非理性信念，协助服务对象进行认知重建；其次在行为层面，通过一些行为治疗技术纠正不良行为，建立自我效能，强化正面行为；最后在情绪层面可以尝试通过劝导、正确反应示范等方式提高服务对象情绪处理能力，远离焦虑、抑郁等消极情绪（程杰，2021）。

4. 家庭治疗

家庭治疗是一种整体治疗方法，它把家庭作为一个系统进行心理治疗，从家庭视角来审视来访者的心理问题的根源。家庭是由彼此联系的生命构成的，又是由严格但未言明的规则掌控着的。在美国，家庭治疗的培训在大学的社会工作者院系、心理院系、精神病学院系和护理院系都有开展。家庭治疗以系统的视角替代个体病态化的视角来改变家庭组织。因为家庭系统理论强调家庭远胜于个体的集合，它是一个系统、有组织的整体，它的每个部分以超越其各自特点的方式来发挥其功能。家庭治疗将人们所处的社会情境，特别是家庭加以考虑，这与社会工作"人在情境中"的理论相符，因此家庭治疗在禁毒领域里有非常好的应用效果。

5. 团体心理咨询

团体心理咨询指通过团体内人际交互作用，促使个体在交往中通过观察、学习、体验，认识自我、探讨自我、接纳自我，调整改善与他人的关系，学习新的态度与行为方式，以发展良好适应的助人过程（樊富珉，

2005）。团体心理咨询由于其更强的感染力、更高的效率和易巩固性被应用于多个领域，并被研究证实在抑郁、焦虑、人际关系、压力管理等方面具有积极作用，目前也有多个类型的团体应用于戒毒康复人群，并取得良好的效果。团体心理咨询不仅能提高禁毒社会工作者的效率，也使戒毒康复人员在团体中通过互动分享感受到归属感、信任感，增强对于戒毒的信心。

3.2.3 法学

法学是关于法律的学科，是以法律、法规现象及其规律性为研究内容的学科。法律的直接目的是维持社会秩序，是社会强制性规范，以实现社会公正。毒品问题关系着社会正常秩序与公正，因此禁毒社会工作必然涉及法律法规。

2007年12月29日，第十届全国人民代表大会常务委员会第三十一次会议通过《中华人民共和国禁毒法》（以下简称《禁毒法》），并于2008年6月1日起施行，标志着我国新的禁毒制度的确立，完善了我国预防和惩治毒品违法犯罪的法律体系，《禁毒法》依法规定了戒毒体制和措施，首次将社区戒毒、社区康复、戒毒药物维持治疗立法，将强制戒毒和劳动教养戒毒整合为强制隔离戒毒，既保证了对戒毒人员的有效管理，也突出了对戒毒人员的人文关怀，并进一步促进社会秩序的安定，维护人民群众的合法利益。

除此以外，《中华人民共和国刑法》规定对走私、贩卖、运输、制造毒品，无论数量多少，都应当追究刑事责任，予以刑事处罚。对引诱、教唆、欺骗他人吸食、注射毒品的处置措施也有明确的规定。《中华人民共和国治安管理处罚法》明确了公安机关处罚涉毒行为的处罚措施。

3.3 禁毒社会工作伦理基础

3.3.1 社会工作伦理

禁毒社会工作者面对实务工作中各种复杂情境，必须有一套清晰可循的行为准则，整理、分析美国以及中国不同地区制定的社会工作伦理守则，是理解和推动禁毒社会工作者在伦理实践的重要基础，也为制定禁毒社会工作伦理守则提供依据和参考。

1. 社会工作伦理守则参照

中国内地（大陆）的社会工作伦理守则目前采用的是2012年12月28日民政部发布的《社会工作者职业道德指引》。中国香港社会工作伦理守则采用的是1998年10月16日首次生效，2010年1月15日修订，2013年11月15日再次修订的中国香港社会工作伦理守则《注册社会工作者工作守则》。中国台湾社会工作采用的伦理守则于1998年7月27日首次颁布，2006年12月22日由中国台湾社会工作师联合会二届二次会员代表大会通过，2019年由中国台湾联合会会员大会通过修改。三份守则中，在中国内地（大陆）《社会工作者职业指引》中称呼社会工作者，而在中国香港《注册社会工作者工作守则》中称社会工作者，在中国台湾《社会工作师伦理手则》中则称呼社会工作师。

美国的社会工作伦理守则采用的是1996年8月由美国社会工作者协会会员大会通过，1997年1月施行的美国《社会工作者协会（NASW）伦理守则》（*code of ethics of the national association of social workers*），该版本在全球影响最为广泛。

2. 社会工作伦理守则范畴的演变和比较

沈黎、吕静淑（2014）认为美国《社会工作者协会（NASW）伦理守则》是社会工作界值得分析的文本，因为该守则将社会工作的艺术性与科学性体现得淋漓尽致。守则涉及六大范畴：社会工作者对服务对象的伦理责任、社会工作者对同事的伦理责任、社会工作者对实务机构的伦理责任、社会工作者作为专业人员的伦理责任、社会工作者对社会工作专业的伦理责任和社会工作者对社会全体的伦理责任。这一分类标准奠定了全球社会工作伦理守则的基本架构。目前该守则最新的版本是2017年8月4日，美国社会工作者协会代表大会通过，2018年1月1日生效的版本，最新版本依然沿用已有的架构。

中国台湾地区2008年公布实施的《社会工作师伦理守则》也分为六大范畴：对服务对象的伦理守则、对同僚的伦理守则、对实务工作的伦理守则、作为专业人员的伦理责任、对社会工作专业的伦理守则、对社会大众的伦理守则。在2019年修订时将作为第四章专业人员的伦理责任，与第五章对社会大众的伦理守则整合为第四章"社会工作专业的伦理守则"，同时根据人权公约，对于被协助者应去标签化，"案主"和"个案"的称呼有标签和上下的含义，统一以"服务对象"称呼被协助者。

表3-1是对中国不同地区和美国的社会工作专业伦理守则的范畴的比较。

表3-1 中国不同地区和美国的社会工作专业伦理守则的范畴比较

	中国内地（大陆）（2012年）	中国香港（2013年）	中国台湾（2019年）	美国（1996年）
伦理范畴	1. 尊重服务对象、全心全意服务 2. 信任支持同事、促进共同成长 3. 践行专业使命、促进机构发展 4. 提升专业能力、维护专业形象 5. 勇担社会责任、增进社会福祉	1. 与服务对象有关 2. 与同工有关 3. 与机构有关 4. 与专业有关 5. 与社会有关	1. 对服务对象的伦理守则 2. 对同僚的伦理守则 3. 对实务工作的伦理守则 4. 对社会工作师专业的伦理责任 5. 对社会大众的伦理守则	1. 对服务对象的伦理责任 2. 对同事的伦理责任 3. 对实务机构的伦理责任 4. 作为专业人员的伦理责任 5. 对社会工作专业的伦理责任 6. 对广大社会的伦理责任

3. 社会工作专业伦理守则的内容比较

美国《社会工作者协会（NASW）伦理守则》最为全备，故编者以其伦理守则的架构作为不同国家地区专业伦理守则内容对比的基础。以下按照伦理守则的六大范畴逐一进行内容的对比。

（1）对服务对象的伦理责任：美国《社会工作者协会（NASW）伦理守则》第一部分"对服务对象的伦理责任"分16个类别，如对服务对象的承诺、自决等。每个类别可能有多条细则，如告知后同意有6条细则。第一部分总共有56条细则。

中国香港的《注册社会工作者工作守则》第一部分"与服务对象有关"，

有 8 个类别，共有 18 条细则，编号 1~18，都可以与美国《社会工作者协会（NASW）伦理守则》第一部分"对服务对象的承诺"相对应，只是美国的社会工作者伦理守则更全面，中国香港的社会工作者伦理守则有部分没有涉及，中国香港的社会工作者伦理守则在"与同工有关"的第 30 条涉及"服务对象选择权"，所以将其放入第一部分"对服务对象的承诺"中"服务对象自决"。

中国台湾《社会工作师伦理守则》第一部分"社会工作师对服务对象的伦理守则"没有分类别，编号 1.1~1.9 共 9 条细则，可以全部放入相对应的内容。另外 4.1 涉及文化多元也放入这部分，5.4 有关面对大众媒体的服务对象隐私与保密，也放入这部分。

中国内地（大陆）《社会工作者职业道德指引》第二章"尊重服务对象全心全意服务"，没有划分类别，编号第五条至第十条共有 6 条，全部放入相对应的类别。

守则中对被协助者有不同的称呼，因为选取的伦理守则编的年代不同。中国台湾 2019 年修订《社会工作师伦理守则》时根据人权公约，对被协助者应去标签化，"案主/个案"称呼，有标签和上下的意味，因此统一以"服务对象"称呼被协助者。

总之，在"对服务对象的伦理责任"这一范畴，美国、中国台湾和中国香港的伦理守则都规定得比较详细，基本能够满足日常社会工作者在工作中遇到的伦理问题。而且由于选取的中国台湾《社会工作师伦理守则》的版本最新，守则增加了运用互联网和社群网站的伦理规定（表 3-2）。

表 3-2 中国不同地区和美国伦理守则中"对服务对象的伦理责任"的内容对比

伦理类别	中国内地（大陆）（2012 年）	中国香港（2013 年）	中国台湾（2019 年）	美国（1996 年）	异同
对服务对象的承诺	共 1 条 第五条	共 1 条 职责 1	共 1 条 1.1	共 1 条 1.01	都强调服务对象利益优先

续表

伦理类别	中国内地（大陆）（2012年）	中国香港（2013年）	中国台湾（2019年）	美国（1996年）	异同
服务对象自决	共1条 第九条	共3条 知情决定及自决5和6以及服务对象的选择权30	共1条 1.2	共1条 1.02自决	中国内地（大陆）的自决只说明了服务对象可以自决的情况，但其他三个守则还增加了如果服务对象是在强制情况下或者无法完整表达自己的情况
知情同意	共1条 第七条	共2条 知情决定及自决4和5	共1条 1.3	共6条 1.03告知后同意，6条细则	中国台湾虽只1条，但列出应明确告知服务对象的内容。美国的最为详细，列明在不同情况下的知情同意做法
能力				共3条 1.04能力，3条细则	仅美国的伦理守则单独列出，概括说就是社会工作者提供的服务应是自己受过合格训练或者在专家督导下开展，保护服务对象免受伤害
文化能力与社会多元	共1条 第六条	共2条 文化意识2和3	共1条	共3条 1.05文化能力与社会多元，3条细则	都强调对文化差异的认同和接纳 中国香港和美国的伦理守则进一步说明应主动了解服务对象的文化并展现文化的敏感度，以此了解社会多元化的本质，存在于所有文化中的力量

续表

伦理类别	中国内地（大陆）（2012年）	中国香港（2013年）	中国台湾（2019年）	美国（1996年）	异同
利益冲突	共1条 第十条	共1条 利益冲突13	共1条 1.4	共4条 1.06利益冲突，4条细则	都强调不利用专业关系损害服务对象利益 中国台湾和美国进一步指出避免双重或多重关系，而且美国的伦理守则做了更为细致的规定
隐私与保密	共1条 第八条	共6条 使用资料及保密原则7~12	共2条 1.6（里面再详细列出突破保密的7种情况）和5.4	共18条 1.07隐私与保密，18条细则	除了中国内地（大陆）的是简略概括，其他三个伦理守则对"隐私与保密"都做了非常详细的规定
记录的接近				共2条 1.08记录的接近，2条细则	只有美国有，但只有服务对象对其自身相关记录查阅的详细规定
与服务对象的专业关系		共2条 性关系14和15	共1条 1.4（没有直接提到性关系，但提及避免双重或多重关系）	共4条 1.09性关系 1.10肢体接触 1.11性骚扰 1.12诽谤的语言	中国香港和美国的伦理守则都强调无论自愿或是强迫，都不可以和服务对象进行涉及性的活动或接触
服务的付费		共3条 持续提供服务16以及收费措施17和18	共1条 1.7	共3条 1.13服务的付费，3条细则	伦理守则中的收费提到公平合理考虑服务对象的承受能力，避免因经济原因而不能及时获取所需要的服务
缺乏决定能力的服务对象				共1条 1.14缺乏决定能力的服务对象	只有美国的伦理守则单独列出，即使是无决定能力的服务对象时，也应采取合理的步骤以保障此服务对象的利益和权利

续表

伦理类别	中国内地（大陆）（2012年）	中国香港（2013年）	中国台湾（2019年）	美国（1996年）	异同
服务的中断与中止			共1条 1.5	共7条 1.15 服务的中断 1.16 服务的终止，6条细则	服务的中断或终止可能是社会工作者的原因，也可能是服务对象的原因，美国的伦理守则为保障服务对象的利益针对不同情境给出了具体的处理指引
网络场景下的保密和服务对象保护		共2条 使用资料及保密原则10（使用电子媒介传送资料应注意保密）和11（使用电子媒介提供服务的限制和风险）	共2条 1.8（使用公开或社群网站公开服务对象资料的风险） 1.9（运用社群网站或网络沟通工具的风险）		与制定守则的时间有关，随着使用互联网开展服务的普及，需要制定更符合目前网络使用的伦理规定

注：以上具体守则内容的对比详见附录8。

（2）对同事的伦理责任：美国《社会工作者协会（NASW）伦理守则》第二部分"对同事的伦理责任"共有11个类别，如尊重、保密等。每个类别可能有多条细则，如尊重有3条细则。第二部分总共有26条细则。

中国香港的《注册社会工作者工作守则》第二部分"与同工有关"，共有7个类别，如尊重、跨界别协作，14个细则，编号19~32，中国香港社会工作者伦理守则中对同工的伦理责任包含了"督导与培训"，这一项有3个细则，编号24、25和26，这三条没有放入"对同事的伦理责任"这部分，因为这三条细则表述的意思与美国的社会工作者伦理守则中对实务机构的伦理责任中"督导与培训"这一项比较一致，按美国的伦理守则框架放入第三部分。但涉及转介、同事有不合伦理的行为以及协助同事发展这三项，中国香港地区的社会工作者伦理守则在"与专业有关"的39、45和47这三条细则有详细说明，故将这三条细则放入第二部分。

中国台湾《社会工作师伦理守则》第二部分"对同仁的伦理守则"共有4条，编号2.1～2.4，全部放入相对应的类别。

中国内地（大陆）《社会工作者职业道德指引》第三章"尊重服务对象全心全意服务"共有4条，编号第十一条至第十四条，全部放入相对应的类别。

总之，在"对同事的伦理责任"这一范畴，中国香港和美国的"对同事的伦理责任"伦理守则内容更为全面和细致，美国《社会工作者协会（NASW）伦理守则》第二部分的每一个类别，中国香港《注册社会工作者工作守则》都有相对应的细则，细则内容也比较一致，只是具体细则数目少一些，而且有些细则是从其他范畴找出来的，例如美国《社会工作者协会（NASW）伦理守则》维护同事权益、协助同事发展以及同事有不合乎伦理的行为这几个类别对应香港《注册社会工作者工作守则》"与专业有关"这一范畴里的专业责任和专业发展；转介服务对应的是中国香港《注册社会工作者工作守则》"与专业有关"这一范畴里的独立进行社会工作者实务（表3-3）。

表3-3 中国不同地区和美国伦理守则中"对同事的伦理责任"的内容对比

伦理类别	中国内地（大陆）（2012年）	中国香港（2013年）	中国台湾（2019年）	美国（1996年）	异同
尊重	共2条 第十一条 第十三条	共1条 尊重19	共2条 2.1和2.3	共3条 2.01尊重，3条细则	都强调尊重同事，也包括其他社会工作者、专业人士等
保密		共1条 共事同工间的沟通31		共1条 2.02保密	保密涉及与同事沟通时可以谈及的服务对象的内容以及确保同事了解尊重隐私权以及隐私权例外情境的职责

续表

伦理类别	中国内地（大陆）（2012年）	中国香港（2013年）	中国台湾（2019年）	美国（1996年）	异同
跨学科合作		共4条 跨界别协作 20~23		共2条 2.03学科间的合作，2条细则	都明确合作的目的是促进服务福祉，指出具体如何合作，遇到分歧如何处理
咨询		共3条 咨询 27~29		共3条 2.05咨询，3条细则	中国香港与美国的"咨询"伦理守则内容基本一致。为服务对象利益向具备相应能力的同事请教但注意服务对象隐私保护
转介服务	共1条 第十二条	共1条 进行独立社工实务45	共1条 2.2	共3条 2.06转介服务，3条细则	中国内地（大陆）的伦理守则转介服务强调的是同事要接受转介服务 其他三个伦理守则强调的是当社会工作者评估自己为服务对象提供最适合的服务时，要将服务对象转借给其他专业人员。中国台湾和美国的伦理守则对何种情况应该转介以及如何转介提供了指引
与同事间的专业关系		共1条 性关系32		共3条 2.07性关系，2条细则 2.08性骚扰，1条细则	强调的是作为督导者或培训者的社会工作者不得利用专业权威与受督导者、学生、受训者或在其专业权威之下的其他同事发生性行为或性关系

续表

伦理类别	中国内地（大陆）（2012年）	中国香港（2013年）	中国台湾（2019年）	美国（1996年）	异同
同事有不合乎伦理行为	共1条 第十四条	共1条 专业责任39		共4条 2.11 同事之不伦行为，前4条细则	对违反专业伦理的同事予以提醒，在必要时以恰当的正式渠道采取行动
协助同事发展		共1条 专业发展47		共4条 2.09 同事之个人问题，2条细则 2.10 同事之能力不足，2条细则	中国香港的伦理守则强调的是社会工作者有责任帮助新同工 美国的伦理守则强调的是当同事因个人问题或者能力不足，影响服务效果时应有所行动，并给出具体行动的建议
维护同事权益	共1条 第十四条	共1条 专业责任39	共1条 2.4	共1条 2.11 同事之不伦行为，第5条细则	中国香港、中国台湾和美国在处理伦理申诉时，已经有比较完善的政策和程序，所以在伦理守则里会比较明确指出如果违法伦理守则或者想要维护社会工作者的正当权益可以以怎样的正规渠道进行
同事之间有冲突		共1条 服务对象的选择权30		共2条 2.04 同事涉入争议，2条细则	中国香港同事间的冲突涉及的是不应夺取其他社会工作者的服务对象 美国涉及的是同事之间职位和利益的问题，以及不应将服务对象卷入与同事的争端中

注：以上具体守则内容的对比详见附录8。

第3章 禁毒社会工作者的伦理基础标准

（3）对实务机构的伦理责任：美国《社会工作者协会（NASW）伦理守则》第三部分"对实务机构的伦理责任"共有10个类别，如督导与咨询、教育与训练等。每个类别可能有多条细则，如督导与咨询有4条细则。第三部分总共有30条细则。

中国香港的《注册社会工作者工作守则》第三部分"与机构有关"，没有细分类别且只有4条细则，编号33～36。第二部分对同工的伦理责任中"督导与培训24～26"这三条细则的内容与美国《社会工作者协会（NASW）伦理守则》对实务机构的伦理责任中描述的"督导与咨询"以及"教育与训练"内容比较一致，所以24、25和26三条放入这部分。与机构有关的第35和36条描述的内容被放入下一部分"作为专业人员的伦理责任"。

中国台湾《社会工作师伦理守则》第三部分"对实务工作的伦理守则"共有6条，有4条符合"对实务机构的伦理责任"的相关细则描述，3.1和3.6放入第六部分对"对社会大众的伦理责任"。

中国内地（大陆）《社会工作者职业道德指引》第四章"践行专业使命促进机构发展"共有3条，编号第十五条至第十七条。对机构的伦理责任三条都集中在对"对雇主的承诺"，说明我国重视社会工作者敬业精神以及对机构发展的推动，充分体现社会主义核心价值观。

总之，美国《社会工作者协会（NASW）伦理守则》在"对实务机构的伦理责任"部分也非常全面，督导培训、服务管理、绩效评估和劳资争议等都有详细的伦理规范，实际上这些规定是必要的，对实务机构和社会工作者都是很好的约束和指导，特别在国内社会工作处于起步发展阶段，需要重视社会工作者的职业素养（表3-4）。

表3-4 中国不同地区和美国伦理守则中"对实务机构的伦理责任"的内容对比

伦理类别	中国内地（大陆）（2012年）	中国香港（2013年）	中国台湾（2019年）	美国（1996年）	异同
督导与咨询	共2条	督导及培训25和26	共1条 3.2	共4条 3.01 督导与咨询，4条细则	对督导角色的规范，美国的这一部分的伦理守则比较具体

续表

伦理类别	中国内地（大陆）（2012年）	中国香港（2013年）	中国台湾（2019年）	美国（1996年）	异同
教育和训练		共1条 督导及培训24		共4条 3.02 教育和训练，4条细则	都强调督导的胜任力。美国的伦理守则进一步规范了教育和培训过程应该做的和不能做的行为
绩效评估				共1条 3.03 绩效评估，1条细则	仅美国的伦理守则提到社会工作者应以公正而周全的态度对其他人的表现加以评估，并依据清楚且明示的评估标准而为之
服务对象记录			共1条 3.3	共4条 3.04 服务对象记录，4条细则	服务记录的记录和保存的规范，美国的伦理守则给出了具体的指引
服务付费				共1条 3.05 服务付费，1条细则	付费服务要指明是实务机构中谁提供的服务
转案			共1条 3.4	共2条 3.06 转案，2条细则	重点强调转案过程为服务对象的利益考虑，可能涉及的机构的做法
行政				共4条 3.07 行政，4条细则	仅美国的伦理守则有，规范的是实务机构的资源分配、员工管理以及对伦理守则的执行

续表

伦理类别	中国内地（大陆）（2012年）	中国香港（2013年）	中国台湾（2019年）	美国（1996年）	异同
继续教育与员工发展			共1条 3.5	共1条 3.08 继续教育与员工发展，1条细则	为社会工作者创设公平合理、继续教育和发展的环境
对雇主的承诺	共3条 第十五条 第十六条 第十七条	共2条 33和34		共7条 3.09 对雇主的承诺，7条细则	都强调社会工作者对机构的责任，包括提供具有效能和效率的服务，维护机构形象，改善机构的管理、提升机构的服务水平等
劳资争议				共2条 3.10 劳资争议，2条细则	仅美国伦理守则有

注：以上具体守则内容的对比详见附录8。

（4）作为专业人员的伦理责任：美国《社会工作者协会（NASW）伦理守则》第四部分"作为专业人员的伦理责任"共有8个类别，如能力、歧视、个人行为等。每个类别可能有多条细则，如能力有3条细则。第四部分总共有15条细则。

中国内地（大陆）、中国香港和中国台湾的社会工作伦理守则中没有单独划分出"作为专业人员的伦理责任"这一范畴，可以从对机构、对专业的伦理责任中找到相对应的描述。

美国《社会工作者协会（NASW）伦理守则》第四部分"作为专业人员的伦理责任"这一范畴所描述的内容部分可以在其他几个范畴里找到相似的描述，虽然描述的角度会有所差异。如果细致比较和分析可以理解和概括为，作为一名专业的社会工作者应对服务对象、对实务机构和对行业负有的责任。在中国香港《注册社会工作者工作守则》中主要将这一范畴的内容放在"与专业有关"里（表3-5）。

表3-5 中国不同地区和美国伦理守则中"作为专业人员的伦理责任"的内容对比

伦理类别	中国内地（大陆）（2012年）	中国香港（2013年）	中国台湾（2019年）	美国（1996年）	异同
能力	共1条 第十八条	共3条 职效能力 40~42 独立进行社工实务 45	共1条 3.2	共3条 4.01 能力，3条细则	都强调社会工作者应在专业能力范围内提供服务并接受继续教育
歧视			共1条 4.1	共1条 4.02 歧视，1条细则	强调的是尊重多元文化，反对歧视
个人品行				共2条 4.03 个人行为，1条细则 4.04 不诚实、欺诈、诱骗，1条细则	仅美国伦理守则有，强调社会工作者不应允许个人行为干扰到执行专业职责的能力
个人问题				4.05 个人问题，2条细则	仅美国伦理守则有，强调社会工作者不能因个人问题影响专业判断和表现，应寻求咨询并采取恰当的补救行动
失言	共1条 第十六条	共2条 35和陈述44	共1条 4.2	共3条 4.06 失言，3条细则	都强调社会工作者的言论应区分是代表个人还是机构 中国内地（大陆）和中国台湾也强调对机构形象和声誉的维护 中国香港和美国强调了对个人资质声明的真实性

续表

伦理类别	中国内地（大陆）（2012年）	中国香港（2013年）	中国台湾（2019年）	美国（1996年）	异同
招揽		共1条 36		共2条 4.07 招揽，2条细则	强调不应利用机构强制招揽服务对象 美国的伦理守则还强调了不应要求服务对象或其他人为自己提供表扬信的签名
承认功绩				共2条 4.08 承认功绩，2条细则	仅美国伦理守则有，社会工作者仅承认属于自己的功绩而且应诚实承认他人的贡献

注：以上具体守则内容的对比详见附录8。

（5）对社会工作专业的伦理责任：美国《社会工作者协会（NASW）伦理守则》第五部分"对社会工作专业的伦理责任"有"专业的正直"和"评估与研究"2个类别，共有21条细则。

中国香港的《注册社会工作者工作守则》第四部分"与专业有关"，分为7个类别，共有12条细则，编号37~48，这部分的伦理守则不涉及"评估与研究"的相关内容，有7条被分到了其他几个范畴，主要是"作为专业人员的伦理责任"。

中国台湾《社会工作师伦理守则》第四部分是"对社会工作师专业的伦理责任"共有6条，编号4.1~4.6。4.3~4.6共有4条放入相对应的类别，4.1和4.2放入"作为专业人员的伦理责任"。

中国内地（大陆）《社会工作者职业道德指引》第五章"提升专业能力维护专业形象"共有3条，编号第十八条至第二十条。中国内地（大陆）的伦理守则虽未涉及"评估与研究"，第十九和第二十条从更宏观的角度规定了社会工作者对专业发展的推动方式和方向，这是美国社会工作伦理守则中没有的。

这一部分中国香港的《注册社会工作者工作守则》与美国《社会工作

者协会（NASW）伦理守则》匹配度不是很高，可能有两个原因，一是美国比中国香港地区多了"作为专业人员的伦理责任"，以美国的为框架，中国香港地区的伦理守则就需要分散到这两部分；二是中国香港地区在"对社会工作专业的伦理责任"这一范畴比美国的分类更细致和丰富。此外随着社会工作中专业化发展，编者认为需要有评估与研究相关的伦理守则（表3-6）。

表3-6　不同国家和地区伦理守则中"对社会工作专业的伦理责任"的内容对比

伦理标准	中国内地（大陆）（2012年）	中国香港（2013年）	中国台湾（2019年）	美国（1996年）	异同
专业的正直	共1条 第十八条	共5条 专业责任37、38、39、尊重43和专业发展46	共2条 4.3和4.4	共5条 5.01专业的正直，5条细则	都强调社会工作者应维护专业形象，增进专业知识和技能 中国台湾和美国的伦理守则对如何做有更清晰的规定
评估与研究			共1条 4.5	共16条 5.02评估与研究，16条细则	都说明了社会工作者应参与可以促进专业知识发展的研究 美国的伦理守则对社会工作者如何参与评估与研究并需要注意什么做了比较详细的规范
推动专业发展	共2条 第十九条 第二十条		共1条 4.6		中国内地（大陆）和中国台湾独有，强调了社会工作者对推动专业制度建立、促进专业功能发挥和提升专业地位的责任。中国内地（大陆）还进一步强调了继承传统借鉴国际成功推动中国特色社会工作发展

注：以上具体守则内容的对比详见附录8。

（6）对广大社会的伦理责任：美国《社会工作者协会（NASW）伦理守则》第六部分"对广大社会的伦理责任"共有4个类别，如社会福利、公共参与等，共有7条细则。

中国香港的《注册社会工作者工作守则》第五部分"与社会有关"，不分类别共5条细则，编号49～53，可以与美国《社会工作者协会（NASW）伦理守则》社会工作者对广大社会的伦理责任相对应。另"与专业有关"的"奉召当值"48条也放入这部分。

中国台湾《社会工作师伦理守则》第五部分是"对社会大众的伦理守则"共有6条，编号5.1～5.6。全部放入相对应的类别，另外"对实务工作的伦理守则"中3.1和3.2的内容和这部分比较吻合，也放入这部分。

中国内地（大陆）《社会工作者职业道德指引》第六章"勇担社会责任增进社会福祉"共有3条，编号第二十一条至第二十三条，全部放入相对应的类别。

美国将对广大社会的伦理责任划分得更细致，分成社会福利、公共参与、公共紧急事件以及社会和政治行动四大项，中国香港虽没有再细分但在政策关注和政策倡导方面比美国的守则写得更具体（表3-7）。

表3-7 对社会的伦理责任对比

伦理标准	中国内地（大陆）（2012年）	中国香港（2013年）	中国台湾（2019年）	美国（1996年）	异同
社会福利	共2条 第二十一条 第二十三条	共1条 50	共4条 3.1、3.6、5.1、5.2	共1条 6.01社会福利，1条细则	都强调推动完善社会政策，增进社会福祉
公共参与	共1条 第二十二条	共2条 49、53	共1条 5.5	共1条 6.02公共参与，1条细则	都强调引导社会大众参与公共事务
公共紧急事件		共1条 奉召当值48	共1条 5.6	共1条 6.03公共紧急事件，1条细则	都强调社会工作者要为公共紧急事件提供恰当的专业服务

续表

伦理标准	中国内地（大陆）（2012年）	中国香港（2013年）	中国台湾（2019年）	美国（1996年）	异同
社会和政治行动	共2条 51和52	共1条 5.3	共4条 6.04社会和政治行动，4条细则		都强调社会工作者应维护弱势群体的权益

注：以上具体守则内容的对比详见附录8。

（7）关于惩罚的内容比较：本章编者主要参考美国、中国香港和中国台湾社会工作的相关守则，对于违背伦理的社会工作者如何处理，另有其他政策文本配合守则做出规定，在美国《社会工作者协会（NASW）伦理守则》《社会工作者注册条例》《社会工作师伦理守则》中，现阶段主要体现出要求配合、属地处理、通报备查、紧贴法律、与时俱进五个原则。

美国《社会工作者协会（NASW）伦理守则》阐明了社会工作专业自身的标准，得以评估社会工作者是否有违反职业伦理的行为。美国社会工作者协会有标准的程序来裁定对其会员的投诉。在签署这份守则时，社会工作者被要求配合其实施，参与NASW的裁定过程，并遵守NASW的任何纪律、规则和制裁。

中国内地（大陆）对违背伦理的社会工作者，通常采取通报批评的处理方式。

根据中国香港《社会工作者注册条例》（第五零五章）第十条，"为了就注册社会工作者的专业操守（包括关乎该等操守的道德事宜）提供实务指引"，社会工作者注册局批准及发出此《社会工作者工作守则》（以下简称《工作守则》）。制定《工作守则》的主要目的是为保障服务对象及社会人士。为加强社会人士对社会工作者专业的信任和信心，制定工作守则实属必要。这份文件是注册社会工作日常操守的指引。根据《社会工作者注册条例》第十一条，当社会工作者被指控其操守违反本文件内所列明的专业标准时，注册局将以此《工作守则》作为裁决的依据。这份文件列明社会工作者与其服务对象、同工、所属机构、专业及社会建立专业关系时的道德行为标准。它适用于社会工作者的任何专业行为。社会工作者须协力推行此《工作守则》，并遵从依据这些守则作出的所有纪律判决，亦应与时并进，紧贴可能不时修订的中国香港法律。此外，社会工作者应采取足够的措施或行动去预防、劝阻、纠正或揭发其他社会工作者违反《工作守则》的行为。社会工作者也应采取合理和适当的措施，监察其辖下的所有员工及协助社会工作者提供服务的其他人士不会因抵触《工作守则》而引致服务对象的利益受损。

中国台湾《社会工作师伦理守则》提出，第一，社会工作师违反规定、社会工作师公会章程或本伦理守则者，除规定另有处罚外，由违反伦理行为所在地或所属之社会工作师公会审议、处置。第二，本守则经相关机构通过后施行，并呈报上级部门备查，修改时亦同。

3.3.2 心理咨询伦理

禁毒社会工作者在与服务对象进行访谈，以及对服务对象进行戒毒康复训练时应用了许多心理咨询技术，两者在工作目标、职业规范方面也有许多相通之处，随着心理学的发展与普及，心理咨询已制定了不同版本的伦理守则，下面比较中美心理咨询伦理守则的内容，以此获得对禁毒社会工作者伦理守则的启示。

1. 心理咨询伦理守则内容比较

心理咨询伦理守则内容比较参考2002年版《美国心理学会（APA）心理学家的伦理原则和行为准则》（以下简称《APA伦理守则》）以及《中国心理学会临床与咨询心理学工作伦理守则》（第二版）（以下简称《CPS伦理守则》）。

《APA伦理守则》共提出了"解决伦理问题""能力""人际关系""隐私与保密""广告和其他的公开声明""记录之保存与费用""教育与训练""研究和出版""评估标准""治疗"十项标准。《CPS伦理守则》共提出了"专业关系""知情同意""隐私权和保密性""专业胜任力和专业责任""教学、培训和督导""研究和发表""远程专业工作（网络/电话咨询）""媒体沟通与合作""伦理问题处理"十项守则。就涉及的范围而言两者差异并不大，但是在伦理细则上两者因文化、发展水平、社会支持等因素导致差异明显。本次比较只选取其中六个部分，比较内容见表3-8，具体细则见附录9，鉴于篇幅有限，内容做了一定的删减。

（1）专业关系：专业关系指心理师与来访者建立的一种专业工作关系，这种独特的人际关系有助于促进来访者的自我探索，自我成长。

《APA伦理守则》标准三"人际关系"共12条，编号为3.01～3.12，在此选取3.01～3.11的内容［3.12知情同意内容移至本节第（2）部分］。《CPS伦理守则》第一部分"专业关系"，编号1.1～1.18，共18条，本次比较均有涉及，其中"交流与合作"还补充了《CPS伦理守则》中2.4条有关与同行合作时知情同意的内容。

两者都包含"避免歧视""避免剥削""多重关系""转介"等多个重叠的部分，其中"多重关系""机构""中断与转介"等都详细规定了较多条要求。除此以外单独补充了《APA伦理守则》"避免骚扰"和《CPS伦理守则》"避免为来访者做决定"的相关要求加以辨析。

两个守则对于专业关系的讨论，主题基本相似，只是在伦理要求的具体细则内容上，《APA伦理守则》更为全面一些，例如有关"收费""机构"的讨论，两者都用了较多条例说明"多重关系"的要求，体现出对保障寻求专业服务者福祉的重视。

（2）知情同意：知情同意是指具有法律所要求的行为能力的来访者知晓接受心理咨询与治疗的相关信息，并自愿做出是否接受心理咨询与治疗的判断和行为。

比较范围包括《APA伦理守则》标准三"人际关系"中的3.10"知情同意"，共3个细则，以及4.03"录音/录像"。对应《CPS伦理守则》第二部分"知情同意"，后者涉及2.1～2.5共4条（其中2.4与其他心理师合作相关知情同意放在第（1）部分"交流与合作"比较）。

两者涵盖内容基本相似，只是在细则上进行了侧重点不同的拓展，其中《CPS伦理守则》中明确提出了寻求服务者有权了解的内容，《APA伦理守则》中则对无法获取知情同意的人如何保障其权力做了进一步的说明。

（3）隐私权与保密：保密是心理咨询中最核心的伦理准则。它要求心理师务必对寻求服务者的个案记录及有关专业服务工作过程中的资料严格保密，但是保密也有限度，在必要时咨询师有责任向有关部门反映情况并突破保密原则。

比较范围包括《APA 伦理守则》标准四"隐私与保密"4.01～4.07 共 7 条，以及《CPS 伦理守则》第三部分"隐私权和保密性"，后者涉及 3.1～3.7 共 7 条。

两者涉及的内容基本一致，在"保密例外"的讨论中，《CPS 伦理守则》明确提出了保密例外的情况；在"教育、教学和科普宣传中的保密"比较中，两者要求基本一致，《APA 伦理守则》则较为详细地补充了使用机密信息的必要条件。

（4）专业胜任力和专业责任：专业责任要求心理师的专业资历、资格证书等信息真实可靠，这可以快速帮助寻求专业服务者甄别心理师的专业能力。

比较范围包括《APA 伦理守则》标准二"能力"2.01～2.06 共 7 条，以及《CPS 伦理守则》第四部分"专业胜任力和专业责任"，包括 4.1～4.6，本次比较选取了其中 5 条，删除了 4.5 关于对外介绍和宣传自己时实事求是的要求。

在"能力范围"的比较中，《APA 伦理守则》从专业知识、文化、新兴领域等角度更为全面地说明相关伦理细则，除此以外，《APA 伦理守则》也指出对于"在紧急状况下提供服务"的专业要求，并另外补充了对心理师"社会责任"的伦理内容。

（5）心理测量与评估：心理测量和评估一般作为咨询的一部分，用于促进对来访者的了解和判定。

比较范围包括《APA 伦理守则》标准九"评估标准"9.01～9.11 共 11 条，以及《CPS 伦理守则》第五部分"心理测量与评估"（包括 5.1～5.6）、知情同意部分 2.2，共 7 条。两者都涉及"评估的使用""信度与效度"等。

在"知情同意""数据的保密""解释结果"方面，《APA 伦理守则》的介绍都要更为详细，它还单独补充了对于"测验开发"的专业要求。

（6）远程专业工作（网络/电话咨询）：远程专业工作一般包括网络咨询和电话咨询，随着网络的普及和疫情的发生使得远程专业工作越来越多，因而对远程专业工作的伦理要求也逐渐受到重视。由于《APA 伦理守则》对远程专业工作未单独成章，仅在知情同意、保密的伦理介绍中提及使用电子媒体沟通的形式，因此本次比较以《CPS 伦理守则》为主。

《CPS 伦理守则》第八部分"远程专业工作（网络/电话咨询）"，包括 8.1～8.5 共 5 条，涉及内容包括"保密""知情同意""确认身份"等。

（7）伦理问题处理：伦理问题处理比较范围包括《APA 伦理守则》标准十"伦理问题处理"1.01～1.08 共 8 条，对应《CPS 伦理守则》第一部分"解决伦理问题"，后者涉及 10.1～10.9 共 9 条。

比较细则可以发现两者基本上可以一一对应，但是在一些冲突处理上由于心理学发展的程度以及文化差异导致处理方法不尽相同。例如"与法律法规相冲突"时，《CPS 伦理守则》中明确心理师应以法律和法规作为其行动指南，《APA 伦理守则》中则要求在任何情况下，此标准都不能用于为违背人权的行为辩护详见附录 9。

2. 团体心理咨询伦理内容比较

团体心理咨询是一门以心理学为基础的专业助人知识、理论与技术课程。它是通过团体内人际交互作用，促使个体在交往中通过观察、学习、体验，认识自我、探讨自我、接纳自我，调整改善与他人的关系，学习新的态度与行为方式，以发展良好适应的助人过程（樊富珉，2005）。在这个过程中，成员之间通过团体活动建立连接，在充分的表达、交流、反馈中感受到亲切感，自我认同感、归属感等积极情绪，促进个体的人际关系发展，从而推动个人的成长。由于团体咨询较个体咨询涉及人员更多，咨询难度也更高，如果没有一个规范的伦理要求不仅会在很大程度上影响到团体的效果，还有可能因为不当的处理造成对团体成员的伤害，所以每一位团体咨询师都应当加强伦理意识，提高伦理辨析能力。

本次团体伦理守则的比较参考了国际团体治疗与团体过程协会（International Association for Group Psychotherapy and Group Processes，IAGP）、美国团体心理治疗学会（The American Group Psychotherapy Association，AGPA）、英国团体心理分析学会（The Institute of Group Analysis，IGA）以及团体工作专家协会（Association for Specialists in Group Work，ASGW）的伦理守则，比较内容包括团体工作者（包括团体治疗师、团体咨询师）的能力、团体成员筛选、知情同意、保密，团体工作者与成员的关系（冯愉涵，张逸梅，樊富珉，2017），比较结果见表 3-8,

具体伦理细则见附录10。

总之,团体心理咨询伦理与个体心理咨询伦理在伦理议题上大致相同,如关于知情同意、保密、专业能力、专业关系方面,只是在处理细则上更为注意多人参与带来的复杂性,例如保密性的维护不仅依赖咨询师与当事人,也依赖整个团体成员,如何建立信任、处理保密、保密例外需要咨询师根据团体内容、环境、成员等因素认真思考。而成员筛选是团体心理咨询特有的一项伦理原则,成员之间的一些反应也是直接导致团体成效的关键因素之一,因而有必要进行成员筛选,团体伦理守则一致要求咨询师首先秉承着不歧视、平等的原则,在此基础上保证团体成员目标的一致性,且不失成员的多样性。另外,虽然团体心理咨询和社会工作中的小组工作在工作形式上存在相似之处,但是两者在理念、目标及面向人群之间存在本质区别,因此小组工作在借鉴团体心理咨询的方式时,需要因地制宜。

表3-8 团体伦理守则的比较

内容		国际团体治疗与过程协会	美国团体心理治疗学会	英国团体分析学会	团体工作专家协会
专业能力	能力要求	6、7	专业准则1、专业准则2	5.1、5.2、5.3	B.2、A.8a、A.8e
	转介与咨询	6.11	3.1		A.8(b、c、d)
团体成员筛选	筛选标准	1.7、2.1	1.2、1.3	2.7	B.8
知情同意	基本信息	2.3	1.1	2.3、2.4	A.7b
	研究相关	3.4、5.5	2.3	3.4	A.7b
	保密例外	3.5		2.5、2.11	
保密	基本原则	3、3.1、3.8	2、2.1、2.4	2.12	A.6
	保密例外	3.2、3.3、3.9	2.2、2.5	2.11、2.13	
团体心理工作者和成员的关系	宗旨	4、4.2	3.2	2.8	B.6
	恋爱关系	4.1	3.3	2.8	
	商业利益	4.4、4.5	3.2	2.8	
	其他关系	4.3		2.14	

3. 社会工作和临床与咨询心理学工作伦理守则比较

禁毒社会工作最核心的服务对象是吸毒人员,毒品成瘾是物质成瘾中最为严重的一种类型。清华大学心理学系科研团队在多年药物滥用心理干预的研究基础上，编写了《戒毒人员"心瘾"戒断心理自助手册》（以下简称《自助手册》）其中提出，从成瘾的作用机制来看，成瘾一般包含生理成瘾和心理成瘾两个方面。心理成瘾就是人们所说的"心瘾"。从开始使用物质，"心瘾"就存在了，且会存在于整个吸毒的过程，它不会终止于生理戒断这个时间点，所以说"心瘾"是复吸最大的影响因素。因此对于禁毒社会工作者来说，在对戒毒人员开展戒毒康复和帮扶救助服务过程中，更需要综合运用社会学和心理学的理论和技术，清楚开展社会工作和心理咨询与治疗应该要遵守的专业伦理规范，贯穿于"心瘾"存在始终。上文介绍了不同国家和地区社会工作伦理守则的异同、中美个体和团体心理咨询伦理守则的异同，在此将综合分析社会工作与心理学专业的异同以及两者伦理守则的异同，为禁毒社会工作者借鉴心理学伦理守则提供清晰的思路——如何为我所用又能保持禁毒社会工作的独特性和专业性。

社会工作和临床与咨询心理学工作都是助人的职业，阮曾媛琪提出社会工作存在两个取向，一个是倾向于宏观介入的改革取向，另一个是倾向于微观介入的治疗取向。在实践过程中，社会工作者关注社会问题，将维护社会正义作为自己的重要目标，社会工作者既能够从宏观层面着手，提出改进社会问题的政策及建议，又需要从微观着手，一步一步、一人一人地解决社会问题，因此需要借鉴社会学对社会整体的看法，又需要心理学微观层面的对人的行为研究。每个社会工作者都会接触并使用心理咨询和心理治疗方面的知识和技术，对于禁毒社会工作者来说，心理咨询和心理治疗的技术更是重要的专业知识和技能。因此编者先对社会工作与心理咨询的异同做简单的梳理，然后针对两者的工作伦理进行比较，以帮助禁毒社会工作厘清两者异同，在伦理实践过程中更好借鉴心理咨询伦理守则而不迷失自身定位。

国际社会工作学院联盟（IASSW）和国际社会工作者联盟（IFSW）在 2014 年 7 月对社会工作专业做了全球定义：社会工作是一个以实践为基础的专业和学术学科，促进社会变革和发展，社会凝聚力，以及人的赋权和解放。社会正义、人权、集体责任和尊重多样性的原则是社会工作的核心。以社会工作、社会科学、人文科学和本土知识的理论为基础，社会工作让人们和机构参与解决生活挑战和提高福祉。

《中国心理学会临床与咨询心理学工作伦理守则（第二版）》中对心理咨询（counseling）和心理治疗（psychotherapy）分别做了如下定义：心理咨询是在良好的咨询关系基础上，经过专业训练的临床与咨询专业人员运用咨询心理学理论和技术，帮助有心理困扰的求助者，以消除或缓解其心理困扰，促进其心理健康与自我发展。心理咨询侧重一般人群的发展性咨询。心理治疗是在良好的治疗关系基础上，经过专业训练的临床与咨询专业人员运用临床心理学有关理论和技术，帮助与矫治心理障碍患者，以消除或缓解其心理障碍或问题，促进其人格向健康、协调的方向发展。心理治疗侧重心理疾患的治疗和心理评估。

从上述的定义也可以看出一些差异，首先，在实践属性上两者本质上是不同的。社会工作实践集中体现社会性和福利性，而心理咨询集中体现个别性和契约性：①从服务使命来看，社会工作有责任弥补社会上出现的各种不平等和不公正，让每个人的生活更有尊严和质量，维护社会公正，这种追求社会公正的使命感体现社会工作的社会性。心理咨询和心理治疗的服务使命是促进人类的心理健康，它们对问题的解释和解决是从个人心理层面出发，一般不涉及社会公平公正层面。②从服务对象来看，社会工作者的服务对象包括所有需要帮助的人，大多数情况下是弱势群体，且他们的问题具有普遍性。社会工作者服务弱势群体与它的服务使命紧密相关，一般是政府或慈善基金承担服务支出，弱势人群基本上可以免费获得服务。服务弱势人群的价值取向体现了社会工作本质上是一种利他的福利活动。心理咨询和心理治疗的服务对象多是有心理困扰的个体、家庭或团体，他们的问题各不相同，更多体现个别性，心理咨询大多数是收费服务，服务对象是建立在付得起费的契约关系基础上。③从服务方式来看，社会工作服务多在机构内进行，社会工作者的工资是由组织发放，社会工作者和服务对象之间不存在直接的服务交换关系，但社会工作者也会较多地受到机构的约束。心理咨询受到的机构限制较少，但是必须与服务对象达成一定的契约关系，从而在严格的专业规范和专业伦理要求下提供服务。④从服务内容来看，社会工作从物质帮扶、心理服务到社会行政，服务内容多种多样，社会工作者的角色也很多元，可以是服务者、转介者、管理者等甚至同时以多种角色出现。心理咨询相对而言主要关注来访者的心理世界，咨询师与服务对象之间的角色关系也相对单一。

其次，社会工作与心理咨询和心理治疗在理论基础和工作方法也是不同的。社会工作理论融合了社会学、心理学、政治学、医学等学科的知识。生态系统理论在社会工作领域得到普遍认同，"人在情境中"是多数社会工作者秉持的理论框架，社会工作理论强调人与环境的互动，将服务对象和他们的外在环境都纳入工作范围，多管齐下解决问题。心理咨询的理论基础是心理学的相关理论，主要的理论构成可以按照心理咨询的流派划分，例如精神分析、人本主义、行为主义等。心理学各流派的理论多以个人心理作为研究对象，主要对来访者的心理状态进行调节，对外在环境基本不做干预。这里需要特别指出的是家庭治疗和团体治疗，社会工作也会借用家庭治疗和团体治疗方法，但社会工作除了关注家庭和小组内部的互动，还会借助家庭和小组的外部力量和政策环境来共同帮助服务对象，充分体现社会工作"人在情境中"的理念。

区分了社会工作与心理咨询、心理治疗的不同，但也要看到两者的相同点：①两者都是助人的专业，拥有系统的理论、专业权威、社会认可、伦理守则和专业文化。②两者对人的行为与人际互动特别感兴趣，心理咨询利用微观的人际互动来作为治疗工具，社会工作既需要解决宏观的社会层面的人的行为与互动关系造成的问题，也需要微观层面的行为介入和干预。③社会工作与心理咨询和心理治疗的专业伦理具有相似性。从核心的价值到具体的守则都可以很好地互相借鉴。

为更好比较社会工作和心理学工作伦理守则的异同，且适合本土化参考使用，社会工作伦理守则与心理学工作伦理守则的比较选取了以下几个版本：

社会工作者伦理守则综合了中国民政部2012年发布的《社会工作者职业道德指引》、中国香港2013年修订版《社会工作者工作守则》、2019年4月26日核定的中国台湾的伦理守则《社会工作师伦理守则》。

心理学工作伦理守则选取2018年2月发布在《心理学报》上的《中国心理学会临床与咨询心理学工作伦理守则（第二版）》。

《社会工作者职业道德指引》适用对象是社会工作者，但没有明确界定。
中国香港《社会工作者工作守则》适用对象是香港地区的注册社会工

作者。

中国台湾《社会工作师伦理守则》适用对象是社会工作师，需通过相关考试，并依相关规定获得社会工作师证书。

《中国心理学会临床与咨询心理学工作伦理守则（第二版）》适用对象是临床与咨询心理学专业工作者。守则中提到的心理师是指系统学习过临床与咨询心理学专业知识、接受过系统的心理治疗与咨询专业技能培训和实践督导，正从事心理咨询和心理治疗工作，并在中国心理学会有效注册的督导师、心理师、助理心理师。心理师包括临床心理师（clinical psychologist）和咨询心理师（counseling psychologist）。对临床心理师或咨询心理师的界定依赖于申请者学位培养方案中的名称。督导师指从事临床与咨询心理学相关教学、培训、督导等心理师培养工作，达到中国心理学会督导师注册条件并在中国心理学会有效注册的资深心理师。

首先，从社会工作的价值和伦理原则与心理学工作的伦理总则进行比较，具体见表3-9和表3-10。

表3-9 社会工作的价值和伦理原则

中国内地（大陆）	基本价值及信念（中国香港）	伦理原则（中国台湾）	价值（美国）
热爱祖国	社会工作者的首要使命为协助有需要的人士及致力处理社会问题	促进服务对象的最佳福祉	服务
热爱人民	社会工作者有责任维护人权及促进社会公义	实践弱势优先及服务对象最佳利益	社会公正
拥护中国共产党	社会工作者尊重每一个人的独特价值和尊严	尊重服务对象的个别性及价值	个人的尊严与价值
践行社会主义核心价值观	社会工作者认同人际关系的重要性	理解文化脉络及人际关系是改变的重要动力	人际关系的重要性
以人为本	社会工作者相信每个人都有发展的潜质，因而有责任鼓励及协助个人在顾及他人权益的情况下实现自我	诚信正直的专业品格及态度	正直
助人自助	社会工作者有责任更新、提升及运用本身的专业知识和技能去推动个人和社会的进步，务求每一个人都能尽量发挥自己的所能 社会工作者相信任何社会都应为其公民谋取最大的福祉	充实自我专业知识和能力	能力

表 3-10　心理学工作的伦理总则

总则	描述
善行	心理师的工作目的是使寻求专业服务者从其提供的专业服务中获益。心理师应保障寻求专业服务者的权利,努力使其得到适当的服务并避免伤害
责任	心理师在工作中应保持其服务的专业水准,认清自己的专业、伦理及法律责任,维护专业信誉,并承担相应的社会责任
诚信	心理师在工作中应做到诚实守信,在临床实践、研究及发表、教学工作以及各类媒体的宣传推广中保持真实性
公正	心理师应公平、公正地对待专业相关的工作及人员,采取谨慎的态度防止自己潜在的偏见、能力局限、技术限制等导致的不适当行为
尊重	心理师应尊重每位寻求专业服务者,尊重其隐私权、保密性和自我决定的权利

其次,从社会工作与心理学工作的伦理守则架构进行比较,中国内地(大陆)《社会工作者职业道德指引》、中国香港《社会工作者工作守则》和中国台湾《社会工作师伦理守则》采用的都是五范畴的伦理架构。中国香港 2013 年修订的《社会工作者工作守则》的整体架构比较清晰,且与 1996 版本的美国《社会工作者协会(NASW)伦理守则》的伦理架构比较一致,既有大的范畴,每个范畴又有小的主题,只是将美国的伦理守则六大范畴整合为五大范畴。框架对比仅参考中国香港的《社会工作者工作守则》的架构(表 3-11)。

表 3-11　社会工作伦理守则与心理学工作伦理守则的架构比较

社会工作伦理守则	心理学工作伦理守则
1. 与服务对象有关(18 条)	1. 专业关系(18 条)
职责(1 条)	2. 知情同意(5 条)
文化意识(2 条)	3. 隐私权和保密性(7 条)
知情决定及自决(3 条)	4. 专业胜任力和专业责任(6 条)
使用资料及保密原则(6 条)	5. 心理测量与评估(6 条)
利益冲突(1 条)	6. 教学培训和督导(13 条)
性关系(2 条)	7. 研究和发表(13 条).
持续提供服务(1 条)	8. 远程专业工作(网络、电话咨询)(5 条)
收费措施(2 条)	9. 媒体沟通与合作(6 条)
2. 与同工有关(14 条)	10. 伦理问题处理(9 条)
尊重(1 条)	
跨界别合作(4 条)	
督导及培训(3 条)	

续表

社会工作伦理守则	心理学工作伦理守则
咨询（3条）	
服务对象的选择权（1条）	
共事同工间的沟通（1条）	
性关系（1条）	
3. 与机构有关（4条）	
4. 与专业有关（12条）	
专业责任（3条）	
职效能力（3条）	
尊重（1条）	
陈述（1条）	
独立进行社会工作者实务（1条）	
专业发展（2条）	
奉召当值（1条）	
5. 与社会有关（5条）	

注：1. 中国香港在守则之外又出了一份《社会工作者注册局社会工作者工作守则实务指引》。2. 中国内地（大陆）《社会工作者职业道德指引》用的是"同事"，中国香港《社会工作者工作守则》用的是"同工"，中国台湾《社会工作师伦理守则》用的是"同仁"。

最后，以中国香港的《社会工作者工作守则》的架构为对比参照，从对服务对象、对同事、对机构、对行业和对社会这五个范畴分别与心理学工作的伦理守则《中国心理学会临床与咨询心理学工作伦理手则(第二版)》的具体细则进行比较（表3-12～表3-16）。

如果按照社会工作伦理的架构，心理学伦理守则中与服务对象有关的具体守则比社会工作伦理守则制定得更细致和全面（表3-12），不仅守则的条目数量更多而且每条守则也更为详细。此外第二版的心理伦理守则比社会工作伦理守则多了"远程专业工作（网络、电话咨询）"（5条）和"媒体沟通与合作"（6条），这两部分都与服务对象的利益息息相关，且禁毒社会工作伦理草案的制定具有很重要的参考价值。

表3-12 对服务对象的伦理责任具体内容比较

伦理标准	社会工作伦理守则	心理学工作伦理守则
职责	内地（大陆）指引1条（第五条） 中国香港1条（1） 中国台湾1条（1.1）	专业关系2条（1.1、1.2）

续表

伦理标准	社会工作伦理守则	心理学工作伦理守则
文化意识	内地（大陆）指引1条（第六条） 中国香港2条（2、3） 中国台湾1条（4.1）	专业关系1条（1.5）
知情决定及自决	内地（大陆）指引2条（第七和第九条） 中国香港3条（4、5、6） 中国台湾2条（1.2、1.3）	专业关系1条关于自决（1.5） 知情同意部分5条（2.1～2.5）
使用资料及保密原则	内地（大陆）指引1条（第八条） 中国香港6条（7、8、9、10、11、12） 中国台湾4条（1.6下列了7点、1.8、1.9、3.3）	隐私权和保密部分7条（3.1～3.7）
利益冲突	内地（大陆）指引1条（第十条） 中国香港1条（13） 中国台湾1条（1.4）	专业关系5条（1.4、1.6、1.7、1.10、1.18）
性关系	中国香港2条（14、15）	专业关系2条（1.8、1.9）
持续提供服务	中国香港1条（16） 中国台湾1条（1.5）	专业关系2条（1.11、1.12）
收费措施	中国香港2条（17、18） 中国台湾1条（1.7）	专业关系3条（1.3、1.13、1.17）

注：内地（大陆）指引指《社会工作职业道德指引》，中国香港指《注册社会工作者工作守则》，中国台湾指《社会工作师伦理守则》。

在社会工作领域，社会工作者一般在机构或者组织中工作，社会工作者开展服务过程中需要与同事合作的机会远多于心理咨询师。因此社会工作伦理守则会单独列出"与同工（同事/同仁）有关的伦理责任"，虽然中国香港使用的是"同工"也包括不同机构的社会工作者，但更多强调的还是机构内部同事之间的沟通与合作。

社会工作专业伦理守则与心理学工作伦理守则中对同事的伦理责任（表3-13），涉及的内容大致都有尊重、跨界别合作、督导及培训等，但由于社会工作者之间共同工作的机会比较多，因此社会工作伦理守则在与同事的关系的伦理守则上较为详细，对共事同工之间的沟通、维护同工权益提出相应的伦理要求。在社会工作领域中同事关系还包含督导与被督导者，两者通常存在上下属关系，因此社会工作伦理守则的'督导及培训'

直接指出'负责督导的社会工作者有责任监察其下属按照本《工作守则》办事。而心理咨询伦理守则的"教学、培训和督导"中更多的是培训师和学生、被培训者,督导和被督导者的关系,而督导和被督导者通常不存在上下属关系。

表 3-13 对同事的伦理责任具体内容比较

伦理标准	社会工作伦理守则	心理学工作伦理守则
尊重	内地(大陆)指引1条(第十一条) 中国香港1条(19) 中国台湾1条(2.1)	专业关系1条(1.14)
跨界别合作	内地(大陆)指引1条(第十三条) 中国香港4条(20、21、22、23) 中国台湾1条(2.2)	专业关系1条(1.15)
督导及培训	中国香港3条(24、25、26) 中国台湾1条(3.2)	教学、培训和督导13条 (6.1~6.13)
咨询	内地(大陆)指引1条(第十二条) 中国香港3条(27、28、29)	知情同意1条(2.4)
服务对象的选择权	中国香港1条(30) 中国台湾1条(2.3)	专业关系1条(1.14)
共事同工间的沟通	中国香港1条(31)	
性关系	中国香港1条(32)	
转介服务	内地(大陆)指引1条(第十二条) 中国香港1条(45) 中国台湾1条(2.2)	专业关系1条(1.12)
维护同工权益	内地(大陆)指引1条(第十四条) 中国香港1条(39) 中国台湾1条(2.4)	

注:内地(大陆)指引指《社会工作职业道德指引》,中国香港指《注册社会工作者工作守则》,中国台湾指《社会工作师伦理守则》。

心理学工作伦理守则在"教学、培训和督导"做了详细的规定,共有13条。在借鉴时需要留意禁毒社会工作中督导和培训在人员配置和开展方式上的差异。

在对机构的伦理责任范畴中,同样因为社会工作者多在机构或组织内工作,机构不仅仅为社会工作者提供一个岗位,还为机构内部的社会工者提供督导和培训，社会工作督导具有行政、教育和支持三大功能，因此作为一名专业社会工作者，对机构的伦理责任有别于其他的行业（表3-14）。

表3-14 对机构的伦理责任具体内容比较

伦理标准	社会工作伦理守则	心理学工作伦理守则	相同	不同
未细分	内地（大陆）指引3条（第十五、十六、十七条）中国香港4条（33、34、35、36）	专业关系1条（1.16）专业胜任力与专业责任2条（4.2和4.5）	1.遵守机构制度 2.不得损害机构利益，社会工作侧重不利用机构资源谋个人利益，心理学工作侧重不将机构服务对象转为个人服务对象	1.社会工作在宣传方面强调区分个人和机构，维护机构形象，心理学工作侧重真实宣传机构 2.社会工作涉及对机构负责提供专业服务 3.社会工作涉及推动机构发展提升机构服务水平

注：内地（大陆）指引指《社会工作职业道德指引》，中国香港指《注册社会工作者工作守则》。

依据社会工作伦理的架构，社会工作伦理守则与心理学伦理守则中与行业有关的内容侧重点不同。社会工作伦理守则在专业责任、职效能力、独立开展实务工作、专业发展之外作出规定，还对尊重、陈述和奉召当值提出了要求，社会工作伦理守则的条款更多，心理学伦理守则则对职效能力的规范更为详细（表3-15、表3-16）。

表3-15 对专业的伦理责任具体内容比较

伦理标准	社会工作伦理守则	心理学工作伦理守则
专业责任	内地（大陆）指引2条（第四章第十四条、第五章第十八条）中国香港3条（37、38、39）中国台湾3条（4.3、4.4、4.6）	专业胜任力和专业责任1条（4.5）
职效能力	内地（大陆）指引2条（第四章第十七条、第五章第十九条）中国香港3条（40~42）中国台湾3条（4.2、4.3、4.5）	专业胜任力和专业责任3条（4.1、4.3、4.4）

续表

伦理标准	社会工作伦理守则	心理学工作伦理守则
尊重	中国香港1条（43） 中国台湾1条（4.3）	
陈述	内地（大陆）指引1条（第五章第十八条） 中国香港1条（44） 中国台湾2条（4.2、4.4）	
独立进行社工实务	内地（大陆）指引1条（第五章第十八条） 中国香港1条（45） 中国台湾1条（4.4）	专业胜任力和专业责任1条（4.2）
专业发展	内地（大陆）指引3条（第四章第十五条、第五章第十九条、第二十条） 中国香港2条（46、47） 中国台湾4条（4.4、4.5、4.6）	专业胜任力和专业责任1条（4.3）
奉召当值	中国香港1条（48）	

注：奉召当值的具体内容是当有关方面提出明确的要求，特别召集在场的社会工作者，在特定的情况下提供某些服务，社会工作者应奉召当值（不适用于通过大众传媒向全体社会工作者发出的呼召）。

内地（大陆）指引指《社会工作职业道德指引》，中国香港指《注册社会工作者工作守则》，中国台湾指《社会工作师伦理守则》。

表3-16 对广大社会的伦理责任具体内容比较

伦理标准	社会工作伦理守则	心理学工作伦理守则	相同	不同
未细分	大陆指引3条（第六章第二十一、二十二和二十三条） 中国香港5条（"有关社会"部分） 中国台湾5条（5.1、5.2、5.3、5.5、5.6）	专业胜任力和专业责任有1条（4.6）	以服务对象为核心，让他们接受服务的可能性提高	1.社会工作更强调社会性，提升社会福祉，促进社会大众参与公共事务的意识，维护社会的公平正义。而心理学咨询强调的是发挥个人专业价值提升民众心理健康水平 2.社会工作以改善社会环境和公众参与意识为目标，更宏观；心理咨询以改善服务对象服务可及性为目标

注：大陆指引指《社会工作职业道德指引》，中国香港指《注册社会工作者工作守则》，中国台湾指《社会工作师伦理守则》。

《中国心理学会临床与咨询心理学工作伦理守则（第二版）》中规定："4.6 心理师应承担必要的社会责任，鼓励心理师为社会提供自己的部分专业工作时间做低经济回报、公益性质的专业服务。"社会工作者工作本身已经带有了低经济回报和公益的性质，伦理守则中提到的社会责任侧重指的是增进社会与环境的发展，推动剥削、歧视、贫穷等社会问题的解决。

美国《社会工作者协会（NASW）伦理守则》（1996年）中"社会工作者对广大社会的伦理责任"，从社会福利、公众参与、公共紧急事件和社会与政治行动四个角度进行了规定，社会工作者应当促进本土的整体福利，促进社会大众参与公共事务，为公共紧急事件提供适当的专业服务，并且改善人类基本需求的社会条件以促进社会的正义。

中国香港《注册社会工作者工作守则》中"与社会有关"的伦理责任提到，当任何人因政策、程序或活动导致或构成困境时，社会工作者需要唤起决策者或公众人士对这些情况的关注；推动政策及法律修订，以改善有关的社会情况；社会工作者需要致力于防止及消除歧视，推动大众尊重社会的不同文化；鼓励社会大众在知情的情况下参与制定和改善社会政策和制度。

中国台湾《社会工作师伦理守则》中第十七条"应将专业的服务扩大普及于社会大众、造福社会。"第十九条"应以负责态度，维护社会正义、改善社会环境、增进整体社会福利。"社会工作者应增进社会的一般福利，防止和消除歧视，确保人人可公平地获得所需资源、服务和机会，倡导社会境况的改进。

中国内地（大陆）《社会工作者职业道德指引》中提到社会工作者应当勇担社会责任，增进社会福祉，包括了运用专业视角和特长，参与政策法规的制定和完善，维护社会公平正义从而增强社会福祉；正确鼓励社会大众参与公共事务、推动社会建设；促进社会资源合理分配，使社会服务惠及社会大众。

从以上守则条目中可以看出，社会工作者是从社会学的角度出发，通过政策倡导等方式促进社会大众关注和参与公共事务，从而体现社会工作者对广大社会的伦理责任。心理咨询师是从心理学的角度出发，在维系咨询关系的同时，通过低经济回报、公益性质的专业服务来体现对社会大众的责任。

上述五个范畴的专业伦理守则比较，读者既能看到社会工作与心理咨询和心理治疗因为在实践属性上的不同造成的伦理守则大框架上的不同，也能看到在具体的伦理守则中社会工作比心理咨询和心理治疗体现出更多的社会性和福利性，还能看到在具体的微观层面介入它们的相似性。

通过比较社会工作与心理咨询和心理治疗的专业伦理守则，编者旨在让拥有不同行业和学历背景的社会工作从业人士更准确地理解和把握社会工作伦理，既能借助心理咨询和心理治疗的专业伦理加强伦理决策和伦理实践的专业性，又能保有自身专业的独特性。

思考题

（1）您认为禁毒社会工作的工作形式都包括哪些，除了文章中介绍的以外，还有哪些是您认为有必要但未列出的？

（2）在开展禁毒社会工作过程中，您有运用到哪些理论，运用过程中是否遇到伦理困境？如何处理？

（3）您怎样理解社会工作专业伦理是社会工作专业实践活动的指南？理论、方法与伦理之间的联系是什么样的？

（4）从整体的角度看，社会工作伦理和心理咨询伦理的比较带给您的思考是什么？从具体的伦理守则看，哪些伦理原则是没有被注意到的？有哪些工作是需要伦理反思的？

第4章

禁毒社会工作者工作中的伦理守则

禁毒社会工作者在实务工作中要面对各种复杂情境，必须有一套既遵循社会工作伦理，又贴合禁毒社会工作实际的行为准则。民政部在2012年发布的《社会工作者职业道德指引》可以作为国内社会工作伦理，整理、分析美国以及中国不同地区制定的社会工作伦理守则，融合国内外伦理经验是理解和推动禁毒社会工作者伦理实践的重要基础，也为制定禁毒社会工作伦理守则提供依据和参考。

从前三章的内容可以看到，价值观引出伦理，伦理细化为伦理守则，那么本土的社会工作价值观有哪些？国外社会工作价值观与我国的有何异同？国内社会工作伦理守则包含哪些方面？社会工作专业价值观脱胎于社会价值观，但国内还未有足够具体的伦理守则用于社会工作专业人员做伦理决策和行动的依据，在国内的社会工作价值体系下，如何将国内社会工作伦理守则细化使之更具实践应用价值？如何在社会工作伦理守则的基础上制定禁毒社会工作伦理守则，指导禁毒社会工作者的伦理实践？这些可能都是禁毒社会工作从业人员需要深入思考的问题。同时，禁毒社会工作有领域的独特性，由于吸毒问题涉及法律法规，因此在梳理禁毒社会工作伦理所依据的内容时，必须充分考虑法律因素。

禁毒社会工作是禁毒工作这一系统中的重要组成部分，涉及禁毒社会工作者、服务对象、各级政府、司法公安机关、戒毒机构等多个参与方。禁毒社会工作者是从事禁毒社会工作服务的专职人员。禁毒社会工作的服务对象是吸毒人员、吸毒人员家属及其他社区居民、社会大众。禁毒社工作是禁毒社会工作者坚持"助人自助"价值理念，遵循专业伦理规范，运用社会工作专业知识、方法和技能预防和减轻毒品及其相关行为危害，整合各方社会资源，协调社会关系，促进吸毒人员社会康复，保护公民身心健康的专门化社会服务活动。

禁毒社会工作是一项实务，是一项制度，是一个职业，是助人免受或减少毒害的专业工作。制定禁毒社会工作伦理守则的目的是让禁毒社会工作者能尽快熟悉禁毒社会工作中可能面临的伦理问题，以便更好地开展工作。在我国，禁毒社会工作面临的伦理问题错综复杂，可以从以下三方面进行理解。

首先，由于我国禁毒社会工作大多由相关职能部门购买服务，服务对象容易将禁毒社会工作者视作政府政策的执行者，而非服务对象的帮扶者，从而对禁毒社会工作者产生戒备、抗拒心理，不利于专业关系的建立和服务工作的开展。

其次，我国禁毒社会工作往往与贫苦救济、社会化、再就业等问题息息相关，社会工作者在实际工作开展过程中，需要与民政、医疗卫生等多部门交涉，因此面临的伦理问题也错综复杂。

最后，我国禁毒社会工作者的专业伦理意识较为薄弱，专业资质评估、考核、奖惩机制尚在探索过程中。《关于加强禁毒社会工作者队伍建设的意见》（2017年）中鼓励和支持禁毒社会工作者参加社会工作学历学位教育，将继续教育情况纳入禁毒社会工作者考核范围。支持禁毒社会工作从业人员参加全国社会工作者职业水平评价，将取得社会工作者职业水平证书人员纳入专业技术人员管理范围。但实际问题在于，禁毒社会工作者稀缺，专业资质可能会限制实际用人需求，如何具体指导用人单位以岗位职责为基础，研究制定禁毒社会工作者考核评估标准，逐步形成职业水平评价和岗位考核评价相结合的禁毒社会工作者职业评价机制迫在眉睫。

4.1 禁毒社会工作专业价值

社会工作往往被看作是一门专业技术，个案工作、小组工作和社区工作是三大工作方法，在三大工作方法当中可以采用不同的视角、理论和技术，这些解决的是社会工作"如何做"的问题；我们又说"社会工作是价值观的专业"，涂尔干等认为，由于社会分工的出现，职业道德和职业伦理是特定专业的价值核心，强调社会工作的伦理是解决社会工作"为何做"的问题。社会工作的专业价值观和专业方法互为表里、相互支撑，共同组成了社会工作这个专业。

禁毒社会工作专业价值即区分是非好坏的判断标准，是判断"对的"和"好的"的依据；而下文中提到的禁毒社会工作伦理守则，则是在价值的基础上，面对不同的服务对象、工作情景和实际问题时，应该有的行为规范。例如，禁毒社会工作会讲到尊重和接纳，对禁毒社会工作者而言，这就是"对的"和"好的"，然而这些还比较抽象，需要通过伦理守则进行具体化。

4.1.1 禁毒社会工作使命参考

禁毒社会工作的使命一定是既符合社会工作使命又具有禁毒领域的特殊性。编者以美国、中国香港和中国台湾三地的社会工作伦理守则中提出的社会工作使命为参考（中国内地（大陆）《社会工作者职业道德指引》没有涉及社会工作使命）。美国《全国社会工作者协会专业伦理守则》（1996）提出："社会工作专业的首要使命在促进人类的福祉。协助人类满足其基本人性需求，尤其关注于弱势群体、受压迫者及贫穷者的需求和增强其力量。"中国香港《注册社会工作者工作守则》："社会工作者的首要使命为协助有需要的人士及致力处理社会问题。"中国台湾"社会工作以人的尊严与价值为核心，使服务对象都能获得有尊严的生活条件，让所有不同文化的族群都能同等受到尊重。"同时参考国家禁毒办、中央综治办、公安部、民政部等12部门发布的《关于加强禁毒社会工作者队伍建设的意见》："禁毒社会工作是禁毒工作的重要组成部分，是坚持'助人自助'价值理念，遵循专业伦理规范，运用社会工作专业知识、方法和技能预防和减轻毒品危害，促进吸毒人员社会康复，保护公民身心健康的专门化社会服务活动。"使命是一种责任也是目标，因此编者将禁毒社会工作的使命总结为"协助吸毒人员戒毒康复、恢复社会功能及提升社会福祉；协助吸毒人员及受其影响的人改善社会关系，重新回归社会；保护社会大众的身心健康，创建无毒社会，和谐戒毒康复文化环境"。

4.1.2 禁毒社会工作专业价值参考

美国社会工作者协会（NASW）将"个人尊严与价值、社会公正、正直、能力"等作为社会工作者的核心价值观，要求社会工作者在工作当中将服务对象作为独立的个人，在尊重服务对象自主性的同时提供个性化的服务。

中国内地（大陆）将"爱国、遵纪守法、社会主义核心价值观"等作为社会工作者的核心价值观，要求社会工作者在集体价值观的基础上，为服务对象提供专业服务。

中国香港融合了美国和中国内地（大陆）的核心价值，继承了美国"个人主义"中对个人独特性的部分，也将中国内地（大陆）"集体主义"中社会责任、社会关系的部分进行了整合。

中国台湾以服务对象的尊严生活为社会工作的核心价值。

综合来看，社会工作的核心价值是在中西方"个人主义"和"集体主义"的不同影响下而形成的（表4-1）。西方社会工作起源于基督教教会救助贫困的慈善活动，受到16世纪人文主义思潮的影响，贫困是由自然和个人原因共同造成的，个人原因的贫困是因为个人的懒惰，这是一种道德缺陷，是对社会利益的侵犯。因此在1601年《济贫法》中对贫困的救济方式是有差别的，对于自然原因的贫困应当予以救助，对于个人原因的贫困则给予工作劳动，这种区别化的工作方式在专业社会工作中就是个别化的工作方式。1814年建立的慈善组织会社在每个教区中配有友善访问员，对贫困家庭进行访问时，强调一对一的个别化原则，关注个体。1917年出版的《社会诊断》脱胎于慈善组织会社，标志着个案工作的诞生，也是强调"个人主义"的社会工作方法的突破。

西方很多学者提倡社会工作应以服务对象为本，提供个性化的服务，以个人主义作为社会服务的价值基础。实际上，中国在传统文化中也有"个人主义"的发展理念，春秋战国时期的《杨朱篇》提到"人人不损一毫，人人不利天下，天下治矣。"但这种超前的思想很难被当时的统治者所理解，

表 4-1 禁毒社会工作专业价值参考对比

国家/地区	中国内地（大陆）	中国香港	中国台湾	美国
伦理守则中的社会工作核心价值	1.社会工作者应热爱祖国、热爱人民、拥护中国共产党领导，遵守宪法和法律法规，贯彻落实党和国家有关方针政策。 2.社会工作者应践行社会主义核心价值观，遵循以人为本、助人自助专业理念，热爱本职工作，以高度的责任心，正确处理与服务对象、同事、机构、专业及社会的关系。	1.社会工作者的首要使命为协助有需要的人士致力于处理社会问题。 2.社会工作者尊重每一个人的独特价值和尊严，并不因个人的族裔、肤色、家庭/社会/国家本源、国籍、文化、出生、性别、年龄、语言、信仰、政治或其他主张、家庭/社会/经济地位、残疾、教育程度、对社会的贡献或性倾向而有所分别。 3.社会工作者相信每一个人都有发展的潜质，因而有责任鼓励及协助个人在顾及他人权益的情况下实现自我。 4.社会工作者有责任维护人权及促进社会公义。 5.社会工作者相信任何社会都应为其公民谋取最大的福祉。 6.社会工作者有责任更新、提升及运用本身的专业知识和技能去推动个人和社会的进步，务求每一个人都能尽量发挥自己的所能。 7.社会工作者认同人际关系的重要性，会尽力加强人际关系，务求维持、促进及提高个人、家庭、社团、机构、社群的福祉，帮助社会大众预防及减少困境与痛苦。	努力促使服务对象免于贫穷、恐惧、不安、压迫及不正义对待，维护服务对象基本生存保障，享有尊严的生活。	1.服务 2.社会公正 3.个人尊严与价值 4.人际关系的重要性 5.正直 6.能力

并且在儒家、法家、墨家等思想大行其道的情况下，并没有被重用。

相对于"个人主义"，"集体主义"在中国有着深厚的思想土壤，并且更容易被接受。费孝通在《乡土中国》中将中国传统社会描述为"差序格局"，是一种以血缘关系为纽带的圈子文化，以自己为中心推到家庭、家族、宗族和社会其他人，受到儒家思想的影响，维护家族和国家的集体利益要大于个人利益。马克思主义传入中国后，产生了社会主义集体主义，在集体利益的前提下关注个人的利益。

儒家文化和差序格局的社会架构为集体主义创造了良好的环境，而不利于西方的个人主义在国内的生存，社会工作这一西方舶来品中含有西方的价值观，在本土化的过程中，价值观是"个人主义"和"集体主义"的融合，而不是二元的对立。因此笔者在参考国内外社会工作伦理守则中的核心价值后，尝试总结禁毒社会工作的专业价值如下：

①促进自由、公正、平等的社会建设；②重视个人尊严与价值，促进社会福祉的提升；③认同人际关系的重要性；④尊重和接纳服务对象不同的文化、信仰、性别等，平等看待每一位服务对象；⑤不断提升专业能力，学习专业知识，以提供优质的专业服务；⑥提高社会对禁毒社会工作的认识，维护专业形象。

4.2 禁毒社会工作伦理原则参考

中国内地（大陆）提出，戒毒工作坚持"以人为本、科学戒毒、综合矫治、关怀救助"的原则。

美国提倡六条伦理原则：①社会工作者最首要的目标就是帮助有需要的人们，并致力于社会问题的解决；②社会工作者要挑战社会的不公正；③社会工作者尊重个人与生俱来的尊严与价值；④社会工作者应认识到人际关系的核心重要性；⑤社会工作者的行为应是值得信赖的；⑥社会工作者应在自己专业能力的范围内执行业务，并提升自己的专业技能。这六条与服务、社会公正、个人尊严与价值、人际关系的重要性、正直和能力六条价值观一一对应。

中国香港的伦理原则可以从基本价值和信念获得：①社会工作者的首要使命为协助有需要的人士及致力于处理社会问题；②社会工作者尊重每一个人的独特价值和尊严；③相信每一个人都有发展的潜质，因而有责任鼓励及协助个人在顾及他人权益的情况下实现自我；④有责任维护人权及促进社会公义；⑤相信任何社会都应为其公民谋取最大的福祉；⑥有责任更新、提升及运用本身的专业知识和技能去推动个人和社会的进步，务求每一个人都能尽量发挥自己的所能；⑦会尽力加强人际关系，帮助社会大众预防及减少困境与痛苦。

中国台湾的伦理原则也分为六条，同时关注到了伦理冲突的处理原则。①促进服务对象的最佳福祉；②实践弱势优先及服务对象最佳利益；③尊重服务对象的个别及价值；④理解文化脉络及人际关系是改变的重要动力；⑤诚信正直的专业品格及态度；⑥充实自我专业知识和能力。社会工作师面对伦理冲突时，应以保护生命为最优先考量原则，并在维护人性尊严、社会公平与社会正义的基础上作为：①所采取的方法有助于服务对象利益之争取；②有多种达成目标的方法时，应选择服务对象的最佳权益、最少损害的方法；③保护服务对象的方法所造成的损害，不得与欲达成目的不相符合；④尊重服务对象自我决定的权利。

参考心理咨询的伦理原则，善行、责任、诚信、公正、尊重，编者将禁毒社会工作者的伦理原则总结为"助人慈善、追求公正、人际交往、尊严价值、值得信任、专业提升"。下面笔者具体介绍一下《禁毒社会工作者伦理守则（草案）》。

4.3 禁毒社会工作者伦理守则（草案）

4.3.1 禁毒社会工作者对服务对象的伦理责任

1. 职责

禁毒社会工作者应以服务对象的正当需求为出发点，提供专业服务，最大限度地维护服务对象的合法权益。一般而言，服务对象的利益是最优先的。

2. 服务对象自决

（1）禁毒社会工作者尊重且促进服务对象的自决权，并协助服务对象尽力确认和澄清他们的目标。在禁毒社会工作者的专业判断下，当服务对象的行动或潜在行动具有严重的、可预见的和立即的危险会伤害自己或他人时，禁毒社会工作者可以限制服务对象的自决权。

（2）当禁毒社会工作者必须代理无决定能力的服务对象时，禁毒社会工作者应采取合理的步骤以保障此服务对象的利益和权利。

（3）禁毒社会工作者应充分觉察自己的价值观，及其对服务对象的可能影响，并尊重服务对象的价值观，避免将自己的价值观强加给服务对象。

3. 知情同意

（1）禁毒社会工作者有责任让服务对象了解自身的权利、责任和义务，可以获得的服务情况以及由此可能产生的结果。

（2）如果服务对象是在强制情况下使用服务，禁毒社会工作者应向服务对象清楚说明他们的权利和权限，包括服务的本质和内容、服务对象拒绝服务的权利范围，鼓励服务对象尽量参与有关其目标、选择和可获得服务的决定，协助他们尽量获取最大的自主权。

（3）如果禁毒社会工作者借由电子媒体（如电话、短信、微信等）提供服务，应告知服务对象这类服务的限制和风险。

（4）禁毒社会工作者应在录音、录像或允许第三者旁观之前，得到服务对象的告知后同意。

（5）禁毒社会工作者应适当地保存手写或口头的同意、允许和赞同。

（6）禁毒社会工作者应告知服务对象享有的保密权利、保密例外情况以及保密界限。

4. 隐私与保密

（1）禁毒社会工作者应在不违反法律、不妨碍他人正当权益的前提下，保护服务对象的隐私，对在服务过程中获取的信息资料予以保密。

（2）禁毒社会工作者也应尽可能充分告知服务对象在下列情况下保密受到限制：

▶ 隐私权为服务对象所有，服务对象有权亲自或通过监护人或法律代表决定放弃时。

▶ 涉及有紧急的危险性，评估服务对象有伤害自身、自杀或伤害他人的危险，基于保护服务对象本人或其他第三者合法权益时。

▶ 服务对象有致命危险的传染疾病时。

▶ 禁毒社会工作负有法律规定相关报告责任时（收集及报告拒绝报到及严重违反社区戒毒社区康复协议的社区戒毒社区康复人员资料）。

▶ 服务对象涉及刑事案件时。

（3）除非禁毒社会工作者可以确定隐私得到保障，否则不应在任何环境下讨论机密资料，包括公开或半公开的场所，如接待室、电梯、餐厅等。

（4）禁毒社会工作者应在公开保密资料前，在可能的情况下，告知服务对象保密资料的公开以及可能产生的结果。不论是禁毒社会工作者应法律之要求或是服务对象同意而公开保密资料，均应如此。当法律程序在进行中时，禁毒社会工作者应在法律容许的范围内，保护服务对象的机密资料。

（5）在面对大众媒体时，禁毒社会工作者应保护服务对象的隐私权。在公开个案资料时，禁毒社会工作者应采取必要及负责任的措施，删除一切可以识别个案中人士身份的资料，并应尽可能事先取得服务对象及相关机构的同意。未经服务对象同意不得于公开或社群网站上公开其他足以直接或间接方式识别服务对象的资料。

（6）禁毒社会工作者应保护服务对象书面、电子或其他敏感性资料。禁毒社会工作者应采取可行步骤确保服务的记录存放在安全的处所，并确保其他未被授权的人无法接触到这些记录。

（7）禁毒社会工作者应采取预防措施，运用电脑、电子邮件、传真机、电话以及其他电子或电脑科技传送机密资料时，要注意确保其安全性，并应尽量避免披露足以识别服务对象身份的资料。

（8）禁毒社会工作者在转送和清理服务对象记录时，应保护服务对象的隐私权，也应符合国家法令规章和禁毒社会工作者的伦理规范。

（9）禁毒社会工作者给家庭、夫妻提供咨询服务，禁毒社会工作者应与参与者达成协议，有关每个成员的保密权利及对他人所分享的机密资料的保密义务。也必须提醒参加家庭、夫妻，禁毒社会工作者没有办法保证所有的参与者均能遵守他们的保密协议。

（10）禁毒社会工作者为咨询、教学与训练等目的而讨论到服务对象时，除非服务对象同意暴露机密资料，否则不可泄露任何可供辨认的信息。

（11）即使服务对象去世，禁毒社会工作者也应以上述一致的标准来保护服务对象的隐私权。

5.文化能力与社会多元（文化意识）

（1）禁毒社会工作者必须了解文化及其对人类行为和社会的功能，并认识到存在于所有文化中的力量。

（2）禁毒社会工作者应具备对服务对象文化背景的知识基础，并在提供服务时能展现对服务对象文化的敏感度，也要分辨不同人群和文化群体间的差异。

（3）禁毒社会工作者应通过教育并致力于了解社会多元化的本质，应平等和接纳服务对象，不因民族、种族、性别、户籍、职业、宗教信仰、社会地位、教育程度、身体状况、财产状况、居住期限等因素而区别对待。

6.利益冲突

（1）禁毒社会工作者不得利用与服务对象的专业关系，谋取私人利益或其他不当利益，损害服务对象的合法权益。

（2）禁毒社会工作者应警觉并避免会影响到专业判断的利益冲突。当实际或潜在的利益冲突发生时，禁毒社会工作者应告知服务对象，并以服务对象的利益为优先或尽可能保护服务对象利益最大化的态度，来采取必要的步骤解决争端。在某些案例中，有时为了保护服务对象的利益，必须终止专业关系并做适当转介。

（3）禁毒社会工作者要清楚地了解多重关系（如与服务对象发展家庭、社交、经济、商业或其他密切的个人关系）对专业判断可能造成的不利影响及损害服务对象福祉的潜在危险（如无法保持客观、中立），尽可能避免与服务对象发生多重关系。在多重关系不可避免的情况下，禁毒社会工作者有责任设定清楚的、适当的及符合文化敏感性的界限，采取专业措施预防可能的不利影响，如签署知情同意书、告知多重关系可能的风险、寻求专业督导、做好相关记录，以确保多重关系不会影响自己的专业判断，并且不会对服务对象造成危害。

（4）当禁毒社会工作者对彼此有关系的两种或两种以上的人提供服务时（如配偶、家庭成员），必须向所有的人澄清禁毒社会工作者对不同个人的专业职责，禁毒社会工作者在面对服务对象间的利益冲突时，必须向有关人员澄清他们的角色，并采取适当行动将任何利益冲突降到最低。

（5）禁毒社会工作者与其他个人或机构共同为服务对象提供服务时，需要在服务开始时澄清他与所有相关的个人或机构之间的关系。

（6）禁毒社会工作者应清楚了解服务对象赠送礼物对专业关系的影响。禁毒社会工作者在决定是否收取服务对象的礼物时需考虑以下因素：专业关系、文化习俗、礼物的金钱价值、赠送礼物的动机以及禁毒社会工作者决定接受或拒绝礼物的动机。

7. 过度亲密关系及其他可能的骚扰

（1）禁毒社会工作者在任何情况下，不论是经双方同意或以强迫方式，不应与服务对象或其家庭成员发生任何形式的性或亲密关系，包括当面和通过电子媒介进行的性或亲密沟通与交往。

（2）禁毒社会工作者不应为过去曾与其本人有性或亲密关系的人士提供服务，对先前的伴侣提供服务有可能对其产生伤害，并使得禁毒社会工作者与个人之间难以维持适当的专业界限。

（3）禁毒社会工作者在与服务对象结束专业关系后至少3年内，不得与该服务对象或其家庭成员发生任何形式的性或亲密关系，包括当面和通过电子媒介进行的性或亲密的沟通与交往。3年后如果发展此类关系，要仔细考察该关系的性质，确保此关系不存在任何剥削、控制和利用的可能性，同时要有可查证的书面记录。

（4）如果肢体接触的结果有可能对服务对象产生心理上的伤害（如轻抱怀里或抚爱服务对象），禁毒社会工作者不应与服务对象有肢体的接触。禁毒社会工作者在与服务对象有适当的肢体接触时，有责任设定一个清楚的、适当的和具文化敏感度的界限以约束类似的肢体接触。

（5）禁毒社会工作者在与服务对象沟通或提及服务对象的文字或语言中，不应使用诽谤的语言。禁毒社会工作者在所有与服务对象沟通或提及服务对象时，应使用正确且尊重的语言。

8. 服务的中断与中止

（1）禁毒社会工作者不得随意中断戒毒康复工作。禁毒社会工作者出差、休假或临时离开工作地点外出时，要尽早向服务对象说明，并适当安排已经开始的戒毒康复工作。

（2）禁毒社会工作者在面临服务对象搬迁、疾病、身心障碍等情况而导致服务中断时，应尽合理的努力来确保服务的延续。

（3）禁毒社会工作者认为自己的专业能力不能胜任为服务对象提供专业服务，或者评估服务对象在戒毒康复工作中无法获益，或不适合与服务对象维持专业关系时，应在和督导或同行讨论后，向服务对象明确说明，并本着负责的态度将其转介给合适的专业人士或机构，同时书面记录转介情况。

（4）禁毒社会工作者应采行合理的步骤以避免对仍有需要的服务对象终止其服务。禁毒社会工作者只有在非同寻常的情况下才可仓促地撤回服务，并要审慎思考各项因素，使得负面影响减至最低。禁毒社会工作者应协助适当的安排以延续必要的服务。

（5）若受到服务对象或相关人士的威胁或伤害，或服务对象拒绝按协议进行尿检、谈话时，禁毒社会工作者可以从法律途径，邀请相关职能部门介入强制要求服务对象履行协议要求，当服务对象因为违反禁毒相关法律法规，导致服务中止或中断时，禁毒社会工作者应按程序做好服务的记录和档案的管理，并尽合理的努力来确保服务的延续。

（6）当禁毒社会工作者预备终止或中断对服务对象的服务时，应做好相关评估，及时通知服务对象，并且依照服务对象的需求和意愿寻求服务的转案、转介或延续服务。

（7）禁毒社会工作者如果要离开受雇机构或调离所在岗位，应向服务对象介绍接替的禁毒社会工作者，做好后续服务的对接工作。

9. 远程专业工作

（1）禁毒社会工作者通过网络/电话提供专业服务时，除了常规知情同意外，还需要帮助服务对象了解并同意下列信息：远程服务所在的地理位置、时差和联系信息；远程专业工作的益处、局限和潜在风险；发生技术故障的可能性及处理方案；无法联系到禁毒社会工作者时的应急程序。

（2）禁毒社会工作者应告知服务对象电子记录和远程服务过程在网络传输中保密的局限性，告知服务对象相关人员（同事、督导、个案管理者、信息技术员）有无权限接触这些记录和咨询过程。禁毒社会工作者应采取合理预防措施（如设置用户开机密码、网站密码、咨询记录文档密码等）来保证信息传递和保存过程中的安全性。

（3）禁毒社会工作者远程工作时须确认服务对象真实身份及联系信息，也需确认双方具体地理位置和紧急联系人信息，以确保在服务对象出现危机状况时可有效采取保护措施。

（4）禁毒社会工作者应明白与服务对象保持专业关系的必要性。禁毒社会工作者应与服务对象讨论并建立专业界限。当服务对象或禁毒社会工作者认为远程专业工作无效时，禁毒社会工作者应考虑采用面对面服务形式。

（5）禁毒社会工作者运用社群网站或网络沟通工具与服务对象互动时，应避免伤害服务对象之法定权益。

10. 评估与测量

（1）评估的目的在于促进服务对象的福祉，其态度及目的应当皆是正当的，不应超越服务目的和适用范围。

（2）禁毒社会工作者在接受相关培训并具备适当专业知识和技能后，实施相关评估工作。

（3）禁毒社会工作者应根据服务对象所处境况、戒毒经历、社会资源等情况，制订合适的工作目标与服务内容。

（4）禁毒社会工作者应尊重服务对象了解和获得评估结果的权利，在评估后对结果给予准确、客观、对方理解的解释，避免服务对象误解。

（5）未经服务对象授权，禁毒社会工作者不得向非专业人员或机构泄露其评估的内容与结果。

（6）禁毒社会工作者有责任维护评估材料的公正、完整和安全，不得以任何形式向非专业人员泄露或提供不应公开的内容。

11. 团体辅导模式的小组

（1）禁毒社会工作者开展小组工作，应具有适当的小组工作的专业知识、技能和经验。

（2）禁毒社会工作者应使用自己熟悉且行之有效的练习。对于自己在小组中所用的练习，应该发展出一套理论，并且有能力作出说明。应避免在小组内尝试采用自己未曾试过的设计。

（3）禁毒社会工作者应保持自身专业胜任力。通过正式的教育活动和非正式的学习经验，保持在小组实践中的能力。

（4）禁毒社会工作者应清楚地了解自己设计的小组。清楚地了解自己设计的是什么样的小组，必须能够说出小组的目标及参加者的资格。

（5）禁毒社会工作者必须发展出一套方法，可以甄选符合资格的成员，并排除不符合资格者。

（6）禁毒社会工作者应在小组开始前和小组过程中适当的时候，对小组成员说明他们可能会面对的心理及生理上的危险。

（7）禁毒社会工作者应在小组开始前、进行中及结束时，向成员说明保密的重要，需要在小组开始时协议好保密的限制，提示成员保密的伦理责任，并预告成员重视自己的隐私以及表露个人内心隐秘的限度。

（8）开展小组时，禁毒社会工作者应明确告诉小组成员有关小组的性质、目的、过程、使用的技巧、预期效果及小组原则等，以协助当事人自由决定是否参与。

（9）禁毒社会工作者应及时有效地处理不适合团体的成员。应小心留意成员中是否出现心理衰老（即认知功能、情绪、人格和行为出现不同于同龄的迟缓、退变和不适应等）的情况。若发现，可能反映出该成员不适合留在该团体，需要终止其参与。如有需要，禁毒社会工作者应提供转介服务。

（10）禁毒社会工作者要常反省自己的个人身份，反省自己的需要和行事的风格，以及这些因素对小组成员的影响。此外，他们也需要清楚了解，并帮助成员了解禁毒社会工作者在小组过程中的角色和功能。

（11）禁毒社会工作者不得利用团体成员，并借机摆布和控制自己的成员。不得和小组成员发生性关系，以及随意将成员留在小组的时间加以延长。

（12）禁毒社会工作者不应把自己的价值观强加于成员，而应该尊重成员自己的思想能力，同时促进成员彼此间的尊重。

（13）禁毒社会工作者应保护成员的个人权利，由他们自由决定选择在小组中分享的内容和参加的活动。禁毒社会工作者也要对可能侵犯成员权利及其自由决定权的压力有敏锐的辨察，及时干预。

（14）禁毒社会工作者应尊重小组成员参与或退出小组活动的权利，不得强制成员参与或继续参与他不愿参加的活动，以免造成小组成员身心的伤害。

（15）禁毒社会工作者不得实施或容忍任何形式的歧视，包括但不限于国籍、民族、种族、性别、性别认同、性取向、体型、残疾、年龄、宗教、社会经济地位或文化背景，但本书并不禁止针对特定人群或特定问题群体的小组工作实践。

（16）需要将小组活动过程录音或录像时，禁毒社会工作者应先告诉成员录制的目的及用途，征得成员的同意，并严守保密原则。

（17）不得将有关小组或其成员的可识别信息用于教学、出版或专业演讲，除非已获得许可，并已采取一切措施保护服务对象的匿名性。

（18）当服务评估表明成员可能对自己或他人有危险时，禁毒社会工作者有道德和法律义务采取适当的措施，以对社会和成员负责。

（19）尊重我们所服务的各个社区和国家的习俗、信仰、道德和价值观。在可行的情况下建设性地面对这些文化的适得其反的方面，警惕自己的文化取向可能对我们的判断产生的影响。

（20）禁毒社会工作者有责任对小组工作相关知识体系的持续发展作出贡献，无论是作为调查者、参与者还是研究结果的使用者。

4.3.2 禁毒社会工作者对同事的伦理责任

1. 尊重

（1）禁毒社会工作者应尊重其他禁毒社会工作者、其他专业人士及志愿者不同的意见及工作方法。任何建议、批评及冲突都应以负责任、建设性的态度沟通和解决。

（2）禁毒社会工作者应尊重同事的专业知识和能力，正确而公正地陈述同事的资格、观点和职责，在与服务对象或其他专业人员沟通时，应避免对同事的不当的负面评论，不当的负面评论包括对同事能力水准或是其个人特征（如民族、性别、性倾向、年龄、婚姻状况、政治信仰、宗教信仰或身心障碍等）的贬低和批评。维护服务对象对同事合理的专业信任。

（3）禁毒社会工作者应与其他社会工作者或其他专业同事合作，彼此支持、相互激励，共同增进服务对象的福祉。

2. 保密

（1）禁毒社会工作者与同事之间沟通时所谈及的内容，在未得到对方明确许可之前，该禁毒社会工作者不应向服务对象透露任何超出服务对象个人资料范围以外的内容。

（2）禁毒社会工作者对于同事在专业关系和转介流程中所分享的服务对象资料，应予以保密。禁毒社会工作者应确保这些同事了解禁毒社会工作者尊重隐私权以及有关隐私权例外情境的职责。

3. 跨界合作

（1）禁毒社会工作者应以公平和专业的方式执行职务及对待同工，无论对方隶属哪个机构，对他们均一视同仁。

（2）禁毒社会工作者应尽量与其他禁毒社会工作者及其他领域或部门的人士合作，以提高服务的成效。

（3）当禁毒社会工作者作为一个联合帮教小组的成员时，应本着禁毒社会工作者专业的角度、价值和经验，参与和促进将会影响服务对象福祉的决定。禁毒社会工作者应尽量促使及协助该联合帮教小组清楚界定小组整体及其个别成员的专业和道德责任。

（4）如果一个联合帮教小组的决定引起关于禁毒社会工作者专业伦理的问题，该禁毒社会工作者应设法透过恰当的渠道来解决分歧。如果这样仍未能解决分歧，禁毒社会工作者应寻求其他恰当和符合服务对象利益的途径来处理他们所关注的问题。

4. 咨询

（1）禁毒社会工作者为了使服务对象获得最大利益，应向同事寻求意见及指导。

（2）禁毒社会工作者应只向那些拥有与咨询主题相关的知识、专长和工作能力的同事咨询他们的意见。

（3）禁毒社会工作者为了服务对象而须咨询同事意见时，应只向该同事提供必需的资讯。

5. 转介服务

（1）禁毒社会工作者应主动与同事分享知识、经验、技能，互相促进，共同成长。有责任在必要时协助同事为服务对象提供服务，接受转介的工作。

（2）禁毒社会工作者不宜或无法提供服务对象适切服务时，或无法与服务对象有合理的进展但需要更进一步的服务时，应透过专业或跨专业分工，寻求资源整合或将服务对象转介给其他专业人员。

（3）禁毒社会工作者要将服务对象转介给其他专业人员时，应采取恰当的步骤和措施，以保护服务对象权益；转介时应充分告知服务对象未来转介服务方向，在获得服务对象同意下，要将个案服务资料恰当提供给新的服务提供者。

6. 与同事间的过度亲密关系

（1）禁毒社会工作者担任督导或者培训者时，不应与受督导者、学生、受训者或在其专业权威之下的其他同事，进行任何涉及性的活动或性接触。

（2）当有利益冲突（参照10.同事之间的冲突）的可能时，禁毒社会工作者应该避免与同事发生性关系，禁毒社会工作者已经或是即将与同事涉及性关系，必要时应进行职责转化以避免利益冲突。

7. 协助同事发展

（1）禁毒社会工作者有责任协助新加入禁毒社会工作专业的同事建立、增强与发展其操守、价值观以及专业上的技能与知识。

（2）当禁毒社会工作者直接知道其同事的能力不足时，如果可能的话，应与同事咨询讨论，并帮助其采取补救的行动。

（3）当禁毒社会工作者相信同事是能力不足的（如服务对象从中无法获益），在提醒和帮助后而这位同事并未采取充分的步骤去面对和处理时，禁毒社会工作者应通过督导、机构等途径来采取恰当的行动。

（4）当禁毒社会工作者直接知道自己的同事因为个人问题、心理社会压力、物质滥用或心理健康的困难而损及他们的表现及影响他们的实务工作效果时，如果可能的话，应与同事咨询讨论，并帮助其采取补救的行动。

（5）当禁毒社会工作者相信同事的个人问题将影响其实务工作的效果，而这位同事并未采取充分的步骤去面对和处理时，禁毒社会工作者应通过督导、机构等适当途径来采取行动。

8. 同事有不合乎伦理行为

（1）禁毒社会工作者应相互督促、支持、提醒，采取恰当的规范预防同事违反专业要求的言行发生。

（2）当禁毒社会工作者相信同事的行为不符合伦理时，如果可行或讨论是有用的，应与其讨论大家（即其他同事与机构）的关切并寻求解决。

（3）在禁毒社会工作者相信同事的行为不伦的情况下，必要时，应通过一些适当的正式渠道来采取行动。

9. 维护同事权益

禁毒社会工作者应对同事受到与事实不符的投诉予以澄清，并在有需要时维护那些受到不公正指控的社会工作者。

10. 同事之间的冲突

（1）禁毒社会工作者不应利用同事与机构管理人员之间的争议，以谋取职位或其他个人利益。

（2）禁毒社会工作者与同事发生争执时，不应使服务对象受到剥削，也不应不恰当地与服务对象讨论社会工作者与同事间的冲突。

（3）禁毒社会工作者应尊重服务对象的选择权，并不应在不尊重其他机构和社会工作者的情况下夺取其他社会工作者的服务对象。

4.3.3 禁毒社会工作者对机构的伦理责任

1. 督导与培训

（1）负责督导或提供专业咨询的禁毒社会工作者，应透过适当的进修、培训、咨询和研究，以获得和继续具备所需的知识、技能和方法，使自己能够胜任专业督导和培训方面的工作。社会工作者应只在其知识领域或工作能力范围内提供训练或发出指示。

（2）禁毒社会工作者在提供督导或咨询时，有责任设定一个清楚的、适当的和具文化敏感度的关系界限。

（3）禁毒社会工作者应该认同督导在教育、支援、发展和工作上所扮演的角色，而不应滥用与下属的专业关系，借以谋取任何利益。

（4）禁毒社会工作者在担任督导时，对于受督导者的表现应予以公正与尊重的评估。

2. 继续教育和员工发展

禁毒社会工作机构的行政人员和督导有责任为他们负责的所有员工提供或安排继续教育与员工发展。继续教育与员工发展应讲授有关禁毒社会工作实务和伦理的新知识与未来发展。

3. 绩效评估

禁毒社会工作者应以公正而周全的态度对其他人的表现加以评估，并依据清楚且明确的评估标准进行。

4. 档案记录与管理

（1）禁毒社会工作者应依据相关的法律法规，适时、正确及客观地记录并妥善保存服务对象档案资料，以确保服务对象的权益及隐私。

（2）禁毒社会工作者有责任确保记录的正确性、充分性且时效性，能反映出所提供的服务，以利于未来提供服务和确保服务的延续性。

（3）禁毒社会工作者在服务结束时应保存记录以供未来需要时使用，并依法律和相关制度要求保留记录若干年。

5. 转案

（1）当服务对象正在接受其他机构或同事的服务而来寻求禁毒社会工作者的服务时，禁毒社会工作者在同意提供服务之前应谨慎考虑服务对象的需求。为了降低可能的混淆与冲突，禁毒社会工作者应与未来可能的服务对象讨论他们与其他服务提供者关系的本质，以及与新的服务提供者建立关系后的含义，其中包括可能的利益与风险。例如，服务对象离开强戒所，正在接受社区禁毒社会工作者提供的服务，但服务对象遇到事情更习惯打电话给所内的禁毒社工，因此在转案过程中需要妥善处理服务的对接，转接过程涉及相关情况需咨询服务对象的意见，使其顺利转接到所外。同时所外禁毒社会工作者如提前介入所内服务，需要说明社区戒毒和社区康复的相关规定，所外禁毒社会工作者可以提供的服务内容等。

（2）当新的服务对象曾接受其他机构或同事的服务，如户籍变更、转变社区康复执行地，禁毒社会工作者在考虑服务对象的最佳利益下，应与服务对象讨论是否向他们先前的服务提供者提出咨询、了解服务信息。

6. 行政

（1）提供禁毒服务的机构应在机构内外倡导为满足服务对象需求提供充分的资源。

（2）禁毒社会工作者应倡导资源分配程序是公开且公平的，当不是所有服务对象的需求都能被满足时，应建立一个没有歧视、适当且原则一致的分配程序。

（3）提供禁毒服务的机构和行政人员、禁毒社会工作者有责任确保机构或组织有足够资源为禁毒社会工作者提供适当的督导。

（4）提供禁毒服务的机构和行政人员有责任确保他们所负责的工作环境是符合且遵守社会工作专业伦理守则。也有责任消除他们组织内违背、抵触或不鼓励遵守伦理守则的情形。

7. 对雇主的承诺

（1）禁毒社会工作者应向其雇用机构负责，应认同机构使命和发展目标，遵守机构规章制度，按照机构赋予的职责开展专业服务，提供具效率及效能的专业服务。

（2）禁毒社会工作者应作出建设性及负责任的行动，以影响并改善雇用机构的政策、程序及工作方式，推动机构遵循禁毒社会工作使命和价值观，促进机构成长、增强服务能力、提高服务质量。

（3）禁毒社会工作者应积极维护机构的形象和声誉，在发表公开言论或进行公开活动时，应表明自己代表的是个人还是机构。

（4）禁毒社会工作者应尽心地管理机构有关禁毒服务的资源，明智且有效地使用，决不滥用或不依指定用途使用相关资源，包括申请的禁毒基金等。

4.3.4 禁毒社会工作者对专业的伦理责任

1. 自我提升

禁毒社会工作者在接受任务或就任相关职位时，应立足现有的能力，或具有取得必备能力的意愿。

禁毒社会工作者应当自律地学习，批判性地检视与取得最新的禁毒社会工作有关知识；禁毒社会工作者有责任参与继续学习和继续教育，不断增进本身的专业知识和技能。

2. 个人行为与问题

禁毒社会工作者不应让个人的行为干扰到执行专业职责的能力。

禁毒社会工作者不应参与、宽容或涉及有关不诚实、欺诈或诱骗等行为。

禁毒社会工作者不应该让自身的个人问题、心理社会压力、法律问题、身心健康等影响专业判断与表现；出现上述问题时，应立即寻求帮助，并采取适当的补救行动，包括寻求专业协助、调整工作量、结束实务工作或采取其他必要措施，以保护服务对象、相关人员及服务质量。

3. 专业形象

禁毒社会工作者应诚实、守信、尽责，积极维护并提升社会工作专业形象及服务品质。

禁毒社会工作者应在自身专业能力和服务范围内提供服务。

禁毒社会工作者应对个人资料、专业资质、教育资质、服务内容、服务方法或可达成的效果等资料诚实报告，不做虚假或不明确的陈述。

禁毒社会工作者的言语和行为，应区分是代表个人、某个组织、受雇单位或是社会工作专业。

禁毒社会工作者应注意自我言行对服务对象、服务机构、社会大众所产生的影响。

4. 专业的发展

禁毒社会工作者应重视社会工作价值，落实伦理守则，充实社会工作知识与技术，并致力于维持高标准的实务工作。

禁毒社会工作者应支持和促进专业的价值、伦理、知识与使命。透过适当的调查和研究、积极的讨论，及对专业负责任的批判来保护、提高与增进专业的发展。

禁毒社会工作者担任教育、督导时，应尽力提供专业指导，公平、客观评量事件；提出评论时，应持着负责任和有建设性的态度；接受教育、督导时应理性、自省地接受批评与建议。

禁毒社会工作者应贡献时间和专长，以促进对社会工作的价值、知识和实务能力的发展。这些行为包括教学、研究、咨询、服务、演讲、参与政策制定，以及参与专业组织。

禁毒社会工作者应谨遵法律法规，忠实有效呈现工作成果，协助禁毒社会工作教育与人才发展，争取禁毒社会工作者公平合理的工作环境。

5. 评估与研究

禁毒社会工作者应监督和评估政策、方案的执行和实务工作的介入。

禁毒社会工作者应批判地检视与取得最新的社会工作有关知识，并且在专业的实务中充分地使用评估与研究所得到的证据。

禁毒社会工作者应促进与催化对专业发展有益的研究项目，在参与当中遵守研究伦理。

禁毒社会工作者在从事评估或研究时应审慎地考虑可能产生的后果，而且应该遵循已有的保护评估和研究参与者的指引。

禁毒社会工作者在从事服务工作的评估时，其讨论应仅限于专业的目的，而且只与从专业的角度关心此咨询的人讨论。

禁毒社会工作者在从事评估或研究时，应确保参与者和从他们身上所获得的资料的匿名性及保密性。社会工作者应告知参与者保密性的任何限制、为保障保密性所采取的行动、记载研究资料的记录何时将被销毁。

禁毒社会工作者在报告中评估和研究结果时，除非获得适当的同意授权揭露，否则应除去足以辨识身份的信息以保障参与者的隐私权。

禁毒社会工作者应准确地报告评估和研究的发现，不应该伪造或曲解结果，在经标准发行程序出版的资料中若发现错误，应采取行动校正之。

禁毒社会工作者在从事评估或研究时，应留意并避免和参与者有利益冲突的双重关系。当有真实的或潜在的利益冲突发生时，应知会参与者并采取以参与者利益为优先的态度解决问题。

禁毒社会工作者应该教育自己、学生和同事有关研究实务的责任。

4.3.5 禁毒社会工作者对社会的伦理责任

1. 社会福利

禁毒社会工作者应促进社会福利的发展，增进人们及其社区与环境的发展，倡导人们基本需求的满足，并促进社会、经济、政治和文化价值与制度能符合社会正义。

2. 公平正义

禁毒社会工作者参与社会和政治行动，确保戒毒人员都能公平地得到其所需要的资源、就业机会、服务和机会，以使个人基本需求获得充分的满足与发展。禁毒社会工作者必须知晓政府部门对实务工作的影响，应倡导政策与立法的改变，以改善满足戒毒人员基本需求的社会条件，并促进社会的正义。

禁毒社会工作者应采取行动以扩大戒毒人群的选择和机会，并对于弱势人群、处于劣势者、受压迫者、受剥削的个人和团体给予特别的关注。

禁毒社会工作者认同需要致力于防止及消除歧视，令社会资源分配更为合理，使戒毒人员有均等机会获取所需的资源和服务。

禁毒社会工作者应促使政府部门、社会组织、企业及社会大众履行社会公益，并落实戒毒人员合法权益保障。

3. 社会多元性

禁毒社会工作者应采取行动以防止和消除那些源自民族、种族、国籍、肤色、性别、性倾向、年龄、婚姻状况、政治信仰、宗教或身心障碍所造成的支配、剥削和歧视。

禁毒社会工作者应促进人们对多元文化与社会的尊重。禁毒社会工作者应促使政策与实务工作均展示对差异的尊重、支持文化知识与资源的扩展、倡导展示文化资产的项目与制度、促进保护所有人群权益并确认其社会正义与公平的政策实施。

4. 公共事件参与

在社会政策与制度的发展过程中，禁毒社会工作者应促进戒毒人员了解如何参与公共事务。

禁毒社会工作者应尽最大可能地为公共紧急事件提供适当的专业服务。

第 5 章

禁毒社会工作者的伦理工作指南

本章讨论伦理决策这一复杂而重要的课题。①梳理社会工作和心理咨询两个专业中关于伦理操作的模型，这些模型对于禁毒社会工作伦理决策有很大的参考价值。②结合社会工作实务通用流程，形成本书提出的禁毒社会工作伦理决策模式。③说明禁毒社会工作者需要保持对伦理觉察和敏感性的重要性。④对本书提出的伦理决策六步法的每一个步骤进行说明。⑤将伦理筛查方法和伦理原则筛查方法作为参考的材料。

在开始本章之前，需思考：谁是我的服务对象？我对服务对象负有什么样的责任义务呢？除了服务对象外，我还要对其他什么人有专业上的责任义务呢？我的专业价值观是什么？我的专业价值观和社会的价值观冲突、不一致时，思考伦理的优先顺序是什么呢？我面对不同的人、社群甚至是社会与我的专业伦理出现冲突时，如何符合伦理来开展工作呢？

5.1 禁毒社会工作伦理决策模型

5.1.1 禁毒社会工作伦理决策的基础

社会工作伦理是为社会工作从业人员在实践过程中提供可遵循的伦理决定规范。伦理不仅是实践过程的指导性原则，也是帮助社会工作者或者是从事社会工作专业人员在工作过程中做出有意识的、符合道德调控的、更有成效的、符合伦理的决定。国内外不同的学者对社会工作伦理的解释和研究提供了基础性贡献，第3章对比了不同国家和地区的社会工作者伦理守则，并将社会工作伦理守则与心理学工作伦理守则进行对比，第4章在此基础上结合实务工作整理出了《禁毒社会工作者伦理（草案）》，该草案为禁毒社会工作者提供伦理决策参考。草案强调伦理的规范与道德的调控，可作为社会工作伦理来源，以及社会工作的自身价值基础与知识体系基础。

伦理被称为"行动着的价值观"，禁毒社会工作伦理源于社会工作价值观，专业价值观深刻影响着伦理决定过程，社会工作专业价值观有利他主义、社会公正、个人的尊严与价值、人际关系的重要性、诚信、能力。禁毒社会工作者在工作中需要做出不同的伦理决定，首先要注意区分不同价值观体系的影响：社会主流价值观、社会工作专业的价值观、服务对象的价值观以及禁毒社会工作者的个人价值观等。价值中立是比较难实现的，禁毒社会工作者不仅受到普世价值观的约束，也会受到个人价值观的影响，因此，能够澄清并区分出不同的价值观体系和影响至关重要。

禁毒社会工作伦理决策不是结果而是过程，决策过程伴随整个服务过程逐渐推进，在这个过程中可能会有很多人参与到伦理决策中来，不断加入新的思考，避免了可能带有片面性的个人决定造成的不良后果。在实际工作中的伦理决策，可能不像伦理守则中描述的那么简单，无法形成"思维导图"式的线程问题解决模式。在通用决策模式中，虽然提供了一种思考方式，但也需要禁毒社会工作者能够充分理解伦理决策的本质是以专业价值观为基础，综合考虑了不同价值观体系的。通用模式的前提是专业人员能够客观理性地计划干预人们所处的情景需要做什么，采取有目的的行动，把非理性的、冲动的、没有预计到的后果降到最低。通过深思熟虑得出结论，并把伦理原则运用到自己的专业活动中。

5.1.2　社会工作与心理咨询伦理决策模式的比较

多戈夫（隋玉杰译，2018）的《社会工作伦理实务工作指南》（第七版）提出了伦理决策的思路以及流程。具体以"收集资料 → 分析评估 → 形成诊断 → 提出目标 → 形成备选方案 → 确定最优方案 → 实施方案 → 评价效果"作为决策的思路（图 5-1）。

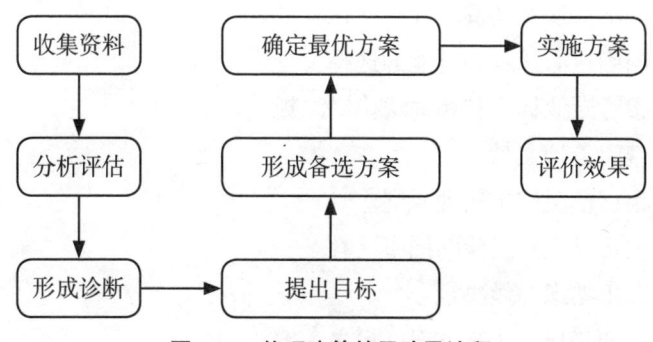

图 5-1 伦理决策的思路及流程

决策过程往往伴随着许多不可预知的风险，常常要在仅掌握服务对象有限的信息和时间紧迫的压力下作出决策，难度和风险可想而知。而伦理决策的这一重要过程，是禁毒社会工作者能否获得服务对象理解及信任的关键。决策方案永远无法做到尽善尽美，总会有利弊的权衡。理想的情况下，在利弊权衡中最好能选择利大于弊的方案加以实施。《社会工作伦理实务工作指南》（第七版）的具体操作流程如下：

（1）识别问题和问题未得到解决的原因。

（2）识别涉及这一问题的所有人和机构。

（3）决定谁应该参与做决定。

（4）识别第二步中的人与当前问题有关的价值观（包括当事人和工作者的价值观）。

（5）确定你认为一旦实现就可以解决（或减轻）问题的目的和目标。

（6）识别可供选择的干预策略和干预对象。

（7）就认定的目标评估每个选择的效果。

（8）挑选最适合的策略。

（9）落实挑选出的策略。

（10）检查落实情况，特别注意没有预料到的后果。

（11）评估结果并识别额外的问题。

参考心理咨询中的伦理议题，维尔福在 2010 年的《心理咨询与治疗伦理》中依据批判评估伦理判断提出了十个步骤的伦理决策模型：

（1）发展伦理敏感性。
（2）澄清事实及案例的社会文化背景。
（3）明确核心问题和可能的选择。
（4）参考专业标准和相关法律、法规。
（5）查阅伦理文献。
（6）根据情况应用伦理原则。
（7）向督导或有经验的同事请教。
（8）深思熟虑并做决定。
（9）告知督导、执行方案、记录方案。
（10）对整个过程进行反思。

5.2 禁毒社会工作伦理通用决策模式

上述的两种伦理决策模型应用于实际工作当中是复杂的，对于理论知识不足的禁毒社会工作者来说比较陌生，编者通过对比两种伦理决策模式以及结合实际的伦理决策经验，发现与社会工作实务通用流程有过程上的相似，因此结合社会工作通用流程尝试将禁毒社会工作伦理通用决策模式整合为六步，既保留原有伦理决策精髓又便于社会工作者实务操作。

5.2.1 伦理敏感性

在开始讲解这六个步骤之前，各位读者需要思考一下自己的伦理敏感性，在面临具体伦理情境时，你是否能从中找到涉及的伦理议题？你是否遇到伦理困境？或者你是否意识到日常工作遇到的困难其实是伦理决策的困难？我国的禁毒社会工作服务极具本土的发展特点，与国家权力机关（公安、司法部门）有着密切的关联。禁毒社会工作者面对的服务对象是特殊群体，多为强制性地接受服务（社区戒毒、社区康复），在一定程度上承担了权力部门下移的工作责任（控制、监管）。禁毒社会工作者需要面对的问题非常复杂，包括以服务对象的利益优先，还是以机构、项目购买方、项目合作方的利益优先等，禁毒社会工作者比起其他领域的社会工作者面临更多的伦理困境。在专业学习的过程中，无论是学历教育还是短期技能培训，通常关注的是社会工作理论、社会学、社会政策、研究方法、实务知识等，但很少会鼓励学生关注伦理议题。在进入工作岗位后，禁毒社会工作者更加关注的是所采取的手段和技术等干预方式是否能起作用，而对于干预过程中的伦理议题很少被提及。在一些研究当中，弗劳尔（Flower）、弗莱克亨德森（Fleck-Henderson）和桑伯格（Somberg）等指出，社会工作专业和心理学专业的学生和从业者缺乏道德敏感性。

很多禁毒社会工作者认为只要自己洁身自好，就不会出现伦理问题。很多禁毒社会工作者认为伦理问题一旦发生了，就很容易被发现。然而并非如此，伦理问题可能会发生在任何人身上，并且因为伦理是一个思考的过程，是很复杂的，有时甚至会被忽视掉，如果没有一个警觉的状态，即使意图良好的禁毒社会工作者也可能会造成伦理问题。对于提升伦理敏感性，禁毒社会工作者可以在工作表格中加入一项伦理思考的栏目，不一定每一次记录都会有这一栏的内容，但可以时刻提醒禁毒社会工作者是否忽略了伦理问题。

5.2.2 伦理决策六步法

禁毒社会工作通用伦理决策模式是实务工作中一种适用于识别伦理问题、作出伦理决策、解决伦理问题的具有普遍性的工作过程和方法。禁毒社会工作者伦理决策模式提供的是一种实务工作的思维框架，决策过程主要基于对专业价值观的认同，判断伦理事件对象，进而形成不同的处理方案，最终做出最佳选择的过程。在禁毒社会工作中，伦理决策贯穿实务工作的始终，禁毒社会工作价值观是内核，指导禁毒社会工作者形成正确的决策思路并作出符合价值的行动是目标。

图 5-2 描述的模型是将禁毒社会工作伦理决策融入禁毒社会工作者熟悉的社会工作通用流程。禁毒社会工作者仅需要理解并熟悉在通用流程中每一步需要考虑哪些伦理决策问题，一旦熟练掌握，那么伦理决策并不会花费大量的精力和时间，而且可以让每一个行动都符合伦理的要求。大多数时候，禁毒社会工作者可能并没有充足的时间反复思考伦理问题，他们必须立刻作出反应，否则有可能会伤害到与戒毒康复人员的关系，例如戒

毒康复人员在禁毒社会工作者不知情的时候，已经带着一箱水果作为礼物来到了工作站，禁毒社会工作者需要以恰当的方式回应对方。在这种情境下，禁毒社会工作者如何应用这个决策模型呢？这需要禁毒社会工作者具备充分的与制定决策有关的知识，而不仅仅依靠直觉。第一种方式是通过伦理守则的持续学习，有些禁毒社会工作者会在手机中存下伦理守则以备查看，或是打印出一册放在方便拿取查看的地方。第二种方式是查阅与戒毒康复领域相关的伦理文献，从过往中学习经验可以帮助禁毒社会工作者更迅速地作出伦理决策。第三种方式是通过使用系统的过程或决策模型对某个个案或伦理实践进行演练，这也可以帮助禁毒社会工作者进行决策。所以每一位禁毒社会工作者首先需要增强伦理敏感性，提升伦理意识，然后熟悉伦理决策工具，在日常工作中对伦理困境的决策有明确的思考，积累伦理决策的经验，才能在实际工作中游刃有余地进行科学的伦理决策，实践伦理行为。

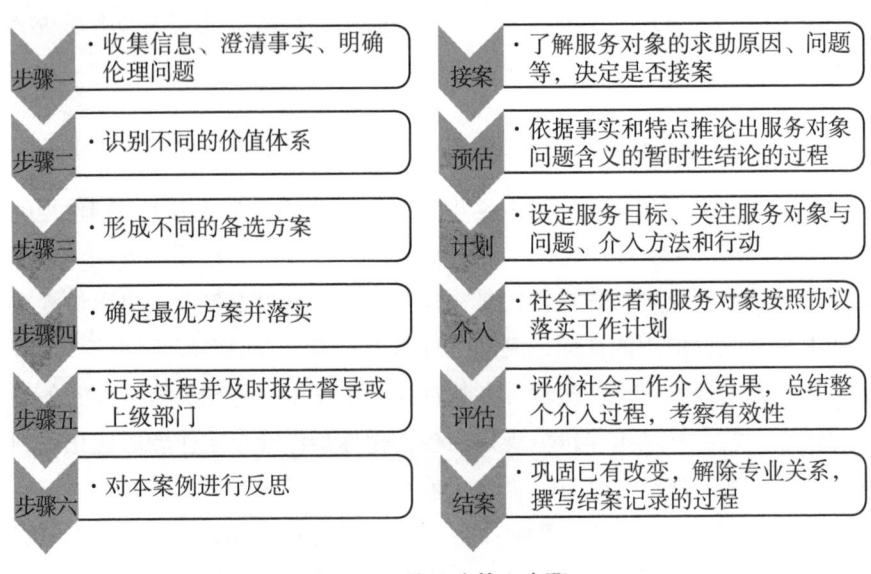

步骤	内容	阶段	内容
步骤一	收集信息、澄清事实、明确伦理问题	接案	了解服务对象的求助原因、问题等，决定是否接案
步骤二	识别不同的价值体系	预估	依据事实和特点推论出服务对象问题含义的暂时性结论的过程
步骤三	形成不同的备选方案	计划	设定服务目标、关注服务对象与问题、介入方法和行动
步骤四	确定最优方案并落实	介入	社会工作者和服务对象按照协议落实工作计划
步骤五	记录过程并及时报告督导或上级部门	评估	评价社会工作介入结果，总结整个介入过程，考察有效性
步骤六	对本案例进行反思	结案	巩固已有改变，解除专业关系，撰写结案记录的过程

图 5-2　伦理决策六步骤

在伦理决策过程中，尤其是需要快速作出反应时，禁毒社会工作者面临的时间压力会陡然增加，而有所准备的禁毒社会工作者面临压力情境时，更有可能作出负责任的决定。对于禁毒社会工作者来说，伦理困境是一个非常有压力的情境,既是智力上的挑战,又是情感上的冲突,作出错误决策的危害很明显,禁毒社会工作者容易对他们所承担的责任感到焦点。对伦理标准的理解、相关文献的熟知、处理伦理问题的演练和经验,充分的前期准备都有助于禁毒社会工作者将压力保持在可控范围之内,保持头脑清醒,作出决策。

步骤一:收集信息、澄清事实,明确伦理问题

禁毒社会工作者一旦发觉伦理问题的存在,就需要收集关于这个伦理问题的更多信息,包括问题发生的情境、文化与社会背景、专业关系评估、伦理核心人物的相关情况等,目的在于为后续识别不同的价值观体系和制定解决策略奠定基础。

禁毒社会工作所涉及的工作对象、机构和问题繁杂,不仅是戒毒康复人员及其家属,也需要对社会大众进行禁毒宣传教育,与其他专业机构和人员合作共同提供戒毒康复服务,因此禁毒社会工作通用决策的第一步是确定伦理问题的核心参与对象和主要影响对象,可能是服务对象、服务机构、社会大众、其他专业人员等。为方便禁毒社会工作者在实际工作中能更准确全面地检索,明确所面对的伦理问题,编者将第 4 章中的《禁毒社会工作者伦理守则(草案)》做成一张思维导图(图 5-3),供大家参考。

当伦理问题的信息和对象已经足够清楚,禁毒社会工作者应尝试明确核心的问题及其类型,在多戈夫的伦理原则筛查方法中写明了七种有先后顺序的原则(详见 5.2.3),发生伦理问题往往和这些原则之间的冲突有关,在禁毒社会工作者的实务工作中,逐渐总结出了不同的问题类型,主要包括保密及隐私权、服务对象自决与禁毒社会工作者决策、对不同对象的忠诚度、多重关系与专业边界、专业价值与法律冲突、资源分配、潜在利益关系、专业胜任力等。

步骤二:识别不同的价值观体系

禁毒社会工作者的伦理决策过程是基于对社会工作专业价值观的认同,在面对伦理问题时,禁毒社会工作者要区分不同的价值观体系:禁毒社会工作者个人的价值观、普世的价值观和社会工作专业的价值观(图 5-4)。经过长时间的专业"浸泡",禁毒社会工作者个人的价值观会逐渐受到社会工作专业价值观的影响,而趋于一致;社会工作专业价

120 禁毒社会工作者伦理与案例解析手册

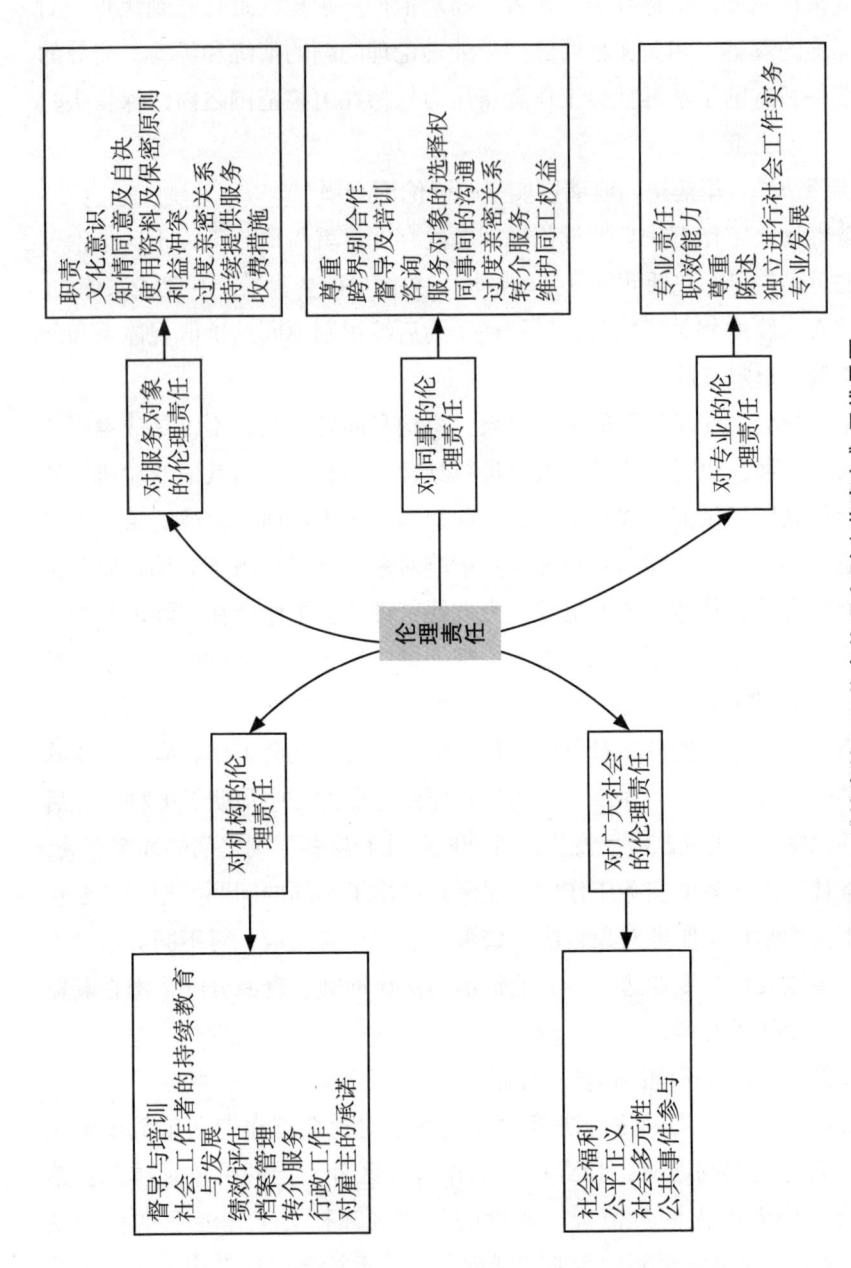

对服务对象的伦理责任
- 职责
- 文化意识
- 知情同意及自决
- 使用同意资料及保密原则
- 利益冲突
- 过度亲密关系
- 持续亲密提供服务
- 收费措施

对同事的伦理责任
- 尊重
- 跨界别合作
- 督导咨询及培训
- 服务对象的选择权
- 同事间的沟通
- 过度亲密关系
- 转介服务
- 维护同工权益

对专业的伦理责任
- 专业责任
- 职效能力
- 尊重
- 陈述
- 独立进行社会工作实务
- 专业发展

伦理责任（中心）

对机构的伦理责任
- 督导与培训
- 社会工作者的持续教育与发展
- 绩效评估
- 档案管理
- 转介服务
- 行政工作
- 对雇主的承诺

对广大社会的伦理责任
- 社会福利
- 公平正义
- 社会多元性
- 公共事件参与

图 5-3 《禁毒社工工作者伦理守则（草案）》思维导图

值观脱胎于普世的价值观,却比普世价值观更细致,将专业助人工作的界限划定得更加清晰。

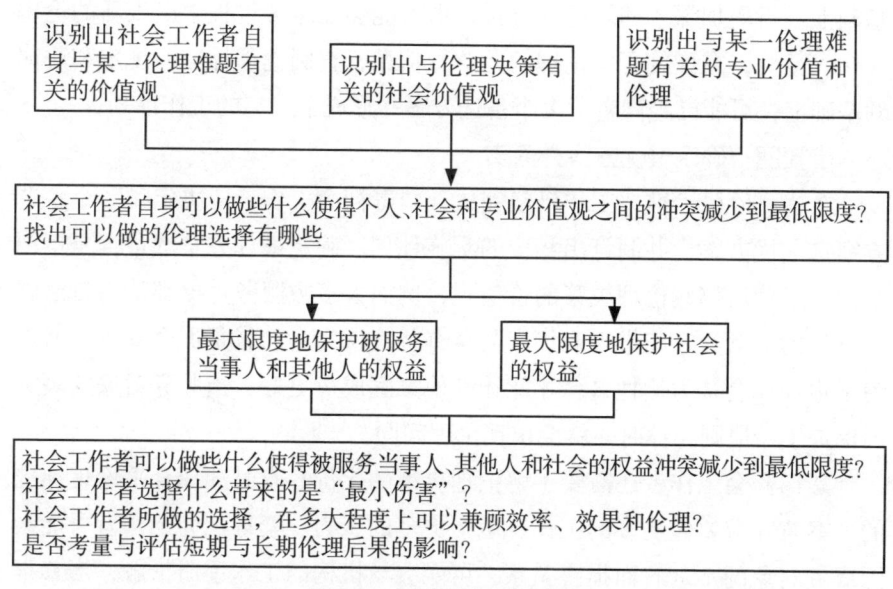

```
┌─────────────────┐  ┌─────────────────┐  ┌─────────────────┐
│识别出社会工作者自│  │识别出与伦理决策有│  │识别出与某一伦理难│
│身与某一伦理难题有│  │关的社会价值观    │  │题有关的专业价值和│
│关的价值观        │  │                  │  │伦理              │
└────────┬────────┘  └────────┬────────┘  └────────┬────────┘
         └────────────────────┼────────────────────┘
                              ▼
┌─────────────────────────────────────────────────────────────┐
│社会工作者自身可以做些什么使得个人、社会和专业价值观之间的冲突减少到最低限度?│
│找出可以做的伦理选择有哪些                                    │
└─────────────────────────────┬───────────────────────────────┘
                              ▼
              ┌─────────────────┐  ┌─────────────────┐
              │最大限度地保护被服务│  │最大限度地保护社会│
              │当事人和其他人的权益│  │的权益            │
              └─────────────────┘  └─────────────────┘

社会工作者可以做些什么使得被服务当事人、其他人和社会的权益冲突减少到最低限度?
社会工作者选择什么带来的是"最小伤害"?
社会工作者所做的选择,在多大程度上可以兼顾效率、效果和伦理?
是否考量与评估短期与长期伦理后果的影响?
```

图 5-4 价值观识别流程图

步骤三:形成不同的备选方案

在前两步结束之后,下一步就是要参阅已有的伦理守则,如果能够在现有的伦理守则当中找到相关的规定,按照准则办事即可;如果现有的伦理守则中没有相关的规定,则可以按照伦理准/原则筛查方法思考备选方案。《伦理准则筛查方法》和《伦理原则筛查方法》可参考下文(5.2.3)中的具体说明。

除此之外,禁毒社会工作者也应当参考政府部门发布的官方文件或当地的行业协会,也可以查阅相关的文献和案例报告,以发现禁毒社会工作者原先没有注意到的部分。禁毒社会工作者往往受雇于某个机构或者政府部门,因此还需要参考有关的机构工作守则或者部门规章制度。不可忽视的大前提是,禁毒社会工作者要在法律规定下工作,因此在制订备选方案时也应当考虑法律法规的限制。

接下来,禁毒社会工作者可以采取头脑风暴的方式写下出现在头脑中的所有想法,在不评判的状态下尽可能列出所有的选择,禁毒社会工作者可以在这个过程中挑战自己的假设和偏好来确保选择的开放性，稍后再对这些选择进行评估。头脑风暴的过程非常重要，因为它可以在直觉判断的基础上进行更加深入的思考和分析，也可能会在思考过程中出现新的伦理问题。至此，在详细了解伦理问题背景信息，查阅伦理标准、规定和法律的基础上，可能已经产生了多个备选方案并形成了一定的工作计划。

步骤四：确定最优方案并落实

在这一阶段，准备工作已经完成，禁毒社会工作者应决定哪一个备选方案是最优方案，并制订出相应的实施计划。确定最优方案的过程是审视不同方案背后那些伦理决策的价值观，例如大多数服务对象都认为自己因为毒品的问题给家庭带来麻烦，甚至有些人认为自己就是那个麻烦，所以为了弥补，会认为牺牲自己才能让其他家庭成员更好，当服务对象的决策与保护生命原则相悖时，就会出现伦理问题。

禁毒社会工作者还需要了解伦理决策的代价，有时选择合乎伦理标准的方案意味着要做更多的工作，承担更多的压力。禁毒社会工作者可能会因服务对象的不理解而损害关系，可能会与机构的工作手册抵触，当禁毒社会工作者坦诚地面对这些可能的代价时，就会发现减少或消除这些代价的方法，或者可以保护自己免受不必要的伤害。并非所有的选择都是艰难的，当禁毒社会工作者做好了所有的准备时就会产生应对伦理问题的信心，这有利于方案的落实。

执行落实最优方案可能不比确定方案简单，在落实的过程中，禁毒社会工作者可能会遇到很大的阻力，这时要尽可能发动所有支持来执行方案，如求助同辈、督导，或者重读伦理守则和方案以坚定信心。

落实方案时，禁毒社会工作者要通知相关方，首先应当是本次伦理问题的核心对象，往往会是服务对象，这是出于尊重服务对象知情同意的考虑；其次可能要通知的是受到本次伦理问题影响的对象，如服务对象有伤害他人的倾向时，禁毒社会工作者要打破保密原则，及时告知潜在的受害者，或者公安机关；最后，要告知所在的单位或者部门。

步骤五：记录过程并及时报告督导或上级部门

禁毒社会工作者在执行最优方案的过程中要做好记录，包括方案、个案笔记、过程记录和支撑文件以及与本次伦理问题相关的其他材料。对采取决策和过程的记录是禁毒社会工作者应对未来质疑的保障,记录应当从步骤一就开始,包括禁毒社会工作者自身对本次问题、对象和不同方案的思考过程。

报告督导或上级部门不仅是对机构负责,他们也有权利知道禁毒社会工作者的伦理决策、方案和理由,而且他们也是禁毒社会工作者在执行方案过程中的潜在支持资源,及时报告能够让他们了解工作进度并给予支持。

步骤六:对本案例进行反思

反思是对本次伦理事件的沉淀,在经历伦理事件的同时伴有反思才能给人提供真正的领悟。禁毒社会工作者通过反思的过程,回顾事件中的想法和行动,寻找其中的纰漏进行复盘,这样在下次伦理问题出现时就可以避免这些纰漏。反思的过程会给禁毒社会工作者一个机会来领悟他们行为背后所包含的责任,也能够增强伦理敏感性,在下一次伦理问题出现时更有效地进行界定。反思的过程往往在方案执行一部分或执行结束并知道结果之后,因此这一步骤会有延后性,需要禁毒社会工作者注意,以便从中获得更多的收获。根据以往的经验和书籍,编者提供了一些线索问题以供参考:我是否在伦理问题一出现的时候就关注到了?我是否具备了充分的伦理知识以应对伦理问题?我执行的方案是否有效?还有哪些可以改进、完善之处?这次伦理事件中有什么是值得我自豪的?这次伦理事件对我作为一名禁毒社会工作者有什么影响?对我的个人价值观,以及专业价值观有什么影响?我如何利用这次经验去帮助其他面临类似问题的社会工作者?

5.2.3 伦理准则筛查方法与伦理原则筛查方法

这两种方法来源于多戈夫的《社会工作伦理实务工作指南》(第七版),伦理准则筛查方法指的是如果伦理情境符合现有的社会工作伦理守则,应当按照守则执行,如果伦理守则不能提供满意的指导,可采用伦理原则的筛查方法。为了解决伦理问题,两种方法可以辅助禁毒社会工作者思考伦理决定,但不应盲目使用,国内的社会工作领域还未形成较完善的伦理守则,但在实务工作中却已遇到了各式各样的伦理议题,因此可能大部分时候需要借助伦理原则筛查方法来进行思考(图5-5)。

伦理原则筛查方法是一种退而求其次的方法,是在没有具体伦理守则情况下的方向性指导，但是并不意味着禁毒社会工作者放弃翻看现有的伦理手册，或机械性地听从建议，反而对禁毒社会工作者的伦理思考能力提出了更高的要求。

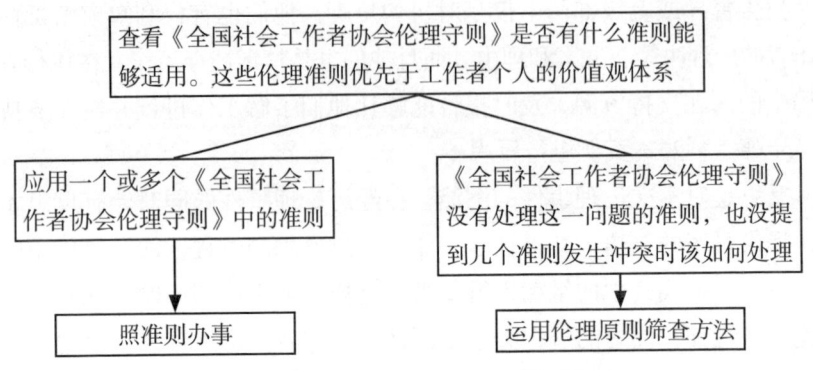

```
                 ┌─────────────────────────────────────────────┐
                 │ 查看《全国社会工作者协会伦理守则》是否有什么准则能 │
                 │ 够适用。这些伦理准则优先于工作者个人的价值观体系 │
                 └─────────────────────────────────────────────┘
                      ↓                              ↓
         ┌──────────────────────┐      ┌──────────────────────┐
         │ 应用一个或多个《全国社会工 │      │《全国社会工作者协会伦理守则》│
         │ 作者协会伦理守则》中的准则 │      │ 没有处理这一问题的准则，也没提 │
         │                      │      │ 到几个准则发生冲突时该如何处理 │
         └──────────────────────┘      └──────────────────────┘
                      ↓                              ↓
              ┌──────────────┐              ┌──────────────────┐
              │  照准则办事   │              │ 运用伦理原则筛查方法 │
              └──────────────┘              └──────────────────┘
```

图 5-5　禁毒社会工作伦理原则筛查方法

伦理准则筛查方法较为简单，如果能够在现有的伦理守则当中找到相关的规定，按照准则办事即可；如果在现有的伦理守则当中没有相关的规定，则按照"伦理原则筛查方法"进行决定。为了方便实际运用，伦理原则指南必须给各项原则排列等级次序，要清楚指出这些原则谁先谁后，一旦有了优先次序，在运用上的原则就是先满足高一级原则的要求，再满足低一级原则的要求。虽然现在对社会工作专业伦理原则的等级次序并未形成完全一致的看法，但基于绝大多数社会工作者的共识，提供了这样一个排序。

所有伦理原则都有其重要性。当分析实践中面临的各项选择时，相关的伦理原则不止一个，运用不同的伦理原则会带来不同的结果，此时应当考虑用伦理原则筛查方法建议的等级次序思考（图 5-6），作出最优的决定。例如下文中同时用原则 1 "保护生命" 和原则 2 "平等与差别平等" 为依据作出决定，两者相对比时，要优先选择前者。

原则 1：保护生命

"生命权是所有权利中最基本的权利，因为践踏了生命权，就不可能享有任何其他权利。"（库塞和辛格，1985）这一原则适用于所有人，既适用于保护当事人的生命，又适用于保护其他所有人的生命，这一原则高于所有其他义务。

```
        1. 保护生命
       2. 平等与差别平等
        3. 自主和自由
         4. 最小伤害
         5. 生活质量
        6. 隐私与保密
    7. 真诚和毫无保留地公开信息
```

图 5-6　禁毒社会工作伦理原则等级次序

原则 2：平等与差别平等

这一原则提出，所有人在相同的条件下应得到同样的对待，即同等情况下有权得到平等对待；如果不平等与有待解决的问题有关，不同情况的人应该有权得到区别对待。弗兰克纳提出：有些时候，不平等对待的益处大于平等对待原则的益处，或者不平等对待会推动更多的平等对待时，采用差别平等原则就是正当的。

运用这一原则的例子常见于残障人士，比如在公共场所和基础设施中提供无障碍设施，如道路、建筑物、交通工具等，设置无障碍通道、电梯、扶手等设施，方便残障人士使用。另外在就业方面也更为常见，政府不仅仅为残障人士提供免费或者低收费的职业培训和就业机会，帮助他们融入社会并发挥自己的潜力。还会与雇主合作，制定针对残障人士的招聘和晋升政策，并提供相应的资金支持和补贴。国家为了鼓励和促进残疾人就业，对符合一定条件的残疾人或残疾人所在单位，在营业税、个人所得税、企业所得税，等税收方面给予一定的减免优惠。这些优惠政策有助于提高残疾人的就业率，促进社会公平和稳定发展。这些都是运用了差别平等原则，对弱势的乙方基于更多的资源和机会。

原则 3：自主和自由

服务对象自决是每一个社会工作者都掌握的内容，在实际工作当中也应当培养服务对象的自决、自主、独立和自由，尽管自由非常重要，但也不能超越自己或其他人的生命权或生存权。一个人无权基于自己有自主决定权而决定伤害自己或他人，如果当事人要这样做，社会工作者有义务加以干涉。

风险收益也可以帮助社会工作者决定什么时候可以用自主原则，什么时候对当事人的"决定"视而不见是合乎伦理的。如果情况是当事人的生命正受威胁，干预风险很小，而干预可能会带来的好处非常大，社会工作者可以考虑采取干预措施，甚至无须得到当事人的同意；在这样的情形下，当事人拒绝采取行动应该视为其缺乏行为能力的表现。另外，如果风险巨大，可能带来的收益却很小，当事人拒绝就情有可原，应该接受。

原则4：最小伤害

当面临的困境有造成伤害的可能性，社会工作者应该避免或防止这样的伤害。当不可避免会伤害到与问题有牵连的不同对象，社会工作者应该永远选择造成的伤害最小、带来的永久性伤害最少和伤害最容易弥补的方案。如果已经造成了伤害，社会工作者就应该尽一切可能弥补伤害。

原则5：生活质量

社会工作者选择的方案应该推动所有人，包括个人以及社区公众有更好的生活质量。社会工作者应顾及从本地乃至全球社会整体的福祉，推动民众、社区和环境的发展。

原则6：隐私与保密

社会工作者的实际工作的内容和方式决定了他们应该加强每个人的隐私权和保密权，不泄露保密信息就是直接从这一义务中演变出来的工作原则。专业人员有责任在尽可能与法律要求和当事人意愿保持一致的情况下，保护当事人和其他工作对象群体的隐私。然而，如果披露资料能防止对他人造成严重伤害的话，保密就不是不可侵犯的原则。

原则7：真诚和毫无保留地公开信息

社会工作者的实际工作决定应该允许其讲实话，能向当事人和其他人充分披露所有相关信息，专业关系和社会关系要有信任才能保持良好状态。而信任反过来又以诚实待人、处事的方法为基础，它能让人把意想不到的影响降到最低限度，这样相互的期许一般就都能实现。

5.3 总结

每一次伦理决策都会对他人生活产生影响,这些决定不应是直觉的产物,而应建立在伦理原则与守则上,要经过谨慎的考虑之后作出决定。在本章提出的伦理决策六步骤模型中,步骤一要充分收集信息,识别出案例所设计的伦理对象,步骤二要根据伦理事件中涉及的任何组织,识别不同的价值观体系。步骤三是在前两步的基础上查阅伦理守则、法规政策和文献,以头脑风暴的方式,抱着不评判的态度形成不同的备选方案,经过谨慎的思考和推演,确定最优方案并告知伦理问题的相关方后,步骤四按照最优方案执行,过程的记录不仅是在步骤五当中,而且要将思考过程进行详细的记录,与督导或上级部门报告并商议,既是履行对同事与机构的义务,又是获取支持的方式。最后一步是对整个伦理事件反思的过程,回顾过程中的优点与不足,沉淀为自己的工作经验,也为其他社会工作者提供参考。

当然,并非所有伦理问题都必须经过这六个步骤,在实务过程中伦理问题的解决可能是很简短的。如果伦理守则或者法律法规中有明确的规定,则可以直接进行本模型的最后三步。这个过程看起来非常耗费时间,但禁毒社会工作者如果对相关伦理守则、文献和法律法规比较熟悉,或者身边有比较资深的同事或督导者,这个过程也会变得简便。另外,及时更新伦理知识以及沉淀先前解决伦理问题的经验,也可以加速这一过程。

在第二部分的案例当中,我们将看到不同禁毒社会工作者面对不同伦理困境的做法,但每一个做法在当时,禁毒社会工作者的最佳选择,现在回看,可能会有更好的选择。就像通用决策模型中提到的,反思是对伦理事件经验的沉淀,在回顾这些案例的时候也会产生新的领悟。

第二部分

案例解析

第二部分的案例是一线工作人员工作经验的结晶。在展开解析前，有关"中国情境的特殊性"值得特别提出，引起读者重视。

在谈论"中国情境的特殊性"时，第一个需要考虑的是社会工作者这个群体在中国本土研究中的特殊性。"社会工作者"目前至少由两部分人群组成，其中一部分是指接受过社会工作专业训练，掌握社会工作理论与技术，并将其系统化应用于实际工作中的专业受训者；另一部分是指在"社区"这个工作区域内工作，但通常未接受过专业受训的实务工作者。所以，当提及"一线社会工作者"时，在国内常见的工作人员和工作情境与境外禁毒社会工作者的专业化情境不完全相同。值得庆幸的是，一线社会工作者过渡期在任何国家和地区都难以避免，我国的过渡期可能会因为高速的社会转型大大缩短。

第二个需要考虑的特殊性是社会工作者实务开展过程中服务对象与社会工作者之间的权利结构。比如，要求服务对象必须"在场"，会使得社会工作者在面对服务对象时更具有权威感，这可能会在一定程度上影响服务关系的建立，让社会工作者在取得对方信任时更为困难。

第三个需要考虑的是地方差异。全国各地不论是设定服务情境，还是划定社会工作者人员范围、规划社会工作者未来发展，均存在或大或小的差异。这种差异性，一方面源自地区发展不均衡，一方面也取决于各地毒品问题严重程度大不相同。例如，东部沿海地区，整体经济发展较快，中西部地区发展较慢，社会工作者获得的支持力度区分明显；边境地区毒品问题严重，对社会工作者的需求不同于他处等。

在充分理解"中国情境特殊性"的基础上，本书对案例编写前的筛选过程进行说明。根据本书 4.3 提出的《禁毒社会工作者伦理守则》，本书意图从对服务对象、对同事、对机构、对专业和对社会的伦理责任五个方面挑选典型案例进行分析。但在案例收集过程中发现，虽有一定数量积累，但案例的同质性较高，且除了针对服务对象的案例能够覆盖本书提出的 11 项原则外，其余四个方面的案例数量有限。因此，本书先从与服务对象有关的伦理案例入手，期望再版时将其余四方面案例逐渐补充完善。

编者深知，以下的案例必然无法代表所有的伦理议题和伦理困境，但需要牢记的是"伦理决策是一个不断变化的过程"，没有正确的答案，专注于每一个当下，每一位"社会工作者小王（以下简称为社工小王）"的思考是当时情况下的最佳选择，并且案例解析并不是为了分辨对错，而是为了促进社会作者进行伦理思考，提升伦理决策能力。

伦理的案例也在不断地扩充当中，希望你能在阅读这些案例的时候思考：你是如何了解每一位服务对象的情况的？伦理决策的过程当中与理论部分有哪些联系？如果你是"社工小王"，在案例情境中你会如何处理？你的伦理考量是什么？

第 6 章

老李的大额财产——经济相关问题

6.1 案例概述

老李年纪大了，生活在大城市，早年间因为和别人打架而被劳教，出来以后做生意发家后染上了毒瘾。因为买房和妻子假离婚，但是假戏真做真的离婚了，自己对人情的冷漠倍感失望。来到美沙酮门诊以后，起初社工小王与老李建立了良好的工作与信任关系，开展个案管理工作一年多之后，老李越发信任和依赖社工小王，老李听说社会工作者的工资待遇不高以后，还想通过自己的关系帮社工小王安排到派出所工作，社工小王婉拒。

突然有一天老李特别认真地说他有个事想和小王说，小王也看出了其中的重要，于是约定第二天坐下来好好聊聊。次日，老李说自己有很多财产，妻子与他假戏真做离婚了，孩子也很少与他来往，家里亲戚关系也都一般，所以财产都不想留给他们。而社工小王平时对他关心有加，让老李觉得温暖，于是老李想要把这些财产都赠送给社工小王，当自己有需要的时候再找小王要，小王要用钱的时候也可以直接拿用，如果自己去世了还没花完，剩下的就都给小王。

6.2 主要现实问题

服务对象表达方式比较匮乏：在以往的生活场景当中，服务对象所处的社群环境更加认可的是金钱或是物质上的往来，这是一种比较实在的方式。然而服务对象实际上是用惯有的方式来表达对社会工作者的感谢，服务对象也没有发展出新的或者另外一种表达方式，这让专业关系有些错位。

工作关系的矛盾：案例中涉及的大额财产是比较少见的情况，在工作过程当中更多可能会遇到的是服务对象送给社会工作者的各种各样金额不高的礼品，如水果、土特产、海鲜礼盒、体检卡、感谢信、锦旗等，考虑到对专业关系的影响，社工小王只收了感谢信和锦旗，其他如数退还给老李并解释不能收的理由。

6.3 伦理挑战

利益往来的挑战：物质、金钱、财产对社会工作者来说是比较敏感的话题。一般来说，社会工作者收入不高，收入与付出的落差让部分社会工作者面对物质诱惑时会有些动摇。

专业关系的挑战：在了解到服务对象行为背后的原因时，从单纯的经济往来变成了对专业关系的挑战，社会工作者虽然能够明白这是服务对象表达感谢的方式，如果不收可能损伤关系，如果收礼会面临伦理的问题，因此社工小王陷入了矛盾当中。

6.4 伦理分析

国内外的伦理守则中均对经济往来有严格的限制规定，有些地区的伦理守则完全禁止了经济往来的状况，而有些地区则有一些调整的空间。

在一线工作当中这样的情况是不可避免的,有些资深的社会工作者会建议可以收取 10 元人民币以内的谢礼,但也不可以重复多次收取,还可以鼓励服务对象制作卡片或别的非金钱的形式表达对社会工作者的感谢,这在一定程度上既给予服务对象表达的途径,又不会给予社会工作者压力。社会工作服务虽然可以收费,但是案例中的禁毒社会工作者已经是购买服务后开展工作的,并且提到的财务和财产明显超出了服务费用,因此不可以收取。

在现实情况当中,错综复杂的不同情境让伦理守则无法为每种情况都给出具体的指导,但是每种情况背后的原理是相同的,我们可以尝试用伦理筛查方法进行分析。无论是社会工作者自身价值观、社会价值观还是专业伦理,社会工作者不能利用与服务对象的专业关系为自己谋私利这一点已经达成了广泛的共识,成为一条伦理准则。因此在处理"如何将三者之间的冲突减少到最低限度?"这个问题时不言而喻,社会工作者不能通过专业关系为自己谋利是对服务对象权益的保护,展现出的做法也会让社会其他人看到社会工作专业的规范,从而社会大众对这个专业和社会工作者有很大的信任,进而促进社会的权益。

通过伦理原则筛查方法来分析这个事件。服务对象自决是每个社会工作者都知道的内容,"原则 3:自主和自由"描述的就是这一点,在不超越自己或他人生命权的时候,服务对象对自己的决定是自由的,那么老李想要将自己的资产给社工小王的时候,是不是符合自主和自由的原则呢?好像是符合的,但是服务对象并不知道或不一定清楚的是这样做可能带来的后果,社会工作者要在了解服务对象行为背后原因的基础上,与服务对象共同分析这个行为背后可能带来的不同结果,服务对象在综合了所有能想到的情况后再作出决定。在本案例中,服务对象的背后需求是表达感谢,然而没有发展出其他表达感谢的方式,通过旧有的送礼方式来表达与社会工作者的伦理产生了冲突,让专业关系错位。"原则 7"涉及真诚和毫无保留地公开信息,社会工作者有没有让服务对象把意想不到的可能情况降到最低限度,也是需要社会工作者思考的问题。

6.5 应对建议

6.5.1 六步法分析

步骤一：收集信息、澄清事实，明确伦理问题

本案例在收集信息和澄清事实的工作基础上，主要涉及两个问题，第一个是经济往来，第二个是由第一个问题引发的工作关系问题。案例中主要影响的对象是服务对象和禁毒社会工作者，间接会影响到社会大众对禁毒社会工作的看法。

步骤二：识别不同的价值体系

在服务对象的价值观体系中，金钱和物质上的反馈是一种比较实在的表达感谢的方式；人情社会中也会有送礼的行为，以表示对他人的感谢；在社会工作的价值观中，与服务对象的经济往来是被禁止的，因为服务对象的利益是更为优先的。

步骤三：形成不同的备选方案

对于第一个问题，与服务对象的经济往来是被严格禁止的，有明确的伦理守则指导，因此可以照章办事，禁毒社会工作者应拒绝服务对象给予的财产。对于第二个问题，维持与服务对象的工作关系，为服务对象提供服务是站在服务对象利益上考虑的，可以从实务技巧上考虑不同的备选方案。

步骤四：确定最优方案并落实

案例中的社工小王看到老李的真实需求是表达感谢，但是表达方式比较匮乏，与服务对象老李讨论发展出另一种表达方式，例如写感谢信、送锦旗或支持禁毒社会工作者工作等也是表达感谢的方式，并且能够进一步提升工作关系。

步骤五：记录过程并及时报告督导或上级部门

本案例中，社工小王一直在进行服务对象老李的个案管理工作，在老李表达出想聊一聊的时候，引起了社工小王的注意，自这一次对话以来开始记录，并与机构督导和门诊负责人沟通服务对象情况。

步骤六：对案例进行反思

通过详细的过程记录进行反思，形成案例报告。

6.5.2 多戈夫的伦理分析方法

1. 识别问题和问题未解决的原因

老李的决定不一定是最好的决定，而且可能与社会工作相关的原则与守则相违背，若不能妥善处理可能会破坏专业关系而影响后续的服务。

2. 识别涉及这一问题的所有人

老李虽然已经与前妻离婚，并且有一个孩子与前妻生活，但是涉及财产问题不得不考虑到服务对象及其家庭成员。社工小王从与服务对象前妻的见面中了解到，他们仍然有感情，并不像老李所说的关系恶劣，因此当其提出这个建议时，其前妻可能会有外人骗财的想法。

3. 参与决定的对象

老李能够为自己的行为负责，是民事行为能力责任人，因此涉及自己的财产，老李是决定者。

4. 识别涉及的人和社会大众的价值观

社工小王与老李是工作关系，因此遵循的是社会工作专业价值观，在平等看待每一位服务对象的基础上，保持正直的专业形象，并提供优质的专业服务。

老李认为要"知恩图报"，回报社工小王的服务；服务对象早先的社会经历也导致了讲义气这样的价值观，认为社工小王是自己的"好兄弟"以后应该更讲义气。

服务对象家属可能会从家庭及自身利益出发，认为自己与老李才是更亲近的人，而社工小王仅仅是家庭之外的人，不应该参与财产的分配。

5. 解决（或减轻）问题的目的和目标

让老李了解关于送钱的更多信息，帮助老李在保证自己最大利益的情况下作出决定。

6. 可能的干预策略与效果评估

社会工作者可能采取以下几种策略，并相应产生的效果：

（1）忽略或采取拖延的方式，逃避作出选择，久而久之服务对象可能会不再提这件事；留下了一个未完成事件，而且服务对象也不知道是否要再提起，服务对象与社会工作者之间会产生疏离。

（2）直截了当告诉服务对象不能收。太过直接的拒绝会让服务对象明显感觉到被拒绝，虽然直接面对了问题，但也会让服务对象与社会工作者之间的关系产生裂痕。

（3）向督导、律师等寻求专业帮助，并委婉地告知服务对象社会工作者的伦理原则。社工小王从更多的角度来看待问题，当事者迷旁观者清，向有经验的工作者学习拒绝的方法，委婉地告知服务对象社会工作伦理守则，并表示拒绝。

（4）与服务对象讨论这个问题，共同讨论之后可能出现的情况。能够帮助服务对象梳理财产状况，并厘清可能发生的情况。在讨论的过程当中，能够增进社会工作者与服务对象之间的专业关系，也能提升服务对象对财产的思考能力。

7. 挑选并落实最适合的策略

在本案例中，社工小王采取的是第三种策略，与督导、门诊主任、机构主任和朋辈社会工作者进行了专业督导，不能收服务对象的财产是先决条件，主要讨论的是如何委婉地拒绝服务对象而又不伤害专业关系。

同事们认为通过与服务对象讲解社会工作伦理的方式来拒绝是比较好的方式。社工小王与服务对象共情了"知恩图报"的这个感受，很感谢服务对象能够为自己着想，但是伦理相关规定是不允许这样做的，还有别的方法可以来替代送钱的方式，比如积极参加门诊及社会工作者组织的活动等。

8. 检查落实情况

老李在与社工小王讨论过这件事之后，有一段时间比较低落，督导认为是老李还未想出新的方法，同时还在抗拒旧的方法而产生的。社工小王在日常工作当中仍然表现出关心，老李的低落情绪逐渐改善，而且对社会工作者的信任增加。

9. 评估结果并识别额外的问题

解决了本次事件，尚未发现额外的问题。

6.5.3 可参考的各国家地区伦理守则

1.《禁毒社会工作伦理守则（草案）》（详见本书第四章）

6. 利益冲突

（2）禁毒社会工作者应警觉并避免会影响到专业判断的利益冲突。当实际或潜在的利益冲突发生时，禁毒社会工作者应告知服务对象，并以服务对象的利益为优先或尽可能保护服务对象利益最大化的态度，来采取必要的步骤解决争端。在某些案例中，有时为了保护服务对象的利益，必须终止专业关系并做适当转介。

（6）禁毒社会工作者应清楚了解服务对象赠送礼物对专业关系的影响。禁毒社会工作者在决定是否收取服务对象的礼物时需考虑以下因素：专业关系、文化习俗、礼物的金钱价值、赠送礼物的动机以及禁毒社会工作者决定接受或拒绝礼物的动机。

2.《社会工作者协会（NASW）伦理守则》（美国）

1.06 利益冲突

（a）社会工作者应警觉并避免影响到专业裁量权和公正判断的利益冲突。当实际或潜在的利益冲突发生时，社会工作者应告知服务对象，并以服务对象之利益为优先或尽可能保护服务对象最大利益的态度，来采取必要的步骤解决争端。在某些案例中，有时为了保护服务对象的利益，必须终止专业关系并做适当转介。

（b）社会工作者不应从任何专业关系中获取不当利益，或是剥削其他人以得到个人的、宗教的、政治的或是商业的利益。

1.13 服务的付费

（a）对于服务费用的决定，社会工作者应确保收费的价格是公平的、合理的，并且相当于所提供的服务，也要考虑服务对象的承受能力。

（b）社会工作者应避免接受服务对象的礼物或服务以作为专业服务的报酬。交易（特别是牵涉到服务的交易）制造了社会工作者与服务对象间潜在的利益冲突、剥削及不适当的关系界限。社会工作者只有在极其有限的情况下才可以探索和从事这类交易，如当地专业人员已接受的做法、对服务的提供而言是重要的、没有强制的交易协议，以及由服务对象主动提出并得到服务对象的告知后同意。社会工作者在接受服务对象礼物或服务以作为服务的报酬时，其负有完全的责任以表明这项安排不会伤害到服务对象或专业关系。

（c）社会工作者经由雇主或机构的安排为服务对象提供服务时，不应请求私人的费用或其他报酬。

3.《社会工作者职业道德指引》[中国内地（大陆）]

第十条　社会工作者不得利用与服务对象的专业关系，谋取私人利益或其他不当利益，损害服务对象的合法权益。

4.《注册社会工作者工作守则》（中国香港）

第六条　绝不与服务对象产生非专业关系，不图谋私人利益或以私事请托。

阐明社会工作者应信守专业关系的分解，绝不与服务对象发展专业关系之外的人际关系、绝不利用专业关系图谋私人利益、绝不为私人情事有所求于服务对象。

5.《社会工作师伦理守则》（中国台湾）

1.4 社会工作师应与服务对象维持正常专业关系，不得与服务对象有不当双重或多重关系而获取不当利益。

1.5 社会工作师基于伦理冲突或利益回避，须终止服务对象时，应事先明确告知服务对象，并为适当必要之转介服务。

1.7 社会工作师收取服务费用时，应事先告知服务对象收费标准，所收费用合理适当并符合相关法律规定，并不得收受不当的馈赠。（注：此条为中国台湾《社会工作师伦理守则》内容，目前中国内地（大陆）社会工作者在政府购买服务的项目中提供服务不收取服务对象的费用。）

第 7 章

小玲的结婚邀请函
——专业关系的相关问题

🞢 7.1 案例概述

社工小王是位很用心、有耐心又友善的禁毒社会工作者。接触久了，许多戒毒人员觉得他很不错，值得交朋友，遇到困难也会向小王请求帮助。由于小王在戒毒人员中的好人缘，最近小王收到各种外出的邀请，例如：

服务对象赵某想申请低保，不懂如何申请，也担忧街道因为他吸毒不批准，来找小王，请小王陪他一起去街道。

服务对象刘某年轻活泼，性格外向，觉得小王挺有意思，一次面谈结束后，邀请小王一起去"唱K"。

服务对象李某强戒了2年，年纪偏大，对手机APP、电子支付等功能不熟悉，小王教李某使用网银等功能，以及帮助他适应出所后的生活，李某很感谢小王，多次邀请小王外出一起吃饭未果。

服务对象小玲结婚，感激小王对她的帮助，邀请他参加婚礼。

面对越来越多的外出邀请，小王开始困惑，要不要接受，接受了要怎么处理比较恰当？如果拒绝，又该如何拒绝比较合适？

7.2 主要现实问题

戒毒人员在接触社会工作者时，社会工作者的友善热心让他们感受到了被尊重和关怀，这种情感体验很像朋友之间的亲切感，很容易让戒毒人员忽略了社会工作者是专业的工作人员，在处理专业问题之后希望有进一步的交流和接触，这与中国传统社会人情文化的因素也有关联。

此外，真正的问题及需求往往潜藏在表象之下，案例呈现的虽然都是戒毒人员邀请社工小王外出，但每个个体面临的问题和需求有所不同，找出邀请背后实际的问题和需求才能找到关键解决方案。

上述邀请外出的四种场景呈现出的两大类问题：一类是属于专业关系以内的问题。如赵某对救助政策不熟悉，去相关部门办事被拒绝过，自卑、缺乏勇气，想申请低保但又担忧因吸毒身份被拒，希望得到社会工作者的帮助。涉及这一问题的有戒毒人员赵某、社工小王、所在镇街办事人员。涉及机构有镇街社区戒毒社区康复服务中心、镇街办事处以及小王所在的社会工作机构。另一类是属于专业关系以外的问题。因为服务对象对专业助人和普通的社交关系缺乏清晰明确的认识，模糊了专业关系的界限，服务对象邀请社工小王外出"唱K"、邀请吃饭表达感激以及邀请参加婚礼，这些行为已经超越了以解决特定问题为目的而建立的专业关系，如果任由这些行为的发生，社工小王将会和服务对象进入专业关系之外的新社会关系，过多的关系纠缠可能会让社工小王丧失客观和中立性，影响服务的效果，还可能造成其他的伤害，例如当禁毒社会工作者参与到服务对象的社交圈时，可能会暴露服务对象吸毒的经历。专业关系以外的问题，涉及的人除了社工小王和服务对象，还可能包括服务对象的朋友和家人，比如小玲邀请社工小王参加婚礼，可能涉及小玲的未婚夫、家人和朋友等。涉及的机构主要有镇街社区戒毒社区康复服务中心、禁毒社工小王所在的机构等。

7.3 伦理挑战

第 5 章介绍禁毒社会工作伦理决策六步法前强调了禁毒社会工作者必须培养伦理敏感性，在具体的服务情境中能够敏锐地发现涉及的伦理议题，清楚自己遭遇的伦理困境，这样才可能有意识地进行伦理决策。

上述案例涉及四种邀请外出的情况，主要面临的是专业关系的伦理挑战。社会工作者与服务对象建立的是一种专业关系，专业关系是社会工作者与服务对象在开展助人服务过程中产生的一种特殊的人际关系。专业关系是一种有限关系，专业关系聚焦在帮助服务对象解决问题的目标上，一般来讲，禁毒社会工作者有责任帮助戒毒人员处理他们的问题，一旦实现了这些目标，关系就会中止。专业关系应区别于首属关系，特别是家人或朋友之间的首属关系。首属关系，是个体在成长过程中最初接触的社会关系，即个人首先归属的社会关系，如家庭关系、儿童伙伴关系、邻里关系等，首属关系一般没有限制。

在实际的互动中，禁毒社会工作者和服务对象之间产生的感受有些可能很自然，对服务对象的部分要求也很难做到无动于衷，但是由此而来的禁毒社会工作者的行为却可能会触发伦理问题。特别是当禁毒社会工作者自身的需要与专业关系纠缠在一起时，情感可能会成为破坏性的力量。解决这一困境的关键在于要区分开专业关系和其他社会关系，恰当的界限既可以保护服务对象也可以保护禁毒社会工作者。而且禁毒社会工作者作为一种专业角色，与服务对象之间的权利是不对等的。专业关系的伦理挑战在于，禁毒社会工作者与服务对象应该设立怎样的关系界限，既能保持着信任关系从而有效为服务对象解决问题，又不至于让服务对象小心翼翼或卷入过多情感。

7.4 伦理分析

这个案例主要考察的是专业关系的伦理问题，同时涉及知情同意和隐私保密等其他需要遵守的伦理，这里暂时不做细致说明。当禁毒社会工作者与戒毒人员除了专业关系之外，还与戒毒人员或其相关亲属有其他一种社会关系，即可称为双重关系（如禁毒社会工作者与戒毒人员是同学）；如果存在两种以上的关系，即为多重关系（如禁毒社会工作者与戒毒人员既是同学，又是戒毒人员母亲的学生）。这里需要提醒的是，多重关系可以划分为性的多重关系和非性的多重关系。性的多重关系在伦理守则中被明确禁止（详见《禁毒社会工作者伦理守则（草案）》7.过度亲密关系及其他可能的骚扰）。非性的多重关系指的是禁毒社会工作者与服务对象除了专业关系之外还有其他不涉及性及亲密的社会关系。禁毒社会工作者要清楚地了解多重关系（如与服务对象发展家庭、社交、经济、商业或其他密切的个人关系）对专业判断可能造成的不利影响及损害服务对象福祉的潜在危险（如无法保持客观、中立），非性的多重关系在伦理守则里的相关规定是"尽可能避免与服务对象发生多重关系"，当不可避免时《禁毒社会工作者伦理守则（草案）》提供了处理建议："禁毒社会工作者有责任设定清楚的、适当的及符合文化敏感性的界限，采取专业措施预防可能的不利影响，例如签署知情同意书、告知多重关系可能的风险、寻求专业督导、做好相关记录，以确保多重关系不会影响自己的专业判断，并且不会对服务对象造成危害。"

把服务对象的利益置于优先地位，最大限度地维护服务对象的合法权益是伦理守则规定的禁毒社会工作者职责。在禁毒社会工作助人服务过程中，禁毒社会工作者与服务对象的关系决定着服务的成效，能够将专业关系作为需要进行评估和风险管理的议题，明晰专业关系的界限，充分觉察专业关系和多重关系的影响，清醒地作出判断和应对，这是禁毒社会工作者在面对专业关系的伦理议题时需要具备的专业胜任力。

7.5 应对建议

7.5.1 六步法分析

使用第 5 章提出的伦理决策六步法进行分析。

步骤一：收集信息、澄清事实，明确伦理问题

通过收集信息和分析，明确了上述案例涉及专业关系方面的伦理问题。

在这一步，禁毒社会工作者需要将伦理敏感性展现出来，不是简单地思考"我要不要去？"的问题，而是进一步思考"服务对象这一请求背后的需求是什么？""我怎样做才是对服务对象最好，符合服务对象的最佳福祉？"禁毒社会工作者专业伦理是将专业价值观转化为专业实践活动的指南，"禁毒社会工作者伦理守则中是否有具体的指引？"然后去查阅伦理守则，做到心中有数。

步骤二：识别不同的价值体系

人们行为差异的根源是价值观的差异。只有识别出影响伦理决策的各方价值体系、清楚禁毒社会工作要遵循的专业价值，才能更好地理解产生伦理困境的原因并找到解决路径。

在专业关系的伦理议题里，禁毒社会工作专业价值观是最大限度地保护服务对象权益。在上述四个情境中，戒员赵某的价值观可能是他不被重视和尊重，他需要禁毒社会工作者的帮助。戒员刘某的价值观可能是你对我好，我也觉得你好，我们就是朋友了，朋友就要一起玩来加深感情。戒员李某的价值观可能是你帮了我，关系要有来有往，我得请吃饭还这个人情。戒员小玲的价值观可能是我要让帮助我的人看到我现在已经变好了而且很幸福，想让社工小王知道他的付出是有价值的。但对于社工小王，如何最大限度保护服务对象的权益，可能会有不同价值观，例如禁毒社会工作者就是要严格遵守专业界限不越界才是对服务对象利益的最佳保护，还是有时候可以多一些的情感投入会对服务对象更有帮助，社工小王有必要去分析自己到底持有怎样的价值体系。

步骤三：形成不同的备选方案

社工小王认为涉及邀请外出的专业伦理问题，无非就两种选择，接受外出的邀请或者拒绝外出的邀请。但如何接受和拒绝却有许多可选择的策略，选择何种策略要以服务对象的最佳利益为基本原则，以不伤害服务对象、不影响专业关系为底线。

步骤四：确定最优方案并落实

社工小王根据自己对服务对象的了解，选择了他认为的最优方案，在

决策过程，社工小王以尊重、平等的态度与服务对象共同探讨并作出如下决定。

1. 接受外出邀请

戒员赵某邀请社工小王外出，想要解决的是低保申请问题，这属于禁毒社会工作者对戒毒人员帮扶救助的服务范畴，属于专业关系要处理的问题，属于禁毒社会工作者的职责范围，从服务对象的最佳利益考量，社工小王应该帮助戒员赵某，接受外出的邀请。但接受外出邀请后如何做，可以更好帮助戒员提升社会适应力、建立自信、解决困难并且规避风险，这是社工小王必须进一步考虑的。这个问题涉及的机构包括镇街社区戒毒社区康复服务中心（站）、街道办事处（可能还有民政系统）、社工小王所在的社会工作机构，社工小王需要遵循相关机构的规定，例如至少两名工作人员一起结伴外出（可以是两名社会工作者，也可以是社会工作者搭配禁毒专干或民警），以及尽可能做好协调者、代理人的角色。在陪同外出申请低保的过程中，社工小王始终要遵循专业关系的相关伦理规定，对关系的界限有清晰的觉察，防微杜渐。

2. 拒绝外出的邀请

对于戒员刘某邀请"唱K"、戒员李某邀请吃饭、戒员小玲邀请参加婚礼，社工小王评估后认为这些都已经超出专业关系，可能会给服务对象造成一些伤害，也可能会给社工小王造成一定的干扰。例如如果和刘某一起"唱K"，问起小王和刘某的关系，是否会暴露刘某吸毒的经历？一起"唱K"以后刘某提出的一些请求，社工小王是否会难以拒绝，影响客观公正的判断和行动？同样地，戒员小玲邀请社工小王参加婚礼，家人朋友是否知道小玲的吸毒经历，邀请禁毒社会工作者是否会引起一些不必要的猜测？社工小王认为应该拒绝他们三人的邀请，但是如何拒绝，社工小王根据对他们的了解作出如下应对策略。

（1）社工小王了解到刘某为人比较直爽，邀请他外出"唱K"是表达对自己的认可和喜欢。小王首先诚恳表达对李某邀请的感谢，然后告知刘某机构规定社会工作者不能接受服务对象邀请外出吃饭、"唱K"等，通过和刘某的进一步交谈，还了解了刘某爱好唱歌，歌也唱得不错，最后小王邀请刘某参加录制禁毒歌曲的活动。

（2）社工小王收到李某因为感激帮助邀请吃饭的请求后，非常诚恳地表达了对李某邀请的感谢，然后告知李某机构规定社会工作者不能接受服务对象邀请外出吃饭、收受礼物等规定。看到李某失落的表情，社工小王给予同理和关怀，并且与李某深入探讨他的人际关系和情感需求。因为吸毒的经历，李某现在几乎没有和家人和朋友往来，邀请社工小王吃饭有表达感激之情的含义，也有寻求更亲密的人际关系排解孤独的需求。社工小王和李某一起讨论表达感激除了邀请吃饭还可以有其他形式，比如写感谢信，比如努力做到社会工作者最希望他做的事情——可以真正远离毒品，过好自己的人生。社工小王还与李某一起探讨他希望与谁建立人际关系以及拥有怎样的人际关系，并且制订行动计划。如果有机会，也可以邀请他参加相关团体活动，寻找归属感。

（3）对于小玲邀请社工小王参加她的婚礼，小王表达了自己的喜悦之情和对小玲的祝福。然后社工小王和小玲讨论婚礼的细节，进一步了解小玲的先生和他的家人是否知道她曾经吸毒的经历？邀请社工小王参与婚礼是小玲的决定还是家人也知道？社工小王开放地和小玲讨论邀请禁毒社会工作者参加婚礼可能会产生的一些问题，比如有人可能会好奇社工小王的工作，可能会问到小玲如何认识社工小王的等问题。社工小王不希望因为自己的出现引起他人对小玲的猜测或者泄露她曾经吸毒的经历。在一个新的人生起点，小王即使不能到场参加，依然见证着她的成长和蜕变，小王祝福小玲放下过往，开启新的幸福人生。

对于戒员刘某的吃饭邀请和小玲的婚礼邀请，编者仅给出一种可供参考的应对方式，伦理守则并非禁止不涉及性的多重关系，而采用的是"尽可能避免"的措辞。人与人之间的互动是有很多微妙差异的，动机、想法、感受，都可能对伦理决策产生影响，或许社工小王接受刘某的邀请，对刘某是非常重要的认可与尊重，社工小王接受邀请一起外出吃饭并不会对刘某造成不利的影响也不是对刘某的剥削，反而可以促进专业关系和服务成效，那么社工小王可以在限定餐费标准（例如人均消费不超过30元）的前提下一起吃顿饭。对于小玲的婚礼邀请，假如是家人的共同邀请，不担忧被知道，小玲将社会工作者当作生命中的重要他人，希望邀请社会工作者见证生命中重要的时刻，那么是否也可以考虑参加婚礼呢？

步骤五：记录过程并及时报告督导或上级部门

当面临伦理困境时，要及时寻求帮助，做好过程记录，及时报告督导或上级部门获取评估和反馈可以让伦理决策更理性，把没有预计到的后果降到最低限度。

步骤六：对本案例进行反思

心理学家海因茨·科胡特有句名言用以描述专业关系"不带敌意的坚决，不含诱惑的深情"。面对专业关系相关的伦理问题，以保护服务对象最佳利益为指导，专业社会工作者要尽力做到即使拒绝也带着尊重与温柔，饱含关爱但没有评判和控制。

对案例进行反思形成报告，可以将伦理决策过程进行更为理性的分析，总结经验，实践加反思，反复练习可以将伦理决策六步法自如地运用于每一次的伦理决策过程，让决定变得更好、更有成效，也更符合伦理。

7.5.2 可参考的各国家地区伦理守则

1.《禁毒社会工作伦理守则（草案）》（详见本书第四章）

参考"职责"和"利益冲突"相关内容。

2.《社会工作者协会（NASW）伦理守则》（美国）

1.01 对服务对象的承诺

社会工作者的首要责任是促进服务对象的福祉。一般而言，服务对象的利益是最优先的。但是，社会工作者对广大社会或特定法律的责任，也可能在某些情形下会取代对服务对象的承诺，而服务对象也应被这样告知。

1.06 利益冲突

（c）社会工作者不应与现有或先前的服务对象产生双重或多重的关系，以避免剥削或可能伤害服务对象的风险。如果双重或多重关系难以避免，社会工作者应采取行动保护服务对象，并有责任设定清楚的、适当的及符合文化敏感性的界限。

3.《社会工作者职业道德指引》[中国内地（大陆）]

第五条 社会工作者应以服务对象的正当需求为出发点，全心全意为服务对象提供专业服务，最大限度地维护服务对象的合法权益。

第十条 社会工作者不得利用与服务对象的专业关系，谋取私人利益或其他不当利益,损害服务对象的合法权益。

4.《注册社会工作者工作守则》(中国香港)

职责:

1 社会工作者首要的责任是向服务对象负责。

利益冲突:

13 社会工作者不得滥用与服务对象的关系,借以谋取私人的利益。

性关系:

14 在任何情况下,不论是经双方同意或以强迫方式,社会工作者不应与服务对象进行任何涉及性的获得或性接触。

15 社会工作者不应为过去曾与其本人有性关系的人士提供临床服务。

5.《社会工作师伦理守则》(中国台湾)

1.1 社会工作师应基于社会公平、正义,以促进服务对象福祉为服务之优先考量。

1.4 社会工作师应与服务对象维持正常专业关系,不得与服务对象有不当双重或多重关系而获取不当利益。

第 8 章

李哥的"信任"
——保密与保密例外问题

8.1 案例概述

社工小王不仅在社区工作，也会在强制隔离戒毒所带领活动。李哥作为社工小王的服务对象，在戒毒所与其相识，参加过小王带领的活动，让李哥的心逐渐打开。李哥走出强制隔离戒毒所，是小王和民警同志一起将他送回社区。与家人关系不佳的李哥将小王视为自己人，与其建立了良好的信任关系。

刚从强制隔离戒毒所回到社区，李哥的戒断信心满满，积极配合定期的尿检。随着工作逐渐步入正轨，李哥的生活开始忙碌起来，生活的重心也随着变化。按照禁毒社会工作者的工作要求和规定，小王去李哥家中做探访工作。李哥看到小王非常开心，诉说着生活的喜悦，工作越来越顺利，日子越来越好了。当社工小王关心李哥的操守时，李哥骄傲地说自己坚持得很好，只是偶尔"偷嘴"了 1~2 次。

面对李哥的信任与社会工作者的职业操守，社工小王要如何回应与应对呢？

8.2 主要现实问题

服务对象与社会工作者建立信任关系是不容易的，而保密与积极关注对于建立关系是重要的。服务对象李哥与社工小王建立了相对稳固的关系，服务对象不管是出于信任社会工作者，或想试探社会工作者是不是能与自己站在一起等原因将自己的吸毒状态透漏给社会工作者。而突破保密设置对于关系的破坏是明显的，社会工作者如何应对保密与保密例外的情况。服务对象对于戒毒的理解与国家法律之间有偏差，也需要进一步进行教育宣传。

在戒断后期容易出现松懈，需要持续的关注。如何给予服务对象帮助，同时减少因监管带来的不被信任感？信任可靠的关系对于稳定情绪，建立后期康复是重要的。如何不带敌意而坚决地进行伦理决策是社工小王需要面对的问题。

8.3 伦理挑战

知情同意与自决：服务对象在接受社会工作者服务时，需要知晓自己面临的处境和状况。社会工作者需要尊重服务对象的自决权利，当本案例中服务对象描述了自己的行为和认知，有可能对服务对象的身体或者人身自由造成破坏时，社会工作者是否要遵循服务对象自决的伦理与保护服务对象安全的冲突就发生了。

隐私与保密：在本案例中服务对象出于对社会工作者的信任，将自己的一些隐私告诉社会工作者，并希望社会工作者为他保密，在遇到服务对象的认知或行为与本地法律冲突，或者与社会工作者的职责产生矛盾时，社会工作者如何在保护服务对象隐私与履行法律与职责的边界中抉择。

8.4 伦理分析

本案例涉及一些法律法规，社会工作者需要参照《中华人民共和国禁毒法》《中华人民共和国治安管理处罚法》，以及当地的《戒毒条例》，并与伦理原则进行比对，再行作出判断。各地区依据《戒毒条例》，结合本地区的实际情况，出台实施了本地区的禁毒条例，具体条款会略有不同，具体工作中以本地区内容为准。

《中华人民共和国禁毒法》

守则 第四条 禁毒工作实行预防为主，综合治理，禁种、禁制、禁贩、禁吸并举的方针。

第四章 戒毒措施

第三十一条 国家采取各种措施帮助吸毒人员戒除毒瘾，教育和挽救吸毒人员。

第三十五条 接受社区戒毒的戒毒人员应当遵守法律、法规，自觉履行社区戒毒协议，并根据公安机关的要求，定期接受检测。

对违反社区戒毒协议的戒毒人员，参与社区戒毒的工作人员应当进行批评、教育；对严重违反社区戒毒协议或者在社区戒毒期间又吸食、注射毒品的，应当及时向公安机关报告。

第三十八条 吸毒成瘾人员有下列情形之一的，由县级以上人民政府公安机关作出强制隔离戒毒的决定：

（一）拒绝接受社区戒毒的；

（二）在社区戒毒期间吸食、注射毒品的；

（三）严重违反社区戒毒协议的；

（四）经社区戒毒、强制隔离戒毒后再次吸食、注射毒品的。

对于吸毒成瘾严重，通过社区戒毒难以戒除毒瘾的人员，公安机关可以直接作出强制隔离戒毒的决定。

吸毒成瘾人员自愿接受强制隔离戒毒的，经公安机关同意，可以进入强制隔离戒毒场所戒毒。

第四十八条　对于被解除强制隔离戒毒的人员，强制隔离戒毒的决定机关可以责令其接受不超过三年的社区康复。社区康复参照本法关于社区戒毒的规定实施。

《中华人民共和国治安管理处罚法》

第七十二条　有下列行为之一的，处十日以上十五日以下拘留，可以并处二千元以下罚款；情节较轻的，处五日以下拘留或者五百元以下罚款：

（一）非法持有鸦片不满二百克、海洛因或者甲基苯丙胺不满十克或者其他少量毒品的；

（二）向他人提供毒品的；

（三）吸食、注射毒品的；

（四）胁迫、欺骗医务人员开具麻醉药品、精神药品的。

基于以上法律规定，说明我国对待毒品及吸毒行为的法律基础是，禁止吸毒的态度坚定，挽救的意图也很明确，在给予社区戒毒帮扶的同时，服务对象还要接受公安机关的监督。

再来使用伦理准则筛查方法，并对照《禁毒社会工作伦理守则（草案）》来看其他与这一情形相关的准则。

依据伦理原则筛查方法中的"原则3自主和自由"，在实际工作当中应当培养服务对象的自决、自主、独立和自由，尽管自由非常重要，但仍然不能超越自己或其他人的生命权或生存权。因此社工小王在依据法规进行报告前，需要和服务对象进行讨论和说明。在最初建立社会工作者服务专业关系时，会签订知情同意书，服务对象在接受社会工作者服务时，需要知晓自己面临的处境和状况。因此在服务对象李哥告知社工小王自己吸食前，应该知晓吸食毒品会违反社区康复协议，而社会工作者需要进行通报。

根据"原则6隐私与保密"，在专业关系中彼此的角色、任务和边界如果在与服务对象关系建立早期进行澄清和说明，有利于后续工作的开展。服务对象拥有为自己人生负责的权力，但如果在社会工作者的专业判断下，当前服务对象的行为需要依靠社会工作者的专业度，如保密与保密突破的评估，但此时双方尚未就社会工作者工作的边界、角色和权力做澄清，那么涉及保密突破部分，需要再次和服务对象进行说明与核对。

8.5 应对建议

8.5.1 六步法分析

步骤一：收集信息、澄清事实，明确伦理问题

本案例在收集信息后发现，涉及法律与伦理两个方面的问题，即禁毒社会工作者要熟悉禁毒相关的法律法规，如果服务对象在社区康复期间，确实存在吸毒行为，那么就违法了社区康复协议。涉及的伦理问题是：服务对象自主与自决受限制、隐私保密和保密限制。

步骤二：识别不同的价值体系

在服务对象的价值观体系中，"偶吸不算复吸"，自己已经是"进步的状态了"。在社会工作者的价值观中，吸毒是违法行为，尤其是社区戒毒社区康复未满3年者，吸毒属于违反社戒社康协议的行为。

步骤三：形成不同的备选方案

直接进行通报符合社会工作者职责要求，意在帮助服务对象避免进入恶性复吸，但会使得服务对象对社会工作者的信任感降低，破坏双方之间的关系，专业关系受到挑战，导致后续工作难以开展。如果不进行通报，虽然可能会暂时维持社会工作者与服务对象之间的关系不受破坏，甚至可能得到服务对象更深程度的信任，但社会工作者涉嫌违反禁毒法律法规，将会给自身和所属机构带来潜在危机。

若通过邀请或者向督导报备的方式，与服务对象就通报的事宜进行讨论和说明，并表达关切和在意，即便突破保密的行为会破坏关系，仍有机会进一步与服务对象沟通，修复关系。

步骤四：确定最优方案并落实

本案例中，社工小王对李哥的服务从强戒所转移到社区戒毒社区康复，以小王对李哥的了解及评估，李哥非常希望摆脱毒品的束缚，但因长期的吸毒造成的人际关系脱节、社会功能受损和认知偏差，造成了李哥认为偶吸不是复吸的认知。因此，在督导的参与下与服务对象沟通，进而在通报

过程中也能保障服务对象的福祉是重要的。

步骤五：记录过程并及时报告督导或上级部门

本案例中，社工小王在戒毒所与李哥相识后，一直在进行李哥的个案管理工作，在李哥表述出自己的偶吸行为后，小王在记录的同时，与机构督导沟通服务对象情况。

步骤六：对本案例进行反思

通过详细的过程记录进行反思，形成案例报告。

8.5.2 多戈夫的伦理分析方法

（1）识别问题和问题未解决的原因

按照伦理守则中的"服务对象自决"，社工小王需要充分尊重李哥的决定，社会工作者不应干涉服务对象的选择。而按照保密原则，对于服务对象的基本信息，服务过程中的任何记录都应严格保密，未经当事人同意不透露给任何人，但是，保密内容若存在违反法律法规及伤害他人的情况，就需要突破保密原则。当前涉及两项守则中的冲突与保密例外的界定。

（2）识别涉及这一问题的所有人和机构

服务对象李哥认为偶吸不算复吸，并不认为是严重的情况。在禁毒社会工作者机构评估中，吸食毒品属于违反社区康复协议。根据《戒毒条例》第五十九条，社区康复人员在社区康复期间又吸食、注射毒品的，社区康复专职工作人员、社区康复工作小组以及其他参与社区康复工作的人员应当及时向当地公安机关和乡（镇）人民政府、城市街道办事处报告。

（3）参与决定的对象

决策过程中，社工小王和服务对象李哥将共同参与做决定，参与做决定的人员可能还会包含社工小王的督导。

（4）识别涉及的人和社会大众的价值观

这个情况使得专业关系受到挑战。社会工作者与服务对象建立关系是进行工作的第一步，服务对象表达和分享自己的状况，是信任社会工作者，或者是试探社会工作者是否值得信任的过程。在社会工作者的工作过程中，如果服务对象能信任社会工作者，并增加彼此的正向人际互动，将有利于工作的开展。社会工作者与服务对象之间在建立关系的初始，因为是建立正式关系，需要有知情同意。后续工作中发现服务对象的偶吸行为，直接进行上报可能会损伤关系，影响后续的工作进展，如果不进行上报，会面临法律的问题，因此社工小王陷入了矛盾当中。

（5）解决（或减轻）问题的目的和目标

目标是保证服务对象的康复和保持操守。

（6）可能的干预策略与效果评估

①直接进行通报：符合社会工作者职责要求，帮助服务对象避免进入恶性复吸，但社会工作者与服务对象之间的关系将造成破坏，包括信任感降低，专业关系受到挑战等，后续的工作难以开展。

②不进行通报：与服务对象之间的关系不受破坏，甚至可能进一步得到服务对象的信任，但禁毒社会工作者涉及违反禁毒社会工作者职责，给自身与所属机构带来潜在危险。

③和服务对象讨论后进行通报：和服务对象就通报的事宜进行讨论和说明，并表达关切和在意。即便发生突破保密的行为会破坏双方的关系，仍有机会进一步与服务对象沟通、修复关系。

直接通报会破坏与服务对象之间的关系，而不通报对服务对象的康复无法起到正向作用，且社会工作者不通报的行为属于违反禁毒社会工作者职责，对社会工作者与社会工作者所属机构不利。因此如何与服务对象沟通，在通报中保障服务对象的福祉是重要的。

（7）挑选并落实最适合的策略

禁毒社会工作者遇到这样的情况是非常突然的，在依法的原则下，需要保护服务对象的康复和权益。社会工作者与服务对象讨论了"偷嘴"的情况以及对这件事情的想法，更为重要的是与服务对象再次强调了戒毒康复协议的内容。

在此之外，禁毒社会工作者与第三方进行合作，包括服务对象的亲属、公安和卫生部门，对服务对象提供多元的帮助；同时，将这种情况上报给督导和机构备案。

（8）检查落实情况

在具体操作中可能会遇到很多意料之外的情况，如服务对象不认可社会工作者的通报决定，或尿检后显示为未吸食，在通报过程中遇到外界要求过多透露服务对象隐私等情况。均需要以保障服务对象和自身的权益和安全为优先。

（9）评估结果并识别额外的问题

知悉事件后的 24 小时之内。除非有特殊的考虑，否则越快通报和预警，禁毒社会工作者所需承担的压力越小。

当出现难以评估的情况，或者需要花费比较多的时间进行验证时，如不确定李哥说自己偷嘴是否为彼此关系信任度考验的试探，社工小王可以与所在机构的同事和督导进行讨论和商议。

信任并非完全在自然而然的过程中建立，助人工作者通过增强自我觉察，对自己的情绪负责，学习管理好自己的情绪，并能识别和处理他人的情绪等能力，可以更容易与服务对象建立起信任关系。当面对服务对象的失望和关系的破裂时，社工小王可以寻求机构同事的支持，共同商讨如何与服务对象修复关系。

8.5.3　可参考的各国家地区伦理守则

1.《禁毒社会工作伦理守则（草案）》（详见本书第四章）

（1）服务对象自决

禁毒社工尊重且促进服务对象的自决权，并协助服务对象尽力确认和澄清他们的目标。在禁毒社工的专业判断下，当服务对象的行动或潜在行动具有严重的、可预见的和立即的危险会伤害自己或他人时，禁毒社工可以限制服务对象的自决权。

（2）知情同意

禁毒社工有责任让服务对象了解自身的权利、责任和义务，可以获得的服务情况以及由此可能产生的结果。如果服务对象是在强制情况下使用服务，禁毒社工应向服务对象清楚说明他们的权利和权限，包括服务的本质和内容、服务对象拒绝服务的权利范围，鼓励服务对象尽量参与有关其目标、选择和可获得服务的决定，协助他们尽量获取最大的自主权。

（3）隐私与保密

禁毒社工也应尽可能充分告知服务对象在下列情况下保密受到限制：禁毒社会工作负有法律规定相关报告责任时（收集及报告拒绝报到及严重

违反社区戒毒社区康复协议的社区戒毒社区康复人员资料）。

2.《社会工作者职业道德指引》[中国内地（大陆）]

第二章第七条：社会工作者应尊重服务对象知情权，确保服务对象在接受服务过程中，了解自身和机构的权利、责任和义务，以及获得服务的情况和可能由此产生的结果。

第二章第八条　社会工作者应在不违反法律、不妨碍他人正当权益的前提下，保护服务对象的隐私，对在服务过程中获取的信息资料予以保密。

3.《注册社会工作者工作守则》（中国香港）

知情决定及自决：社会工作者有责任让服务对象知悉本身的权利及协助他们获得适切的服务，且应尽量使服务对象明白接受服务所要作出的承担及可能产生的后果。

如果服务对象是在强制情况下使用服务，社会工作者应向服务对象清楚说明他们的权利和权限，并协助他们尽量获取最大的自主权。

4.《社会工作者协会（NASW）伦理守则》（美国）

1.02 自决

社会工作者尊重且促进案主的自决权，并协助案主尽力确认和澄清他们的目标。在社会工作者的专业判断下，当案主的行动或潜在行动具有严重的、可预见的和立即的危险会伤害自己或他人时，社会工作者可以限制案主的自决权。

1.07 隐私与保密

（c）除非迫于专业理由，否则社会工作者必须对专业服务过程中所获得的所有信息加以保密。社会工作者应该严守资料机密，一般例外的情况如下：预防案主或可确认的第三者遭遇严重的、可预见的、立即的伤害时，或是法律或法规要求揭露而不需案主同意。无论如何，社会工作者应公开与达成目标最必要且最少量的保密信息，而且只有与目标直接相关的信息才可以公开暴露。

（d）社会工作者应在公开保密资料前，在可能的情况下，告知案主保密资料的公开以及可能产生的结果。不论是社会工作者应法律之要求或是案主同意而公开保密资料，均应如此。

（e）社会工作者必须和案主及其他利益相关者讨论保密的本质和案

主隐私权的限制。社会工作者应与案主讨论在某些情况下保密的信息需要提供出来，以及依法必须解密时对案主可能产生的后果。这项讨论应在社会工作者与案主建立专业关系后尽快安排，而如有必要，在专业关系的全程中均可讨论。

第 9 章

小娜的隐痛
——保护生命健康优先的伦理案例

9.1 案例概述

社工小王最近接触到一位被公安机关责令社区戒毒的未成年少女小娜。小娜第一次到社区戒毒社区康复服务中心报到时，不怎么说话，不怎么理会社工小王，沉默中带着防备。社工小王依照社区戒毒的相关规定，为小娜建立了基本档案、签订了社区戒毒协议，并告知相关的权利义务。在与小娜接触过程中，社工小王始终保持温和、耐心、尊重和接纳的态度，与小娜慢慢建立起相对信任的关系，除了定期的见面谈话，社工小王使用工作手机加了小娜的微信。

社工小王了解到小娜父亲很早去世，母亲忙于生计外出打工，基本没有管小娜。小娜在父亲过世后，虽然很少和母亲一起生活，看似独立，但实际上对母亲非常依恋，小娜初中就辍学工作，没有向妈妈要过钱，第一个月赚到的工资特地拿了几百给妈妈，现在赚的钱也会给妈妈，让妈妈帮忙保管。目前小娜和妈妈一起住，在酒吧工作，虽然也透露出一些无奈感，即使不开心也需要笑着待客，但收入还不错。最近一次见面，社工小王发现小娜露出的手臂上有一些划痕，在得到小娜同意后，社工小王掀开小娜的衣袖，看到小娜整个手臂都是各种或浅或深的伤痕。小娜告诉社工小王自己有情绪方面的问题，有时会非常狂躁很痛苦，唯有砸东西割伤自己才能缓解痛苦，她觉得自己患有抑郁症。

9.2 主要现实问题

社工小王需要先识别问题和问题未得到解决的原因，以及涉及这一问题的所有人和机构。

9.2.1 问题和问题未得到解决的原因

（1）问题

小娜强烈的情绪爆发问题以及在情绪爆发后通过割伤自己的行为出现在几年前，情况时好时坏，持续时间比较长，严重时割过手腕，送过医院。小娜可能会有伤害自我甚至自杀的风险。小娜自己认为有抑郁症，可能存在情绪障碍。

（2）问题未得到解决的原因

小娜没有向外求助，在情绪爆发时经常将自己一个人反锁在房间，发泄完了，又继续工作和生活。大多数情况小娜不想让母亲知道，她给社会工作者的理由是不想让妈妈担心。

小娜的母亲没有给到小娜及时的帮助和支持，可能她自己也不知道如何处理，缺乏科学的教育方法以及应对这种情况的知识和技能，只是在结束后默默为她收拾房间。

这种问题未得到解决也有可能是吸毒的影响，也或者是长期在酒吧等场所工作对她的影响，她自己表示有时需要强颜欢笑，晚上工作，白天睡觉。

"情绪爆发"这一说法是服务对象自己的描述，根据服务对象的描述以及相关资料的查阅，社会工作者担心服务对象有抑郁症。有些抑郁症服务对象发病时，会伴有明显的情绪不稳定症状，即易激惹。服务对象可因小事而发脾气、愤怒，不仅会出现语言方面的攻击性行为，还可能出现具体行为，如摔东西、砸东西等。当负面情绪太过强烈时，特别是对外界的愤怒、强烈的焦虑或挫折感，一些情绪管理能力特别是情绪表达能力还未发展足够成熟的青少年，可能采用自伤的方式来缓解负面的情绪。在第五版《精神障碍诊断与统计手册》（DSM-5）中，不以自杀为目的对自己身体实施蓄意的、直接的伤害，被称为非自杀性自伤行为。神经生物学研究发现，非自杀性自伤带来的身体疼痛会在短时间内激活内源性阿片系统。该系统调控着个体的疼痛和内源性内啡肽（一种快乐因子）的水平，它的激活会促进内啡肽快速释放，继而让人体会到一种短暂的快乐和愉悦。这种非自杀性自伤行为存在非常大的危险性。

9.2.2 涉及这一问题的所有人和机构

涉及这一问题的人主要有小娜、小娜的妈妈、社工小王；涉及这一问题的机构有所在镇街社区戒毒社区康复服务中心、社工小王所在的社会工作机构。

9.3 伦理挑战

（1）隐私保密 vs. 保护生命健康

小娜是未成年吸毒人员，她的所有信息资料需要严格保密，小娜又是比较敏感没有足够安全感的女孩，与社工小王在建立关系过程会有靠近又疏远的拉扯。但小娜存在自我伤害以及可能危及生命的严重问题，社工小王在处理小娜个案时有力不从心的感觉，很希望有其他力量介入来预防危机并帮助小娜，但又担心泄露隐私以及小娜反对，好不容易建立的关系遭到破坏。因此需要评估什么情况需要突破保密以及如何做。

（2）自我决定 vs. 保护生命安全

小娜可能存在危及生命健康的问题，但小娜却不希望社工小王告知自己的妈妈，也不愿意被其他人知道。社工小王需要评估什么情况下需要尊重小娜的自我决定，什么情况下不能让小娜自己决定。

（3）法律规定的未成年人与监护人的权利与义务

小娜是未成年人，小娜的妈妈作为法定监护人，有权利和有义务了解小娜的情况并对此做出必要的保护，但小娜的妈妈似乎也缺乏足够的意识和能力给予小娜足够的保护。

9.4 伦理分析

社工小王先运用多戈夫提出的伦理准则筛查方法（ERS）回顾了《禁毒社会工作伦理（草案）》的相关规定，在其中找到小娜个案中需要遵守的伦理守则。

4.3.1 禁毒社会工作者对服务对象的伦理责任

4.3.1.1 职责

禁毒社会工作者应以服务对象的正当需求为出发点，提供专业服务，最大限度地维护服务对象的合法权益。一般而言，服务对象的利益是最优先的。

4.3.1.2 服务对象自决

禁毒社会工作者尊重且促进服务对象的自决权，并协助服务对象尽力确认和澄清他们的目标。在禁毒社会工作者的专业判断下，当服务对象的行动或潜在行动具有严重的、可预见的和立即的危险会伤害自己或他人时，禁毒社会工作者可以限制服务对象的自决权。

4.3.1.3 知情同意

禁毒社会工作者有责任让服务对象了解自身的权利、责任和义务，可以获得的服务情况以及由此可能产生的结果。

4.3.1.4 隐私与保密

（1）禁毒社会工作者应在不违反法律、不妨碍他人正当权益的前提下，保护服务对象的隐私，对在服务过程中获取的信息资料予以保密。

（2）禁毒社会工作者也应尽可能充分告知服务对象在下列情况下保密受到限制：隐私权为服务对象所有，服务对象有权亲自或透过监护人或法律代表决定放弃时；涉及有紧急的危险性，评估服务对象有伤害自身、自杀或伤害他人的危险，基于保护服务对象本人或其他第三者合法权益时；服务对象有致命危险的传染疾病时；禁毒社会工作者负有法律规定相关报告责任时，例如严重违反社区戒毒协议的社区戒毒人员；服务对象涉及刑事案件时。

4.3.1.5 能力

运用伦理准则筛查方法（ERS），社工小王发现在小娜的案例中需要遵守的伦理准则包括隐私和保密、自主和自由，以及保护生命，如果可以直接运用一个或多个准则，可以直接按准则办事。但是在小娜这个案例中涉及多条伦理守则，而且使用不同的守则可能产生冲突，需要运用伦理原则筛查的方法。

伦理原则筛查方法是将伦理原则进行了等级次序的排练，当伦理原则发生冲突时，应优先遵守金字塔上层的原则，在小娜的案例中：

首先，运用的是保护生命的伦理原则。生命权是所有权利中最基本的权利，保护小娜的生命安全是最优先考虑的原则。小娜在情绪激烈的情况下，曾经有割腕的行为，在情绪失控状态小娜的意识是不清醒的，具有极大的危险性，涉及生命安全。根据相关的法律规定，社工小王必须将这一情况告知小娜的法定监护人母亲，让母亲肩负起对未成年的保护义务。

其次，是自主和自由的伦理原则。在确保生命安全的前提下，才能给予小娜自主决定的权利，当然也包括考虑小娜和母亲谁应该有更多自主权，如果危及生命健康安全，如果妈妈的决定更能保护小娜，那么应该支持小娜的母亲使用自主和自由的权利，来决定小娜接下来的治疗和康复。

最后，是隐私与保密。在优先满足保护生命和自主的伦理原则，禁毒社会工作者应尽量保护小娜的隐私和保密权。

9.5 应对建议

面对多个伦理原则的冲突，能够选择正确的时机，作出合理的建议和选择，并有效执行守住伦理原则的界限，是禁毒社会工作者胜任力的表现。

9.5.1 六步法分析

步骤一：收集信息、澄清事实，明确伦理问题

通过对案例的了解和相关信息的收集，社工小王了解到服务对象存在的问题、问题产生以及问题维持的原因，也有意识地将伦理思考带入分析和解决问题的过程中。社工小王要帮助未成年戒毒人员小娜缓解情绪问题，避免自伤行为，不仅仅要考虑用什么理论和技术，而且要考虑如何做是符合小娜的最佳利益、符合伦理要求。在这个案例中要处理的伦理问题是什么时候让服务对象自决、为服务对象保密，什么时候要为保护生命而突破保密？不应简单地按伦理守则操作，还需要考虑该优先遵守哪些伦理守则。

步骤二：识别不同的价值体系

这个案例的伦理困境产生的原因在于价值冲突，社工小王认同保护生命原则高于其他所有伦理原则，生命权优于其他权利包括隐私权、自我决定权。而小娜的价值观可能是自己有权力决定自己的事情，如果她不同意，任何人都不能来管她。小娜妈妈的想法可能是我没有能力管孩子，孩子也大了，与其管她让她厌烦，还不如就这样由着她。

社工小王还需要仔细觉察，是否存在自己是专业人员、自己的决定一定优于服务对象的想法，而忽略了对服务自决权的尊重。因为小娜是未成年人，社工小王还需要细致了解有关未成年人保护的法律法规，依法开展工作。

步骤三：形成不同的备选方案

这个案例中，最理想的做法是说服小娜，让她清楚相关规定以及自己可能面临的风险，愿意主动寻求帮助，愿意向母亲以及其他的专业人员（如精神科医生、心理咨询师）寻求帮助，这时候社工小王可以在自己的专业能力范围内提供资源和帮助。如果小娜不同意其他人介入，那么社工小王就需要比较准确地评估风险，选择合适的时机与小娜讨论保密的界限，之后可以采取的方案有告知母亲、为母亲提供辅导甚至危急状况下联合多部门强制介入，以保障小娜的安全。

社工小王要时刻明白，他也可以寻求资源支持，参与伦理决定的人不仅可以是他和小娜，在必要的情况下，社工小王也能邀请相关人员参与进来，这些人包括小娜的母亲、禁毒专干、派出所民警、机构督导以及其他可以提供帮助的人。

步骤四：确定最优方案并落实

伦理决定本就伴随着服务的整个过程，伦理决策六步法借鉴了通用决策模式，就是为方便禁毒社会工作者将伦理决策与实务工作的流程相结合。步骤三对应的是计划环节，已经设定了服务目标，步骤四就可以根据实际情况确定当下可以实现目标的最优方案并落实。

步骤五：记录过程并及时报告督导或上级部门

服务的规范化管理要求对个案进行详细记录，督导定时查阅。对于复杂且具有危机的个案，更需要详细记录过程并及时报告督导或上级部门，为一线禁毒社会工作者提供及时的指导和支持，减轻一线禁毒社会工作者的压力，避免出现失误。

步骤六：对本案例进行反思

有经验的社会工作者考虑问题会更全面，也能想出更多的备选方案，但即使知道备选方案，用哪个方案？选择什么时机用？该如何说？具体如何做？细节如何处理？这些都影响着最终的效果。详细地记录和反思是复盘，可以训练更为敏锐的觉察力和判断力，出现更好、更多、更恰当的应对方法。

9.5.2 多戈夫的伦理分析方法

1. 识别问题和问题未解决的原因

小娜有自伤甚至自杀的风险以及情绪障碍，然而母亲没有给到及时的帮助和支持，并缺乏相关的知识；问题的原因也是毒品的影响以及工作场所的影响。

2. 识别涉及这一问题的所有人

包括了小娜及其母亲、社工小王；以及小娜所在的社区康复中心工作人员。

3. 参与决定的对象

在这个案例中，小娜和社工小王是必须参与做决定的人。社工小王是主要负责小娜的社会工作者，这是社工小王遇到的问题，需要自己去面对以及为小娜给出合理的建议，不能逃避。小娜作为当事人，她有权利而且也必须参与做决定的过程。

如果小娜同意或者说有危及生命的风险，保护生命健康的伦理原则优先于自主和隐私保密，小娜的母亲可能需要参与做决定，社区戒毒社区康复的禁毒专干、派出所民警也可能需要参与做决定。另外如果社工小王觉得有需要其他资源介入帮助她，那么也可能需要机构督导、专业心理咨询师等人参与。

伦理决定是一个过程，前面一个决定会影响后面的决定。决定哪些人参与进来共同做决定，社工小王会和小娜进行充分的讨论，就保密原则和保密例外的情况进行介绍，并完成知情同意等工作。

4. 识别涉及的人和社会大众的价值观

社工小王的价值观是保护小娜的生命安全是最优先的，作为社会工作者应以服务对象的最佳利益来考虑服务策略和服务行动。小娜是未成年人（未成年人的工作需要遵守相关的法律规定，后面有具体阐述），她的思考和决策未必足够成熟，她仍然需要合适的成年人来保障她的权益。另外社工小王担忧小娜可能患有抑郁症，或者其他的精神类疾病或神经症，这些情况已经超出小王的专业能力范围，且存在引发危机的可能性，他需要将小娜的情况上报机构和相关领导，寻求更多的支持。而小娜的价值观认为自己有权力决定自己的事情，如果自己不想让其他人知道她的情况，社工小王就不应该多管闲事。社工小王和小娜价值观的差异让小王陷入伦理困境。

5. 解决（或减轻）问题的目的和目标

减轻或消除小娜间歇性的负性情绪爆发以及由此引起的自伤行为。

6. 可能的干预策略与效果评估

需要保护服务对象的权益，且依法行事。可以和第三方进行合作，第三方类别如下。家人：小娜的母亲。系统：社区戒毒社区康复服务中心的禁毒专干、机构督导。政府：卫生部门、公安、综治部门等。

以服务对象的最佳权益为先。干预的对象除了服务对象小娜，也可以针对小娜的母亲。可能需要进行协助的合作方包括小娜的母亲、禁毒专干、机构督导以及所在镇街的卫生部门和公安、综治部门。

干预策略具体如下：

第9章 小娜的隐痛——保护生命健康优先的伦理案例

引导和激发小娜的求助和自助行动：了解清楚小娜的情况后，在与小娜充分讨论的基础上，鼓励小娜和母亲讨论自己的情况，并寻求专业的精神科医生、心理咨询师帮助。

指导母亲做出保护女儿的行动：在获得小娜的同意或者评估必须告知监护人的情况下，社工小王与小娜母亲沟通，告知小娜的情况以及可能存在的危险性，为小娜母亲提供合适的建议，让母亲来保护小娜的人身安全。

社工小王寻找机构资源支持开展危机评估和干预：针对小娜的自伤行为以及小娜希望可以对她的情况进行心理健康评估，社工小王与小娜沟通，邀请机构督导共同参与为小娜开展心理健康评估，同时评估自伤和自杀风险，与小娜一起讨论制订"安全计划"预防风险。（当社会工作者自我评估具备的培训不足以应对当下的情况，及时寻找帮助和支持是符合社会工作"诚信正直"的基本价值，同时社会工作者也应充实自我专业知识，以便未来更好应对此种情况，这是社会工作"能力"价值的体现。）

推荐和转介：为小娜介绍符合资质的心理咨询师和精神科医生，建议小娜进行诊治。

危急状况下的强制介入：假如小娜的情况严重危及生命安全，以上干预策略又无法执行，社工小王可以考虑将小娜的情况上报所在街镇社区戒毒社区康复的禁毒专干，在必要时寻求卫生部门、公安、综治部门的支持和帮助。

策略1：引导和激发小娜向母亲寻求帮助和自助行动。

小娜的情况已经持续很多年，而且小娜和母亲之间的关系也存在很多问题。从小娜的受教育程度、应对问题的方式以及她还是一名未成年人来看，她可能缺乏解决问题的资源和能力，如果仅仅以激发小娜自助行动为策略，在短期内可能不会有明显的效果，小娜可能不会采取行动，而且如果施加压力过大，还可能让小娜产生对社会工作者的回避行为。

策略2：指导母亲做出保护女儿的行动。

在小娜的成长过程中，母亲的角色是缺失的，指导母亲做出保护女儿的行动，涉及动机和能力，需要让母亲认识到自己的女儿虽然独立工作那么多年，但仍然还是未成年人，认识到女儿也渴望被保护以及获得恰当的引导，认识到自己和女儿之间存在的问题，还需要认识到女儿的情况具备的危险性，在充分了解的基础上增强帮助女儿的动机，担负起母亲的职责。此外还需要帮助母亲获得与小娜沟通和教育的知识和技能。激发动机以及赋能才有可能让这个策略产生效果，这一策略需要与母亲有比较多的接触，执行起来有难度，而且也需要一定的时间和足够的接触频率才能产生效果。

策略3：社工小王寻找机构资源支持开展危机评估和干预。

对小娜开展心理健康评估、危机评估和干预这是必须做的，当社工小王需要这方面的支持时，寻找机构资源支持是很重要的策略。

策略4：推荐和转介有资质的心理咨询师和精神科医生。

从小娜的情况来看，如果可以转介给更专业的心理咨询师和精神科医生，对小娜的治疗和干预效果会更好，但这一策略是否能够有效，关键还是小娜和小娜的母亲是否同意，是否自愿去。

策略5：危急状况下的强制介入。

这个策略是预防危机情况使用的策略。

7. 挑选并落实最适合的策略

经过上述的评估，社工小王认为可以综合使用策略1、2、3和4。在获得小娜的同意后，优先采用策略3，邀请机构督导一起为小娜开展了心理健康评估、危机评估和干预，然后使用策略4推荐适合的心理咨询师和精神科医生，接着使用策略1和2。

在使用策略前，社工小王与小娜进行充分的知情同意，告知小娜她的生命安全是社会工作者第一优先考虑的，她是未成年人，法律规定有些情况社会工作者有责任通知她的监护人，但在做任何决定前，社会工作者会与她讨论，尊重她的自我决定权，也会尊重她的隐私和保密权，也清楚告知小娜哪些情况保密将受到限制。

社工小王和机构督导到小娜家中为小娜做了心理健康状况的初步评估，评估结果显示小娜有很明显的抑郁、精神性症状。社工小王建议小娜和小娜的母亲去医院的精神科进行诊断。社工小王也通过搜索资料，推荐了合适的医院和精神科医生，提供给小娜和小娜母亲选择。在小娜表示想找心理咨询师的想法后，社工小王也通过督导的推荐，提供了合适的心理咨询师的人选。

小娜的母亲对小娜存在着许多误解，认为小娜很独立，不需要自己，自己也帮不了她。在与小娜和母亲交谈过程中，社工小王发现小娜在情绪激动时，感到的不仅仅是痛苦还有强烈的愤怒，社工小王问了小娜一个问题，在那种情况下她希望母亲做什么？小娜说她希望母亲能够理解她、陪伴她，即使她表现出想一个人的时候。通过提问和对话，社工小王帮助小娜厘清自己对母亲的情感需求和依赖。社工小王也让小娜的妈妈知道，她可以也应该为小娜做更多事情，特别是要陪伴女儿，给女儿提供足够的保护，让女儿感受到母爱和安全感。

8. 检查落实情况

在执行选择的策略过程中，需要检验策略执行的情况，策略是否得到有效落实，是否执行过程有意外发生造成策略无法执行。策略3是落实最好的一项，帮助服务对象认识到问题以及制订了一些保护措施。但策略4无法得到落实，小娜和小娜的母亲刚开始接受去看心理咨询师和精神科医生的建议，后来又拒绝。在小娜的情况稍微有所好转后，母女俩继续接受服务和改变的动力都降低了。

9. 评估结果并识别额外的问题

这个案例的目标是减轻或消除小娜间歇性的负性情绪爆发并由此引起的自伤行为，在个案跟进期小娜的情绪爆发的情况减少了，强度也减弱了，没有发生自伤行为，但可能并没有完全消除。

在落实策略过程中，社工小王秉持着为小娜的最佳利益考虑的理念，多次劝说小娜去看精神科医生或者心理咨询师，结果引起小娜的抗拒，开始回避小王，对小王的态度开始变得冷漠。小娜的行为引发社工小王的反思，尝试重新调整自己的服务策略和服务方式。

所有的干预和介入可能有好的结果，也可能产生一些问题，作为助人者需要接纳并且能敏锐觉察到服务对象和自己的情绪变化，能够去反思并及时调整，从而能明白伦理决策是一个过程，贯穿于服务的每一个环节。

9.5.3 可参考的各国家地区伦理守则

1.《社会工作者协会（NASW）伦理守则》（美国）

1.02 自决

社会工作者尊重且促进案服务对象的自决权，并协助服务对象尽力确认和澄清他们的目标。在社会工作者的专业判断下，当服务对象的行动或潜在行动具有严重的、可预见的和立即的危险会伤害自己或他人时，社会工作者可以限制服务对象的自决权。

1.04 能力

（a）社会工作者应仅在自己所受的教育、训练、执照、证书，所受的咨询或被督导的经验，以及相关专业经验的范围内提供服务和展现自己。

1.07 隐私与保密

（e）社会工作者必须和服务对象及其他利益相关者讨论保密的本质和服务对象隐私权的限制。社会工作者应与服务对象讨论在某些情况下保密的信息需要提供出来，以及依法必须解密时对服务对象可能产生的后果。这项讨论应在社会工作者与服务对象建立专业关系后尽快安排，而如有必要，在专业关系的全程中均可讨论。。（隐私与保密的准则有18条，仅列出一条与本案例直接相关的）

2.《社会工作者职业道德指引》[中国内地（大陆）]

第五条 社会工作者应以服务对象的正当需求为出发点，全心全意为服务对象提供专业服务，最大限度地维护服务对象的合法权益。

第八条 社会工作者应在不违反法律、不妨碍他人正当权益的前提下，保护服务对象的隐私，对在服务过程中获取的信息资料予以保密。

第九条 社会工作者应培养服务对象自我决定的能力，尊重和保障服务对象对与自身利益相关的决定进行表达和选择的权利。

3.《注册社会工作者工作守则》（中国香港）

职责

1 社会工作者首要的责任是向服务对象负责。

使用资料及保密原则

7 社会工作者应尊重服务对象在保障私隐和保密个人资料方面的权利，除非其他法例特别是个人资料（私隐）条例（中国香港法例第486章）有所订明。社会工作者也应尽可能充分告知服务对象在某种情况下，保密性所受到的限制，收集资料的目的及资料的用途。

4.《社会工作师伦理守则》（中国台湾）

1.1 社会工作师应基于社会公平、正义，以促进服务对象福祉为服务之优先考量。

1.6 社会工作师应保守业务秘密；服务对象纵已死亡，仍须重视其隐私权利。服务对象或第三人申请查阅个案社会工作记录，应符合社会工作伦理及规定；否则社会工作者得拒绝资讯之公开。但有下列特殊情况时保密须受到限制：

f.评估服务对象有自杀危险时。

（有7条保密限制情况，仅列出与本案例有关的第四和第六条）

9.6 案例反思

针对这个案例，社工小王有以下几点反思。

9.6.1 未成年社区戒毒个案的处理流程和处理规范

未成年人的社区戒毒个案，需要考虑的不仅仅是社区戒毒相关的法律法规，还需要考虑未成年人的特殊性，未成年人保护涉及的相关法律法规，在处理未成年人社区戒毒个案时，需要制订相关的处理流程和处理规范，为一线工作者提供服务指引和服务规范，更好帮助一线工作者有效开展服务，规避服务风险。例如未成年社区戒毒人员签署社区戒毒协议时是否需要监护人陪同？还是需要监护人签署？每一次的面谈，需要监护人陪同吗？什么情况需要告知监护人？对未成年人的隐私保护应该怎样做？

以下有关民典法对未成年人接受心理咨询的解读，或许可以提供一些参考和借鉴：

《中华人民共和国民法典》将民事主体中的自然人分为三类，18周岁以上是完全民事行为能力，8~18周岁之间是限制民事行为能力人，8周岁以下为无民事行为能力人。有一例外情况是，16周岁以上的未成年人，以自己的劳动收入为主要生活来源的，可以视为完全民事行为能力人。

完全民事行为能力人可以独立自主实施民事法律行为，除了部分特别规定限制，如涉及人身属性的行为（比如结婚，男性不得小于22周岁，女性不得小于20周岁），其他日常跟财产相关的行为，完全民事行为能力人可以独立决定。对于心理咨询而言，完全民事行为能力人可以独立签署咨询协议。

9.6.2 社会工作者的服务界限和伦理边界在哪里？

作为一名禁毒社会工作者，主要职责是什么呢？超出有关戒毒和预防复吸服务内容的范畴，禁毒社会工作者需要去做吗？比如在本案例中，如果不涉及复吸问题，禁毒社会工作者需要花这么多时间和精力去帮助服务对象去处理母女关系、处理心理和行为偏差吗？

编者认为，作为一名禁毒社会工作者，其价值理念是以服务对象的最佳福祉为原则，因此社会工作者不会以自己的服务领域来限定自己该提供什么服务，而是把服务对象看作一个完整的个体去提供服务，作为一个完整的人有自我发展的意愿和潜能，他们所面临的问题就是发展的阻碍，我们要帮助他们去除阻碍，创造更好的发展环境，所有这些也是和服务对象的预防复吸的目标息息相关。但是作为一名禁毒社会工作者，也需要有服务边界和伦理边界的意识。既是保护服务对象也是保护自己的需要。

社会工作者的服务边界和伦理边界的界定是复杂的，除了一些绝对不可触犯的底线，很多情况社会工作者是否提供帮助需要视具体情境而做系统性的思考。编者认为边界的界定，或许可以从能力的边界和身份的边界来思考。什么是能力的边界？也就是社会工作者有能力处理的问题。处理超出自己能力的问题，可能给服务对象带来的是伤害。比如在这个案例中，社工小王想帮助小娜，但是他自己不具备危机评估和干预的能力，因此他需要寻找机构督导支持，而不是直接提供服务。不过假如在服务对象涉及生命危险的情况下，当下只有一名禁毒社会工作者，即使他不具备处理危机情况的能力，面对生命优先的伦理原则，职业使命也会推动禁毒社会工作者努力去保护生命。

另外一个可以思考的是身份的边界，身份的边界可以理解为禁毒社会工作者和服务对象建立的关系品质，服务对象接纳禁毒社会工作者在自己人际圈中的身份。身份的边界，更多是从服务对象角度感知到的与禁毒社会工作者的关系，是有距离的专业人士还是被认可的能理解自己关心自己的重要的人？对身份边界的感知，决定服务对象愿意接受何种程度的生活介入，这也决定了社会工作者可以影响服务对象的程度。比如在这个案例中，或许小娜只是接纳禁毒社会工作者作为一名仍有距离感但还算值得信任的专业人士。在这样的身份边界下，社工小王不能过于急迫地让小娜去做改变。对身份边界的感知，有助于禁毒社会工作者尊重服务对象的选择，但也会把更多选择放在那里，等待服务对象在突破身份边界后去选择。

9.6.3 在专业资源不足的地区，如何去做服务的转介？

案例中服务对象不愿意去接受精神科的诊断和心理咨询，或许一个很重要的原因是距离远，服务获取很不方便。服务对象地处经济欠发达的区域，当地没有精神科专科医院，也没有优质的心理咨询师。在专业资源欠缺的地方，怎样为有需要的服务对象整合到更多优质的心理咨询、精神科医生等资源，或者是否有更好的、更便捷的途径为他们提供服务，可能是未来社会心理服务体系需要优化的地方。

第 10 章

小组工作中的两难——边界相关问题

✚ 10.1 案例概述

社工小王除了是位有耐心又友善的禁毒社会工作者,也是一位心理咨询师,与政府的接触比较多,也有许多社会兼职。

在开展小组工作的前期,小王除了做好入组访谈外,还在同事和社区禁毒专干的陪同下去了部分社区戒毒对象家进行了入户走访。通过筛查共有 9 名成员愿意加入 20 次小组活动,包含 3 名女性和 6 名男性。经过访谈确认,所有人共同的小组目标是坚持戒毒、彻底脱瘾。小组成员小琴有 2 次强制戒毒经历,个人目标是认识带领者,虽然以前也不认识带领者,但好像需要一个"光明正大"的理由参与进来。小吴在访谈中谈到自己短暂的婚姻史和建立亲密关系的困难,个人目标是希望带领者看到自己表现,并提前拿到驾驶证。虎子哥 60 岁,带领者考虑到他与其他成员年龄差距太大,开始不打算将他纳入团体,但他个人特别积极参与,有过 30 多年吸毒史,没明确的个人目标,好像在寻找一个归属感。另有 3 名成员是社区禁毒专干为了满足小组人数强制参加,2 名成员参加 1 次后脱落。阿珍断断续续来过 5 次后脱落。扬子参加 2 次后,找到新工作持续请假 8 次,再次加入后坚持到最后。

小组工作中期和后期分别有 1 次大面积缺席,仅来了小琴 1 人。在这

2次小组工作中,社工小王与小琴进行了一对一的咨询,咨询中琴暴露自己不太愿意在小组中谈自己,小王给予鼓励,经过2次咨询,小琴在团体中的状态有所改变,自我暴露更多,与小组成员的互动也更多。

小吴前期参加团体很积极,哪怕花钱打出租车也会准时到,在团体中期,表达了自己想要提前拿驾照的需求,希望带领者能帮忙,中途无故缺席过2次,后期有追女孩子,在团体中讨论过恋爱的问题,小组成员纷纷向他传授恋爱经验,参与团体的动力随着跟团体成员的关系变化而改变。

阿珍参与小组的过程中,有过短暂的一段工作经历,小组中经常承担替罪羊角色,后与一名社区戒毒康复人员谈恋爱便脱落。在第10次小组活动后,正好是过年前,小组成员想感谢带领者提出聚餐,小王邀请同事组织小组成员和社区禁毒专干聚餐,阿珍未经小组同意,将男友带来,餐后男友与组员发生争执。

扬子在第1次小组中与胡子哥形成竞争关系,第2次询问社工小王一些私人问题,并且询问小王如何看待他们,是否有同情和怜悯。小王有些困惑,不知道如何把握自我暴露的尺度,需不需要回答扬子提出的关于个人隐私的问题?对于扬子连续8次未参加,只是请假并未遵守小组设置退出,小王也不知道是否应该拒绝他的加入?由于社区戒毒康复人员面临就业的现实问题,小组人数很难招够,对于参与者动力不够、目标不清晰或动机不一致(如小吴),小王应该如何处理?对于阿珍的脱落和带男友参与小组活动,小王应该如何处理比较恰当?

10.2 主要现实问题

社区戒毒康复人员较难建立关系,禁毒社会工作者一方面要通过服务与戒毒康复人员建立关系,另一方面需要通过专业的小组工作帮助戒毒对象调整心态、恢复社会功能,戒毒康复人员有时不知道清晰的角色定位对于心理矫治的意义,因此禁毒社会工作者会面临专业角色的挑战,也许会带给戒毒人员冷漠无情的感觉,某些时刻的拒绝会让戒毒人员受伤,无法继续开展工作,禁毒社会工作者就会面临着角色定位、界线把握的难题。

戒毒对象的再社会化是禁毒社会工作者工作的重点和考核指标，戒毒对象一般较难与人建立稳定健康的关系，他们的不稳定是常态，对于开展小组工作来说，固定的时间、人数对禁毒社会工作者来说都是挑战。

10.3 伦理挑战

10.3.1 小组辅导中面对边界问题

对于小组工作，禁毒社会工作者与戒毒对象能建立安全的关系，就意味着小组工作成功的开始，戒毒人员离开强戒所回归社会的过程中，面临着来自家庭、社会的压力，会缺乏自信，自卑感严重，敏感、多疑，容易产生挫败感，陷入消极情绪。戒毒后原有的生活模式必须放弃，原来的"毒友"不能再交往，新的社交圈还没建立，同时对于自己在吸毒期间给家人造成的伤害和破坏性行为，会产生内疚自责，所以会特别在意自己在他人面前的形象，也在意别人对自己的态度。此外，禁毒社会工作者在小组工作中面对自我暴露的邀请，会有左右为难的状态，需要认真体会戒毒对象发出邀请背后的动力，把握好工作关系与朋友的界线，在自身专业能力和服务范围内提供服务。同时，服务对象在接受社会工作者服务时，也要知晓自己面临的处境和状况、正式的工作关系和朋友关系的区别，能增加彼此的正向人际互动。

戒毒人员很多时候是难以把握住自我边界的，他们需要社会工作者的示范和教育，帮助他们去保护自己和经营关系。

10.3.2 小组中的缺席

一名成员的缺席可以给小组的运转与功能带来巨大影响，它能引起组员对于丧失、抛弃、不信任等强有力的主题的思考，即便有时候的缺席基于不得已的现实情况，还是会给小组造成情感上的冲击和影响。一旦戒毒人员在社会工作者身上和小组中体验到了尊重和关怀，就会共同营造一个"好"团体的氛围，如果是多名成员的缺席，就更加需要思考造成组员缺席的因素和缺席事件的含义,是否传递着一些在小组活动中不被允许表达的情绪,也需要了解那些"好"团体所蕴藏的危险,负面、批评、混乱及具有攻击性的话题是否在团体中不受欢迎。

10.3.3 入组成员的筛选

社区戒毒康复人员面临许多现实考验:需要找工作,需要适应社会的人际交往,需要恢复社会功能。所以他们的时间也是非常不确定的,参加小组活动很难获得既得利益。每位戒毒人员的人生目标都不同,对于羞耻等情绪的表达也不同,而一个小组能开启需要一定的人数,这时对于禁毒社会工作者的考验就比较大,是为了凑人数而开组,把所有人都纳入小组中,还是要筛选合适的人选,通过自己的专业,激活戒毒人员的内在需求,这对于小组工作的开展有很不同的影响。

10.4 伦理分析

筛选可以从小组工作中获益的成员加入小组,拒绝那些没有动机、没有时间、入组动机不是小组工作可以满足的成员进入小组,是小组带领者很重要的伦理守则。小组工作中的边界涉及禁毒社会工作者的自我暴露,禁毒社会工作者如果因为焦虑而过于保守或暴露太多,都可能导致错误地感受小组成员的需要,或者不准确地评价小组动力。小组是封闭还是开放,从建立小组开始就设置好,对于专业关系中彼此的角色、任务和边界在早期进行澄清和说明,有利于后续进入正式关系,也利于小组共同营造的文化氛围,引导小组成员遵守设置,把握边界,阻止外部力量的侵入,都是小组带领者的责任。

10.5 应对建议

10.5.1 六步法分析

步骤一：收集信息、澄清事实，明确伦理问题

本案例主要涉及带领者与小组成员的专业边界、成员筛选、成员脱落问题，主要影响范围包括小组成员本身、成员之间及带领者。

步骤二：识别不同的价值体系

小组带领者的工作价值观是使小组成员在自身利益得到保障的前提下，能够从小组活动中受益。同时，带领者也面临着团体人数要求、成员脱落的现实要求和伦理要求。服务对象对带领者的自我暴露和邀请，可能来源于服务对象希望从带领者这里得到一种被认可、可信任的关系需求。成员脱落也可能是小组成员由于过往经历而产生的对小组活动的不安全感，进而产生对外界、人际关系的回避倾向。

步骤三：形成不同的备选方案

对于专业边界问题，在伦理守则中为了保障服务对象的利益，不允许与小组成员有专业关系之外的利益往来，但是对于来自服务对象的邀请、交流也不能全盘拒绝，这样反而会因为遭到拒绝，使服务对象在心理上受到伤害，因此边界问题的选择需要结合对服务对象有利的一面和有害的一面去评估。对于成员缺席的问题，需要禁毒社会工作者在小组开始前就进行一个有效的评估，评估得越充分，小组活动的进行才能更顺利。在小组过程中，如果其他成员的缺席影响到在场的成员，则要引起重视，在小组中开展探讨，允许小组成员充分表达。

步骤四：确定最优方案并落实

对于禁毒社会工作者的工作边界的挑战，禁毒社会工作者应该把握在能力范围内进行服务的原则，具体的处理需要依据具体的情境变化而有所调整，重要的是按照伦理原则进行工作。

（1）小组工作中的自我暴露

在这个小组中，扬子问到社工小王的私人问题，小王需区分是否涉及隐私，通过这个问题可以看到扬子逐步在建立对小王的信任，也许在戒毒对象的心里，只有"赤诚相待"了才值得信任，所以扬子也会问到小王是否看不起他，说明扬子想进一步了解小王和这个团体，同时又得面对自己过去经历的羞耻感，小王可以坦诚地说出他听到扬子这个问题时的感受，感谢扬子对他个人的好奇和想建立更好关系的渴望，但同时保护自己的个人隐私，为小组成员示范如何不带伤害的拒绝别人，保护自己的边界。

（2）小组完整性界线的保护，包括小组设置澄清的确认

对于扬子连续8次未参加，只是请假并未遵守小组设置退出，小王有犹豫是否需要向他提出退出小组，此时可征求小组成员的意见，如不退出可在缺席的2个月内，安排与扬子的线上沟通，将情况反馈到小组，做好小组和扬子之间的联络员。

对于阿珍和其他2名组员的脱落，一方面考虑现实原因，戒毒康复人员需要工作，需要适应社会的压力；另一方面看阿珍是否成为小组的"替罪羊"，承担了小组中不好的部分，以至于在压力的驱使下脱落。

阿珍带男友参与小组聚餐，也许意味着阿珍对于封闭小组的设置并没有理解清楚，且随着活动场景的转换，小组设置是否也已经随之发生变化？禁毒社会工作者对于设置的解释是否跟小组成员的理解达成一致？小王可以借由此次越界，与小组成员在下一次小组活动中进行讨论，需要帮助组员理解清晰小组的界线不会随着场景的变化而发生变化。同时，小王可以帮助组员建立等级制度和规则，如果在参与小组过的过程中，遇到困难或疑问，可以询问小组带领者，帮助小组成员学会遵守规则、学会沟通和求助，训练小组成员回归社会的技能。争吵的部分，可以交予小王的同事或机构去进行处理。

（3）服务对象原有的经历对界限的影响

小吴过往的经验对于现在的社区康复状态是有影响的，禁毒社会工作者需要多关注他的行为特征、延续的习惯，跟他探讨原本的经历、边际的问题，他是如何理解这个边界的，以及现在他的行为为何有偏移；禁毒社会工作者也需要理解，也许成员过去的经历使得他（她）对边界的认识有

所模糊，认为很多事情都是可以突破和改变的（例如表现好，就可以不遵守规定），强制戒毒所的经历让他对现在社区戒毒的规定感到模糊，认为已经离开了戒毒所则现在的规定也是可以改变和突破的，禁毒社会工作者应该看到这层可能的影响，同时协助他去理解和适应目前法律上的要求。

（4）小组的知情同意与服务对象自决

由于社区戒毒康复人员面临就业的现实问题，小组人数很难招满，对于参与动力不够、目标不清晰或动机不一致的成员（如小吴），在团体的准备阶段和成员筛选过程中，成员有权获知关于团体过程、设置和风险的全部信息，这既是"尊重"和"真诚"原则的体现，也是团体得以顺利进行的前提保障。小王应尊重成员的自主性原则，即需要得到他们的知情同意，在小组开始之前就把所有可能会发生的情况告知他们，并得到他们的同意，如果成员不同意的话，他（她）便无法加入小组接受小组工作。社会工作者要尊重服务对象的治疗目标与决策，把握好界限，认真筛选能够在小组工作中获益的成员加入小组，在小组进行的过程中，激活和推动每位成员个人议题的进展。

步骤五：记录过程并及时报告督导和上级部门

对于小组成员人数要求，成员各自目标非常不一致的情况，以及后续成员的缺席可以形成记录，并与机构督导和门诊负责人沟通应对策略。

步骤六：对本案例进行反思

小组工作周期长且涉及人员较多，需要详细记录每一位小组成员情况以及每一次小组过程，事后依据伦理原则进行反思并不断优化应对方案。

10.5.2 多戈夫的伦理分析方法

1. 识别问题和问题未解决的原因

扬子希望可以从社工小王这里了解到他对小组成员的看法，但是小组带领者回应这类问题需要谨慎，可能涉及自己的隐私暴露，以及小组工作外其他成员隐私的暴露。扬子、阿珍的缺席，使得社工小王不知该如何妥善处理。而小吴想要提前拿到驾照的诉求不是小组工作能够解决的现实问题，对小王来说是一个跨身份的界限问题。

2. 识别涉及这一问题的所有人

对于社工小王的自我暴露，涉及扬子，同时也可能影响到其他参与的小组成员。对于小组成员阿珍和其他2名组员的脱落，既有可能与组内成员有关，又可能涉及小组外部成员。

3. 参与决定的对象

社工小王的自我暴露，由社工小王根据伦理原则来决定交谈内容、交谈边界。对于成员的脱落问题，需要进一步了解成员脱落的原因，在合乎伦理的前提下鼓励成员继续参加，但需要尊重小组成员的自决权。

4. 识别涉及的人和社会大众的价值观

社工小王既要面对小组成员人数的现实要求，同时也有需要符合伦理原则的成员筛选要求。小组成员小吴则是以拿到驾驶证为目标，扬子向社工小王的问题询问，包括希望建立信任的关系需求，也有希望得到社会认可的安全需求。

5. 解决（或减轻）问题的目的和目标

首先需要保证服务对象的利益不受损害，减少小组成员缺席的发生，并降低缺席带来的风险，以及提前做好相应的规划以应对此类现象。

6. 可能的干预策略与效果评估

①小组工作中的自我暴露：如果直接拒绝与扬子的交流，可能导致服务对象对社工小王产生不信任的感觉，也不利于扬子的自我接纳，但是如果直接回应扬子的问题，则要注意隐私的暴露。

②小组成员的缺席：对于扬子、阿珍的脱落，如果直接劝他们退出小组可能使社工小王在不了解具体原因的情形下损害成员的利益，如果对他们的缺席没有任何回应，则对小组活动的效果产生影响，因此需要社工小王与缺席人员进行详细的交谈，了解背后原因，并与小组成员共同商量。

③社区戒毒康复人员的现实考验：由于社区戒毒康复人员面临就业的现实问题，小组人数很难招满，对于参与者动力不够、目标不清晰或动机不一致的成员（如小吴），小王应尊重成员的自主性的原则，在小组工作之前把所有小组的要求、规定、设置以及可能会发生的情况都告诉他们，得到他们的同意和认可后才能接纳他们进入小组，并且如果他们不能同意，

小组带领者需要拒绝他们入组。若有人员进入小组后又出现了反复缺席的情况，小组带领者就可以根据入组前的交流来探讨缺席背后的动力和意义。

7. 挑选并落实最适合的策略

①扬子问到社工小王的私人问题，小王需区分是否涉及隐私，小王可以坦诚地说出当他听到扬子这个问题的时候的感受，感谢扬子对他个人的好奇和想建立更好关系的渴望，但同时在内心也需要考虑，这个团体是为成员服务的，不是为小组工作者服务的，自己如何回答这个问题有助于成员的获益，如何维护小组的边界，尊重扬子的权利，也尊重自己的个人隐私，为小组成员示范如何相互尊重，且维护小组设置。

②对于小组成员的缺席，可在小组中探讨其可能的动力和意义，如是现实原因，无法地面参加小组，可以想办法开展线上和线下的小组工作。对于阿珍和其他2名组员的脱落，一方面考虑现实原因，戒毒康复人员需要工作，需要适应社会的压力；另一方面看阿珍是否成为小组的替罪羊，承担了小组中不好的部分，以至于在压力的驱使下脱落。

③阿珍带男友参与小组聚餐，也许阿珍对于封闭小组的设置并没有理解清楚，而且随着活动场景的转换，小组设置是否随之发生变化，禁毒社会工作者对于设置的解释是否跟小组成员的理解达成一致，小王可以借由此次越界与小组成员在下一次小组活动中进行讨论，需要帮助组员理解清晰小组的界线不会随着场景的变化而发生变化，同时和小组成员探讨阿珍带男友来这一行为底层的动力和需要，是否在小组中感到不安全，害怕疏离，而带来男友陪伴自己，帮助提升安全感和降低孤独感。现实层面争吵的部分，也可以交予小王的同事或机构去进行处理。

④小吴过往的经验对于现在的社区康复状态是有影响的，禁毒社会工作者需要多关注他的行为特征、延续的习惯，跟他探讨原本的经历、边界的问题，他是如何理解这个边界的，他的理解如何受到过去经历的影响，禁毒社会工作者应该理解这个影响，同时协助他去理解和适应目前法律上的要求。

⑤在团体的准备阶段和成员筛选过程中，团体成员有权获知关于团体目标、过程、设置和风险的全部信息。小王应尊重服务对象的自主性的原则，得到他们的知情同意，如果他们不能同意团体的相关内容，就无法将其纳

入小组工作中，需要尊重他们的目标和决策，把握好界限。

8. 检查落实情况

对于社工小王的解释，服务对象能够给予理解，有关于团体的伦理要求、团体过程及风险等信息还需要社工小王在小组中继续普及。

9. 评估结果并识别额外的问题

由于小组中人员较多，因此作为带领者，需要关注到伦理决策对每一位成员的影响。

10.5.3 可参考的各国家地区伦理守则

1.《禁毒社会工作伦理守则（草案）》（详见本书第四章）

4.3.1.11 团体辅导模式的小组

（5）禁毒社会工作者必须发展出一套方法，以致可以甄选符合资格的成员，并排除不符合资格者。

（6）禁毒社会工作者应在小组开始前和小组过程中适当的时候，对小组成员说明他们可能会面对的心理及生理上的危险。

（7）禁毒社会工作者应在小组开始前、进行中及结束时，向成员说明保密的重要，并需要在小组开始时协议好保密的限制，提示成员保密的伦理责任。并预告成员重视自己的隐私以及表露个人内心隐秘的限度。

（8）开展小组时，禁毒社会工作者应明确告诉小组成员有关小组的性质、目的、过程、使用的技巧、预期效果及小组原则等，以协助当事人自由决定是否参与。

（13）禁毒社会工作者应保护成员的个人权利，由他们自由决定选择在小组中分享的内容和参加的活动。禁毒社会工作者也要对可能侵犯成员权利及其自由决定权的压力有敏锐的辨察，及时干预。

（14）禁毒社会工作者应尊重小组成员参与或退出小组活动的权利，不得强制成员参与或继续参与他不愿参加的活动，以免造成小组成员身心的伤害。

2.《社会工作者协会（NASW）伦理守则》（美国）

1.02 自决

社会工作者尊重且促进服务对象的自决权，并协助服务对象尽力确认和澄清他们的目标。在社会工作者的专业判断下,当服务对象的行动或潜在行动具有严重的、可预见的和立即的危险会伤害自己或他人时,社会工作者可以限制服务对象的自决权。

1.03 告知后同意

(a)社会工作者只应在获得服务对象适当而有效的告知后同意的专业关系范围内来提供服务,必须以清楚和易懂的语言告知服务对象:服务的目标,服务中有关的风险,由于第三者付费规定而产生的服务限制,相关的费用,合理的选择方案,服务对象可以拒绝或撤回同意的权利,同意的时间范围等。社会工作者应给服务对象提问的机会。

3.《社会工作职业道德指引》[中国内地(大陆)]

第七条 社会工作者应尊重服务对象知情权,确保服务对象在接受服务过程中,了解自身和机构的权利、责任和义务,以及获得服务的情况和可能由此产生的结果。

第九条 社会工作者应培养服务对象自我决定的能力,尊重和保障服务对象与自身利益相关的决定进行表达和选择的权利。

第十八条 社会工作者在提供专业服务时,应诚实、守信、尽责,积极维护专业形象。

社会工作者应在自身专业能力和服务范围内提供服务。

4.《注册社会工作者工作守则》(中国香港)

5 如果服务对象是在强制情况下使用服务,社会工作者应向服务对象清楚说明他们的权利和权限,并协助他们尽量获取最大的自主权。

13 社会工作者不得滥用与服务对象的关系,借以谋取私人的利益。

45 从事私人执业或独立进行社会工作者实务的社会工作者,应只在其能力范围内提供服务。一旦服务对象的需要超出其能力范围,社会工作者应予以适当的转介。任何有关其服务的宣传,均应建基于该等社会工作者的实际资格、经验和专长。

5.《社会工作师伦理守则》(中国台湾)

1.2 社会工作师应尊重并促进服务对象的自我决定权,除为防止不法侵权事件、维护社会大众利益、增进社会福祉外,不可限制服务对象自我决定权。

1.3 社会工作师服务时，应明确告知服务对象有关服务目标、限制、风险、费用权益措施等相关事宜，协助服务对象作理性的分析，以利服务对象作最佳的选择。

第 11 章

一部手机带来的烦恼
——远程服务的案例

11.1 案例概述

社工小王从 2018 年开始在社区负责社区戒毒和社区康复的工作，年纪轻轻的他认为微信使用起来比较方便，可以打字也可以视频，于是和辖区内的服务对象加了好友，通过微信，社工小王与服务对象熟络起来，还会在"朋友圈"中相互点赞，甚至会调侃两句，久而久之，服务对象也成了社工小王的朋友。

社工小王和服务对象大李互相有微信好友，大李经常会在社工小王的朋友圈点赞，有时还会评论一番，社工小王起初没有在意，直到有一天刷到大李的朋友圈，发现他正在做一些可能违法的事，在面对面的交谈过程中大李并没有主动提起，选择了隐藏，却在朋友圈暴露了，这让社工小王意识到，朋友圈已经不仅是"朋友圈"了。随之而来的新冠疫情让很多线下的工作变成了线上，或通过电话或通过网络，社工小王因为提前做好了准备而工作起来游刃有余。

直到有一天早上起来，看到微信上大李有很多条未接语音，而且因为静音在晚上也没有听到打来的电话，这让社工小王心里一紧，难道是出什么事了吗？于是拿起电话赶紧给大李拨了过去，响铃多次以后仍然无人接听，社工小王急急忙忙地出门寻找大李的下落，最后在大李母亲家找到了酒劲还没过去的大李，悬着的心也算是放下了。从此之后，偶尔会有服务对象凌晨或大半夜给社工小王打来电话，弄的社工小王接也不是不接也不是。

11.2 主要现实问题

在疫情的影响下，许多以面对面为主的工作形式转变为线上非面对面的方式。同时，随着电子设备的不断普及和服务对象年轻化，服务对象行为模式发生了变化，禁毒社会工作的干预形式也发生了很大的变化。但随之而来的也有各种各样的伦理问题，其中最典型的就是案例中禁毒社会工作者时间边界被打破的情况。社交软件为主的交流方式模糊了禁毒社会工作者与服务对象之间的边界，彼此的关系拉近了，但又会有不自知的突破边界的行为。

另外一个随之而来的是服务对象信息的安全问题。与传统的记录方式相比，与服务对象的聊天记录、通话时社会工作者的周围环境、服务对象的环境，还有设备丢失而产生的信息泄露风险等，这些都是禁毒社会工作者需要面临的信息安全挑战。反过来看，服务对象也能够通过社交媒体等渠道了解禁毒社会工作者的不同面向，从而产生身份错觉，进而可能影响到专业关系。

11.3 伦理挑战

对禁毒社会工作者工作边界的挑战。虽然服务对象利益优先是禁毒社会工作者的价值观，但是维护工作边界是禁毒社会工作专业性的体现，工作设置本身对于服务对象来说存在治疗因子，并且能够避免服务对象进一步突破专业边界而产生的伦理问题，避免对工作产生负面的影响，这也是对禁毒社会工作者的保护。

禁毒社会工作者在线上工作的过程中需要考虑到服务中被动获得的信息，包括微信聊天、短信、"朋友圈"等，主动考虑服务对象的隐私权，在不突破保密例外的情况下应予以保密。

11.4 伦理分析

伦理守则中目前还没有对线上工作的明确规定，因此可以参考伦理原则筛查方法进行思考，"原则7真诚和毫无保留地公开信息"指的是社会工作者应当向服务对象充分展露所有跟专业关系相关的信息，以帮助服务对象作出有利于自己的选择。社会工作者在公开自己的联系方式和微信时，也是一种信息暴露，虽然能够帮助到服务对象，但是在实际中成为一把双刃剑。

另外要考虑服务对象的信息安全。在伦理挑战中已经对线上工作信息安全进行了阐述，本质上是隐私与保密的问题，有些地方规定了服务过程也属于保密的部分，有的地方仅将服务对象的个人信息作为保密的部分。"原则6隐私与保密"提到保密的目的是防止他人对服务对象造成伤害，尊重服务对象的隐私权能够营造安全的服务氛围，对服务对象是有益的，因此线上服务中的信息，如地理信息、时间信息、聊天记录等，也应属于隐私和保密的伦理范畴。

11.5 应对建议

11.5.1 六步法分析

步骤一：收集信息、澄清事实、明确伦理问题

案例中的主要问题是禁毒社会工作者与服务对象的工作边界问题，主要涉及禁毒社会工作者和服务对象。

步骤二：识别不同的价值体系

社会工作是一项专业的助人活动，需要有明确的专业工作边界，但是在建立专业关系的过程中，服务对象将社会工作者的理解当作热心，从而对关系边界产生误判，服务对象不仅与社会大众的价值观相似，而且会更讲朋友义气，这种亲密的关系是与专业关系不同的。

步骤三：形成不同的备选方案

与服务对象明确专业边界，还需要注意维护已经建立起来的专业关系。

步骤四：确定最优方案并落实

评估与服务对象的专业关系稳固性后，与服务对象讨论工作和下班的时间边界，明确紧急事件的联系方式。在机构层面，申请工作专用的手机，并及时告知服务对象。

步骤五：记录过程并及时报告督导或上级部门

非工作时间与服务对象的交流也需要记录，并且遵守保密原则。在实务工作中感到压力或确定边界时缺少方法，可以与督导讨论增强实务能力，与此同时，帮助机构完善远程服务相关的服务制度。

步骤六：对本案例进行反思

因疫情的影响，线上工作逐渐成为一种新的工作方式，配合传统的工作方式总结经验，能够产生更高效的工作方法。

11.5.2 多戈夫的伦理分析方法

1. 识别问题和问题未解决的原因

社工小王的私人生活和工作之间关系模糊。服务对象不仅能够在工作时间之外联系禁毒社会工作者，也能够看到禁毒社会工作者的朋友圈，从而更进一步了解禁毒社会工作者，这可能导致时间、人际边界被突破，引发后续其他伦理问题。

2. 识别涉及这一问题的所有人

社工小王私人生活与专业工作的界限被现代化的通信设备打破，服务对象能主动了解社会工作者的方式增加了，而且有时会让社会工作者处于比较被动的地位。此外就是对专业关系的影响，进而是社会工作者的私人生活暴露对专业工作的影响。另一个问题是专业界限的问题，服务对象对工作时间的理解可能存在误区。

3. 参与决定的对象

应当以社工小王为主，在符合服务对象利益优先的前提下，禁毒社会工作者的伦理意识和知识储备要比服务对象多，而且本案例主要受到影响的是禁毒社会工作者，继发会影响对服务对象。另外，社会工作者机构在其中也有牵涉，机构的管理人员应当考虑到远程服务相关的管理规定和方法。

4. 识别涉及的人和社会大众的价值观

社工小王：接纳服务对象并不等于认同服务对象的行为，专业关系的建立也应当考虑到服务对象所处的文化环境。服务对象大李：有了禁毒社会工作者的微信，感觉关系更紧密，可以把禁毒社会工作者当成朋友，而不仅是工作人员。

5. 解决（或减轻）问题的目的和目标

社会工作者的私人生活与工作、服务对象有所区分。

6. 可能的干预策略与效果评估

（1）使用专用的联系设备

本案例中反映出来的问题主要聚焦于社会工作者私人手机使用，因此有条件的社会组织可采用办公手机，模仿OA办公系统或是使用企业号等软件，确保社会工作者离职或更换时能够将服务对象信息留存于机构。同时，机构应当出台相应的办公手机使用规定，配合社会工作者伦理培训，在一定程度上避免伦理问题。

（2）明确拒绝

这是一种比较生硬的方式，会让服务对象感觉到受挫或沮丧，从而导致专业关系疏离甚至破裂。

（3）明确工作时间范围

与服务对象讨论工作时间的范围，相对于明确拒绝更加委婉一些，在专业关系的基础上，服务对象应该能理解。如果有可能，可以与服务对象讨论时间范围之外的内容，包括了服务内容、服务方式等，以更好地维护专业边界。

（4）尽量不与服务对象谈论个人喜好

适当的自我暴露有助于专业关系的建立，不仅是个人喜好，也包括私人生活情况等，从工作的角度出发，一方面要保护社会工作者自身，另一方面要符合对服务对象有益这一原则。

7. 挑选并落实最适合的策略

最终选择策略一，使用专用的联络设备，目前来看是一种比较治本的形式，能够维护专业服务的边界。

8. 检查落实情况

服务对象能够理解这种方式，维护专业关系，也能够保持专业边界。

9. 评估结果并识别额外的问题

专业设备的使用需要注意服务对象的信息保护，社会工作者离职后的转介等问题。

11.5.3 可参考的各国家地区伦理守则

1.《禁毒社会工作伦理守则（草案）》（详见本书第四章）

4.3.1.3 知情同意

（1）禁毒社会工作者有责任让服务对象了解自身的权利、责任和义务，可以获得的服务情况以及由此可能产生的结果。

（3）如果禁毒社会工作者借由电子媒体（如电话、短信、微信等）提供服务，应告知服务接受者这类服务的限制和风险。

4.3.1.4 隐私与保密

（7）禁毒社会工作者应采取预防措施，运用电脑、电子邮件、传真机、电话以及其他电子或电脑科技传送机密资料时，要注意确保其安全性，并应尽量避免披露足以识别服务对象身份的资料。

4.3.1.9 远程专业工作

（1）禁毒社会工作者通过网络/电话提供专业服务时，除了常规知情同意外，还需要帮助寻求专业服务者了解并同意下列信息：远程服务所在的地理位置、时差和联系信息；远程专业工作的益处、局限和潜在风险；发生技术故障的可能性及处理方案；无法联系到禁毒社会工作者时的应急程序。

（2）禁毒社会工作者应告知服务对象电子记录和远程服务过程在网络传输中保密的局限性，告知服务对象相关人员（同事、督导、个案管理者、信息技术员）有无权限接触这些记录和咨询过程。禁毒社会工作者应采取合理预防措施（如设置用户开机密码、网站密码、咨询记录文档密码等）来保证信息传递和保存过程中的安全性。

（3）禁毒社会工作者远程工作时须确认服务对象真实身份及联系信息，也需确认双方具体地理位置和紧急联系人信息，以确保在服务对象出现危机状况时可有效采取保护措施。

（4）禁毒社会工作者应明白与服务对象保持专业关系的必要性。禁毒社会工作者应与服务对象讨论并建立专业界限。当服务对象或禁毒社会工作者认为远程专业工作无效时，禁毒社会工作者应考虑采用面对面服务形式。

（5）禁毒社会工作者运用社群网站或网络沟通工具与服务对象互动时，应避免伤害服务对象之法定权益。

2.《社会工作者协会（NASW）伦理守则》（美国）

1.03 告知后同意

（e）如果社会工作者借由电子媒体（如电脑、电话、广播或电视）提供服务，应告知服务接受者这类服务的限制和风险。

1.07 隐私与保密

（1）社会工作者应保护服务对象书面、电子或其他敏感性资料。社会工作者应采取可行步骤确保服务对象的记录存放在安全的处所，并确保其他未被授权的人无法接触到这些记录。

3.《社会工作者职业道德指引》[中国内地（大陆）]

第七条 社会工作者应尊重服务对象知情权，确保服务对象在接受服务过程中，了解自身和机构的权利、责任和义务，以及获得服务的情况和可能由此产生的结果。

4.《注册社会工作者工作守则》（中国香港）

4 社会工作者有责任让服务对象知悉本身的权利及协助他们获得适切的服务，且应尽量使服务对象明白接受服务所要作出的承担及可能产生的后果。

5.《社会工作师伦理守则》（中国台湾）

1.3 社会工作师服务时，应明确告知服务对象有关服务目标、限制、风险、费用权益措施等相关事宜，协助服务对象作理性的分析，以利于服务对象做最佳的选择。

1.8 未经服务对象同意不得于公开或社群网站上公开其他足以直接或间接方式识别服务对象之资料。

1.9 运用社群网站或网络沟通工具与服务对象互动时，应避免伤害服务对象之法定权益。

第 12 章

被骚扰的社会工作者
——专业关系与亲密行为的案例

12.1 案例概述

　　李姐是一个性格外向、热心、大大咧咧的人，在男女有别这件事情上更是无所顾忌，很少会考虑到社交距离，与之相反的社工小王是一位男性社会工作者，日常生活中比较保守，在工作中边界感较强。在一次活动结束后，社工小王和几位服务对象共同收拾活动物资，李姐也在其中帮忙，可见社工小王和服务对象的关系建立得比较好，当社工小王弯腰捡东西的时候，李姐从旁拍了一下小王的臀部，说："年轻真是好，这么翘！"小王被这突如其来的一拍吓了一跳，立刻站直，面露尴尬，而李姐还在一旁向其他服务对象调侃这件事，并未看到小王的尴尬。

　　在这之后，社工小王仍然会开展活动，但在过程当中会和服务对象保持一定的距离，李姐并没有感受到距离上的变化，仍然和社工小王有说有笑，好像并没有意识到之前那一拍让社工小王感到的尴尬。

12.2 主要现实问题

案例中的李姐虽然和社工小王的关系比较好，但异性之间仍然需要保持一定的社交距离和适合的行为。有一些服务对象的行为模式受到圈子亚文化影响，无论是面对同性还是异性，为了表达亲密和好感而做出这样的行为，服务对象李姐并不认为自己的行为不当，但是在主流文化中，服务对象这样的行为是不符合社会规范的。社会工作者为了帮助服务对象更加顺利地回归社会，有责任让服务对象了解符合社会规范且适合的行为是怎样的。

案例双方的反应也许是人之常情，然而可以看出社工小王仍然无法接受李姐这样的越界行为。新手禁毒社会工作者可能仍处于学习阶段，在知识理论、技能实务和伦理上有所学习，但是在实习阶段可能没有接触过戒毒康复人群，对这个群体没有感性的认识，在工作过程当中不仅要补充这一部分知识，也要不断地进行个人成长以应对新出现的问题。

12.3 伦理挑战

社会工作者伦理守则是用来约束社会工作者行为的，各个国家和地区规定了社会工作者与服务对象肢体接触、性接触的伦理守则，但是并不限制服务对象的行为。从专业关系的角度看，禁毒社会工作者与服务对象的工作基础是专业关系，专业关系会体现在双方的互动中，本案中的禁毒社会工作者与服务对象专业关系牢固，但从另一方面来看，为了服务对象的利益，应当对专业关系外的亲密矫正来适应社会以更好地回归社会。

禁毒社会工作者应关注并保持自身专业胜任力，新手社会工作者需要在有督导的情况下开展实务工作。案例中的社工小王需要在非工作时间增加戒毒康复相关的专业知识和对戒毒人群的理解，并在有经验的社会工作者或督导的指导下开展工作。

12.4 伦理分析

从伦理准则筛查方法来看，国内外的伦理守则均对肢体接触有明确规定，因此按照伦理守则中的规定工作即可。在本案例中，禁毒社会工作者并没有违反相关工作条款，反而是服务对象的行为让其不知所措。基于伦理守则中关于服务对象及其相关亚文化环境的说明，禁毒社会工作者应当了解服务对象行为背后的亚文化含义，更进一步的，禁毒社会工作者应当基于对人群的理解提升自己的专业能力，在实务和督导下成长，提供优质的服务。

从伦理原则筛查方法看，适用于"原则3自主和自由"，这一原则是让服务对象在充分了解自主决策后果的情况下能做出有利于自己的决定。社工小王能够理解案主的行为，但是也应告知服务对象这样的行为是不符合社会交往规则的，可能对服务对象的人际交往产生影响。不仅从伦理角度提出指引，也从实务工作的角度给予指导，让服务对象了解不同行为背后的社会期待，从而适应社会。

12.5 应对建议

12.5.1 六步法分析

步骤一：收集信息、澄清事实，明确伦理问题

事情发生得比较突然，事后对禁毒社会工作者的影响比较大，再次面对服务对象时会有尴尬，可能会影响专业关系，然而服务对象却不自知。主要影响的对象是禁毒社会工作者和服务对象两人，影响的原因是"圈子"的亚文化与社会行为之间的不同，禁毒社会工作者服务的质量可能会因此受到影响。

步骤二：识别不同的价值体系

案例中可以看出，服务对象认为，只要是关系好的人就可以在行为上

表达亲近，而禁毒社会工作者认为服务关系应当保持界限，这与公众价值观"人与人之间，尤其是异性之间行为应当有分寸"是一致的。

步骤三：形成不同的备选方案

可以围绕实务工作调整服务对象行为，也可以从禁毒社会工作者的个人成长角度来设计不同的工作方案。

步骤四：确定最优方案并落实

结合上一步骤内容，禁毒社会工作者在做好个人成长之后，再对服务对象进行行为矫正，使其符合社会主流价值观指导下的行为方式。

步骤五：记录过程并及时报告督导或上级部门

在过程当中，督导不仅起到了专业指导的作用，也为禁毒社会工作者提供了心理支持，为工作的落实起到了帮助。禁毒社会工作者也应与上级部门探讨本案例，为其他禁毒社会工作者在实务中提供心理关爱和保护。

步骤六：对本案例进行反思

反思此次事件，即使是即时的行为反应，也会对事件发生后的工作关系产生影响，能否开口指出服务对象的不当行为也是对关系的一种考验。

12.5.2 多戈夫的伦理分析方法

1. 识别问题和问题未解决的原因

由于禁毒社会工作者无法接受服务对象亚文化，从而影响到专业关系，禁毒社会工作者由于个人成长不足，对事件和服务对象缺少妥善处理的能力。

2. 识别涉及这一问题的所有人

涉及事件中的服务对象和禁毒社会工作者。为了让新手社会工作者能够完成工作，还涉及禁毒社会工作者的督导。

3. 参与决定的对象

产生伦理矛盾的主要是禁毒社会工作者，以及需要督导者给予专业的帮助，因此参与决定的对象主要涉及禁毒社会工作者及其督导。

4. 识别涉及的人和社会大众的价值观

服务对象认为只要是关系好的人就可以在行为上表达亲近，而禁毒社会工作者认为专业关系应当保持界限，社会大众对此的价值观是人与人之间应当保持合适的社交距离，双方都应该感到舒适。

5. 解决（或减轻）问题的目的和目标

通过禁毒社会工作者的个人成长，在保持专业关系稳固的基础上，修正服务对象的行为。

6. 可能的干预策略与效果评估

（1）禁毒社会工作者通过与督导沟通，进行自我成长，化解内心的冲突，可以从服务对象行为是否适当这个角度进行工作，理解服务对象人群的行为特点，这样做对禁毒社会工作者的要求比较高。

（2）禁毒社会工作者与服务对象继续像以往一样工作，通过自然暴露让禁毒社会工作者适应服务对象群体。这样做的风险在于缺少专业督导的支持，禁毒社会工作者会因承受不住压力而回避。

（3）与服务对象说明这种行为不合适。这样做比较直接，对专业关系的稳固性有所考验，根据案例描述，禁毒社会工作者与服务对象的专业关系建立得比较稳固，可以尝试。

7. 挑选并落实最适合的策略

在督导的指导下，社工小王向服务对象表达自己对事件的感受，并希望服务对象不要再这样做，在恰当的时机和服务对象讨论互相之间比较能接受的表达方式。这种方法结合了不同干预策略的优点，从禁毒社会工作者的角度出发仅谈自己的感受，服务对象不会有被指责的感觉，在贴合服务对象语言风格的情况下进行行为纠正。

8. 检查落实情况

服务对象认真听取禁毒社会工作者的表达，并且说了自己的想法，之后会在这方面多注意。从结果上来看，服务对象的反馈比较好，在没有损害专业关系的前提下解决了伦理问题。

9. 评估结果并识别额外的问题

伦理角度已经解决，另外从实务的角度来看，巩固服务对象良好的行为模式是需要在持续工作的。

12.5.3 可参考的各国家地区伦理守则

1.《禁毒社会工作伦理守则（草案）》（详见本书第四章）

4.3.1.5 文化能力与社会多元（文化意识）

（1）禁毒社会工作者必须了解文化及其对人类行为的影响等社会功

能，并认识到存在于所有文化中的力量。

（2）禁毒社会工作者应具备与服务对象文化背景相关的知识基础，并在提供服务时展现出对服务对象文化的敏感度，也要能分辨出不同文化群体间的差异。

4.3.1.7 过度亲密关系及其他可能的骚扰

（4）如果肢体接触的结果有可能对服务对象产生心理上的伤害（如轻抱或抚爱服务对象），禁毒社会工作者不应与服务对象有肢体接触。禁毒社会工作者在与服务对象有适当的肢体接触时，有责任设定一个清楚的、适当的和具文化敏感度的界限以约束类似的肢体接触。

2.《社会工作者协会（NASW）伦理守则》（美国）

1.05 文化能力与社会多元

（a）社会工作者必须了解文化及其对人类行为和社会的功能，并认识到存在于所有文化中的力量。

4.01 能力

（a）社会工作者在接受任务或受雇时，应仅立足于现有的能力，或具有取得必备能力的意愿。

3.《社会工作者职业道德指引》[中国内地（大陆）]

第六条　社会工作者应平等对待和接纳服务对象，不因民族、种族、性别、户籍、职业、宗教信仰、社会地位、教育程度、身体状况、财产状况、居住期限等因素而区别对待。

第十八条　社会工作者在提供专业服务时，应诚实、守信、尽责，积极维护专业形象。社会工作者应在自身专业能力和服务范围内提供服务。

4.《注册社会工作者工作守则》（中国香港）

2 社会工作者应认同其服务的社群在种族及文化方面存在差异。

3 社会工作者应对其服务对象的文化熟悉和敏锐，并明白他们之间在族裔、国家本源、国籍、宗教和习俗各方面的分别。

40 社会工作者应只在其教育、训练、执照、证书、专业咨询、被督导的经验或其他相关的专业经验的范围内，提供服务及声称自己具备有关的职效能力。

5.《社会工作师伦理守则》(中国台湾)

4.1 社会工作师应包容多元文化、尊重多元社会现象,防止因种族、宗教、性别、性倾向、国籍、年龄、婚姻状态及身心障碍、宗教信仰、政治理念等歧视,所造成社会不平等现象。

3.2 社会工作师应具备社会工作专业技能,不断充实自我;担任教育、督导时,应尽力提供专业指导,公平、客观评量事件;接受教育、督导时应理性、自省,接纳批评与建议(也放入对实务机构的伦理责任"督导与咨询")。

结　语

"一千个人眼中有一千个哈姆雷特。"在同样的案例中，一千位"社工小王"可能会有一千种伦理决策，社会工作伦理是一种思考方式，在伦理事件发生当下，往往需要短时间内作出判断，"社工小王"可能是慌乱的、紧张的、犹豫不决的，这就需要在伦理事件发生之前对禁毒社会工作伦理有深刻的认识和理解，以此为基础作出最适合的伦理决策。"事后诸葛亮"是在伦理决策结束后，反思发现了更好的方式和方法，我们不应当苛责"社工小王"，而应从中获取经验。"三人行必有我师"是与同事、督导，甚至当事人，重新讨论伦理事件能够获得更多的想法和经验，当然这种讨论是以保密原则和案主利益优先为前提进行的。

在专业工作当中，禁毒社会工作者要时刻保持伦理敏感性，在服务过程当中要时刻准备着应对伦理事件，在多种决策方案中选择"最优"方案并落实。但禁毒社会工作者往往无法预知决策的结果，种种压力让禁毒社会工作者日渐疲惫，紧绷的伦理之弦如果不能张弛有度，终有一日会被扯断，因此禁毒社会工作者也要学会自我照顾。禁毒社会工作是一个耗费心血的职业，如果禁毒社会工作者心里只有工作和当事人，不会放松，不会照顾自己的需求，很容易被耗竭而空。禁毒社会工作者必须学会自我调节以保持良好的精神状态，这样才能保证为他人提供有质量的服务。

禁毒社会工作者应该像评估案主一样，时常对自己进行自我评估，保持对自我的关怀，重视工作中的意义、关系中的支持、身心的健康，在自己的生活中融为一体，平衡个人的生活。当需要支持或帮助的时候，禁毒社会工作者也可以求助于同事、朋辈、督导，以及心理咨询师等其他外部资源。

　　本书的编者们与案例中的"社工小王"非常愿意成为每位读者的朋辈资源，设立了邮箱 addictresearch@163.com 与读者们交流。欢迎读者就案例或是日常工作中的问题来信讨论！

参考文献

《2021年中国毒情形势报告》，中国禁毒网 http://www.nncc626.com/2022-06/23/c_1211659746.htm，2022-6-23/2023-5-1.

American Psychiatric Association. 2013. Diagnostic and Statistical Manual of Mental Disorders fifth edition[M]. Arlington, VA: American Psychiatric Association.

American Psychological Association. 2022. Ethical principles of psychologists and code of conduct[J]. American Psychologist, 57(12): 1060-1073.

Association for Specialists in Group Work. 1998. ASGW Best Practice Guidelines[J]. Journal for Specialists in Group Work, 23: 237-244.

Ballew, Mink. 1998. 个案管理[M]. 王玠，李开敏，陈雪，等译. 台湾：心理出版社股份有限公司.

Codes of Ethics and Professional Conduct[EB/OL]. London: The Institute of Group Analysis, 2014, 3.

Ethical Guidelines and Professional Standards for Organization Development and Group Process Consultants[EB/OL]. Kreuzlingen: International Association for Group Psychotherapy and Group Proccesses, 2012.

Fleck-Hendersen A. 1995. Ethical sensitivity: A theoretical and empirical study[J]. Dissertation Abstracts International, 56, 2862B.

Flower J. T. 1922. A comparative study of how psychologist gender relates to moral sensitivity[J]. Dissertation Abstracts International, 53(5): 25-27B.

Friedlander, Walter A. 1980. Introduction to Social Welfare[M]. Englewood Cliffs, N.J. : Prentice-Hall Collection.

Gert, Bernard. 2005. Morality: Its Nature and Justification, Revised Edition[M]. New York: Oxford University Press.

Helen Leland Witmer. 1942. Social Work[M]. New York: Farrar and Rinehart, Inc.

Helen Witmer, Phebe Rich. 1944. A task for social work in connection with psychiatric rehabilitation[J]. Smith College Studies in Social Work, 15 (2): 101-119.

Kuhse, H., & Singer, P. 1985. Ethics and the handicapped newborn infant[J]. Social Research, 52: 505-542.

Reamer, 1995. Social Work Values and Ethics[M]. New York: Columbia University Press.

Reamer. 1988. The Evolution of Social Work Ethics, Social Work[M]. 43: 488-500.

Salvador Minuchin, Michael P. Nichols, Wai Yung Lee, 2022. 家庭与夫妻治疗：案例与分析 [M]. 胡赤怡, 卢建平, 陈珏, 译. 上海：华东理工大学出版社.

Somberg, D. R. 1995. The influence of narcissism on psychologists' moral sensitivity[M]. Dissertation Abstracts International, 55(12): 5577B.

Tomasello. 2016. A Natural History of Human Morality[M]. Harvard University Press.

Turner, John C. 1907. Rediscovering the Social Group: A Self-Categorization Theory[M]. Oxford: Blackwell.

陈海萍. 2010. 社会工作实务中的伦理决定——基于中国社会工作专业化和本土化的思考 [J]. 福建行政学院学报 (3): 6.

程杰. 2021. 认知行为治疗模式下社会工作者介入社区戒毒实务探究 [D]. 广州：广东工业大学.

褚宸舸. 2021. 学科视阈下的中国禁毒法学研究三十年 [J]. 中国社会科学评价：118-129.

樊富珉. 2005. 团体心理咨询 (心理咨询与治疗丛书)[M]. 北京：高等教育出版社.

范燕宁. 2004. 社会工作专业的历史发展与基础价值理念 [J]. 首都师范大学学报 (社会科学版), (1): 94-100.

冯愉涵，张逸梅，樊富珉．2017．国外团体咨询与治疗伦理守则综述 [J]．中国临床心理学杂志，25(2): 7．

广东省市场监督管理局．2021．社区戒毒社区康复社会工作服务规范 [Z]．4: 14．

郭伟和．2022．在实证主义与实用主义之间——对西方社会工作两种实践模式及其认识论基础的评析 [J]．社会学研究，(3): 206-225．

国家禁毒办等十二部门．2017．关于加强禁毒社会工作者队伍建设的意见 [Z]．https://www.mca.gov.cn/n152/n167/c53344/content.html．

贺玉英，阮新邦．2004．诠释取向的社会工作实践 [M]．香港：八方文化创作室．

华炜，卜林，张霞．2008．个案社会工作与心理咨询的专业关系比较 [J]．社会工作，18-20．

黄耀明．2006．传统文化与社会工作价值观的本土化 [J]．漳州师范学院学报，(3): 40-44．

姜海燕．2014．交融与独立——社会工作与心理咨询关系探索 [J]．广东工业大学学报（社会科学版），14(1): 36-43．

拉尔夫·多戈夫，佛兰克·M·洛温伯格，唐娜·哈林．2005．社会工作伦理实务工作指南 [M]．隋玉杰 译．北京：中国人民大学出版社．

李施霆．2021．建立符合首善标准的毒品治理制度 [N]．中国禁毒报．

李晓凤，张强．（2013—2014）．生态系统理论视角下禁毒社会工作实务模式探索——以珠江三角洲地区为例 [J]．本土化社会工作理论与实务探索论文集．

廖荣利．1996．会工作概要 [M]．台北：三民书局股份有限公司．

廖云萍．2020．非对称性依赖：禁毒社会工作机构运行中的政社关系 [D]．上海：华东政法大学．

刘畅．2018．社会工作者伦理困境辨识与抉择研究 [D]．广州：华南农业大学．

刘华丽，卢忠萍．2007．儒家人格思想：中国社会工作本土化的理论渊源 [J]．南昌大学学报，(1): 80-83．

刘威．2006．内源性发展范式中社会工作本土化的路径选择 [J]．辽宁工程技术大学学报，(3): 170-172．

龙耀．2016．健康人心理性衰老量表构建与评价及其端粒长度研究 [D]．南昌：南昌大学．

罗肖泉．2005．社会工作伦理教育研究 [M]．徐州：中国矿业大学出版社．

马克思·韦伯. 新教伦理与资本主义精神 [M]. 桂林：广西师范大学出版社，
    2022.
潘泽泉. 2016. 禁毒社会工作基础知识 [M]. 北京：中国社会出版社.
皮湘林. 2009. 社会工作伦理的理论视域 [J]. 伦理学研究, (2): 39-43.
亓迪. 2018. 英国社会工作伦理决策模式介绍（四）[J]. 中国社会工作, (13): 2.
全国人民代表大会常务委员会. 2008. 中华人民共和国禁毒法 [Z].
阮曾媛琪. 从社会工作的两极化看社会工作的本质 [M]// 何国良，王思斌.
    2000. 华人社会社会工作本质的初探. 香港：八方文化企业公司, 114-137.
萨尔瓦多·米纽庆，李维榕，乔治·西蒙. 2019. 掌握家庭治疗：家庭的成长与转
    变之路 [M]. 高隽，译. 北京：世界图书出版公司.
沈黎，吕静淑. 2014. 华人社会工作伦理守则的比较研究. 社会学与社会工作.
汪新建. 2008. 人类行为与社会环境 [M]. 天津：南开大学出版社.
王春霞. 2006. 从传统文化视角考察中国社会工作的"本土化" [D]. 徐州：徐州
    师范大学, (5).
王思斌，熊跃根. 2004. 社会工作导论 [M]. 北京：高等教育出版社, 171-175,
    185, 194.
王思斌. 2014. 社会工作导论 [M]. 北京：高等教育出版社, 29-35.
王思斌. 2001. 中国社会的求 - 助关系——制度与文化的视角 [J]. 社会学研究,
    04: 1-10.
温宇娇，徐一凡，乔丹，等. 2020. 青少年非自杀性自伤行为的社会心理因素解
    释模型及干预研究 [J]. 国际精神病学杂志, 47(5): 4.
香港·社会服务发展研究中心. 2013. 禁毒社会工作实务手册 [M]. 广州：中山大
    学出版社.
徐道稳. 2002. 论社会工作的价值取向 [J]. 求索, 6: 99-101.
杨君. 2014. 社会工作核心价值观再建构及反思 [J]. 内蒙古社会科学, (2): 5.
杨鲤宁. 2018. 浅析社会工作实务通用过程模式对医学生伦理决策能力的影响
    [J]. 黔南民族医专学报, 31(03): 231-234.
伊丽莎白·雷诺兹·维尔福. 2010. 心理咨询与治疗伦理 [M]. 侯志瑾等译. 北京：
    世界图书出版公司北京公司.
张利增. 2007. 个案社会工作与心理咨询和心理治疗 [J]. 社会工作下半月（理

论), (9): 8-10.

张祎, 杨杰. 2015. 戒毒场所行为疗法的情境戒治[J]. 中国药物依赖性杂志, 24(2): 157-160.

张莹, 王玥. 2014. 中国禁毒社会工作的历史沿革研究综述[J]. 中国药物依赖性杂志, 23(2): 5.

张月, 莫关耀. 2020. 我国禁毒社会工作文献研究综述——基于CNKI文献的CiteSpace可视化分析(1998-2018)[J]. 中国药物滥用防治杂志, 26(2): 8.

赵芳. 2016. 社会工作伦理：理论与实务[M]. 北京：中国科学文献出版社.

赵小霞. 2011. 论特殊儿童社会化的社会工作介入——基于通用过程模式运用的分析[J]. 湖北经济学院学报(人文社会科学版), 85(7): 30-31.

赵雪莲. 2015. 心理治疗技术在戒毒康复中的应用[J]. 云南警官学院学报, 113(6): 27-31.

中国心理学会临床心理学注册工作委员会标准制定工作组. 2018. 中国心理学会临床与咨询心理学工作伦理守则(第二版)[J]. 心理学报, 50(11): 1314-1322.

中华人民共和国民政部. 2012. 社会工作者职业道德指引[Z].

附 录

附录1：《国家禁毒委员会成员单位主要职责》

（国家禁毒委员会　二〇〇〇年十二月）

为切实履行国家禁毒委员会对外负责禁毒领域国际合作，履行国际禁毒公约义务；对内统一领导全国禁毒工作，制定有关政策措施，组织、协调有关部门和单位并动员全社会的力量开展禁毒斗争的职责，充分发挥国家禁毒委员会各成员单位的职能作用，各司其职，各负其责，协作配合，共同搞好禁毒工作，现将国家禁毒委员会成员单位在禁毒工作中的主要职责划分如下：

公安部：

一、掌握毒品违法犯罪动态，研究制定预防、打击对策。

二、组织、指导、监督毒品犯罪案件的侦查工作，毒品预防教育、禁吸戒毒、禁种铲毒工作，麻醉药品、精神药物安全管理和易制毒化学品管制等工作，以及因毒品犯罪被判处有期徒刑在被交付执行前剩余刑期在1年以下的和被判处拘役的罪犯的监管改造工作。

三、履行国际禁毒公约义务，统一协调禁毒国际合作。

中央宣传部：

一、宣传党中央、国务院及国家禁毒委员会有关禁毒工作的部署和指示精神。

二、参与制定禁毒宣传工作的方针、政策和规划。

三、组织、指导、协调新闻单位宣传国家禁毒法律、法规、方针、政策、禁毒知识和禁毒斗争的成果、经验、先进典型及重大活动。

卫生部：

一、监督地方各级卫生行政部门对戒毒医疗机构的设置审批工作，组织协调地方各级卫生行政部门取缔非法设立的戒毒医疗机构。

二、制定戒毒治疗的规章制度和工作规范；对强制戒毒所、劳教戒毒所、戒毒医疗机构从事医疗和护理工作的人员进行资格认证。

三、贯彻"预防为主"的方针，积极开展健康教育工作，对经吸毒引起的传染性疾病依法进行监督管理，并对治疗工作提供业务指导和技术服务。

四、加强对医疗机构内部麻醉药品和精神药物的管理并规范使用，加强处方管理。

五、指导戒毒治疗科研工作，鼓励积极探索新的临床戒毒治疗方法。

六、配合公安机关和司法行政机关开展强制戒毒和劳教戒毒工作。

海关总署：

一、依照有关法律、法规，在海关监管区内和沿边沿海规定地区开展禁毒执法工作，严厉打击走私毒品和易制毒化学品违法犯罪活动。

二、依照有关规定，加强对易制毒化学品和麻醉药品、精神药物进出口的监督，防止流入非法渠道。

最高人民法院：

一、监督地方各级人民法院和专门人民法院对毒品犯罪案件的审判工作。对地方各级人民法院和专门人民法院已经发生法律效力的判决和裁定，发现确有错误的，进行提审或者指令下级人民法院再审。

二、直接审理最高人民法院认为应当由本院审理的第一审毒品犯罪案件；各高级人民法院、解放军军事法院作出一审判决，被告人提出上诉或人民检察院按照二审程序提出抗诉的毒品犯罪案件；最高人民检察院按照审判监督程序提出抗诉的毒品犯罪案件。复核未经授权的各高级人民法院、解放军军事法院审理的毒品死刑案件，以及虽经授权但人民检察院提出抗诉，高级人民法院按照第二审程序改判死刑的毒品犯罪案件；刑法第六十三条第二款规定的在法定刑以下判处刑罚的毒品犯罪案件；刑法第八十一条第一款规定的特殊情况的毒品假释案件。

三、对毒品犯罪案件审判中出现的具体法律问题做出司法解释。

四、对地方各级人民法院的毒品犯罪案件审判工作进行检查和指导。

五、对地方各级人民法院同与我国签订司法协助条约的国家法院之间相互请求代为一定诉讼行为事宜进行审查。

最高人民检察院：

一、协调检察机关与有关部门和单位在禁毒工作中的关系。

二、领导、监督地方各级人民检察院对毒品犯罪案件的审查批准逮捕、审查起诉和抗诉工作，以及对毒品犯罪案件涉及的国家机关工作人员利用职权实施犯罪的立案侦查工作。

三、依据审判监督程序，对各级人民法院对于毒品案件生效的判决、裁定提出抗诉。

四、领导地方各级人民检察院依法对毒品犯罪案件的立案、侦查、审判和刑罚执行活动进行监督。

五、组织、指导全国检察机关的禁毒专业培训，提高禁毒执法水平。

外交部：

一、根据我国外交工作总体方针和国别政策，协助有关部门对禁毒领域的涉外事项进行政策把关，处理禁毒领域国际合作中的有关问题。

二、参与制定禁毒领域国际文书。

三、配合有关部门做好禁毒对外宣传工作。

国家发展和改革委员会：

一、把禁毒事业发展计划纳入国民经济和社会发展中长期规划和年度发展计划，做好禁毒事业与国民经济和社会发展的衔接平衡与协调发展。

二、按规定程序统筹安排用于禁毒基本建设的投资和利用外资计划。

国家经济贸易委员会：

一、从制定产业政策和调控当前国民经济运行的角度，会同有关部门研究制定涉及禁毒的产业政策，协同有关部门依法取缔非法药品生产企业。

二、负责制定化工行业、轻工行业易制毒产品生产管理制度；负责化工行业、轻工行业易制毒化学品重点生产企业的生产协调和监管，规范销售渠道；配合对外贸易经济合作部做好易制毒化学品的进出口审批和调查核实工作；配合海关总署和公安部做好打击走私易制毒化学品犯罪活动的工作。

教育部：

一、制定教育系统开展禁毒教育工作的政策、规划，将禁毒教育作为大、中、小学德育和安全教育的一项重要内容，纳入学校日常教育工作。

二、加强对学校禁毒工作的组织领导，制定有关学校防毒、禁毒的制度和措施，明确校长是第一责任人，把学校无吸毒、贩毒现象作为学校德育和安全教育的一项基本目标。

三、加强对大、中、小学生的法制教育和禁毒教育，提高其防毒、禁毒意识；配合有关部门开展对全社会的禁毒宣传教育工作。

国家安全部：

一、收集国际毒品犯罪组织的情报，以及世界各国在打击毒品犯罪方面采取的措施和工作经验，为我国研究制定禁毒政策、措施提供参考。

二、与有关国家和地区的情报安全机构，就国际毒品形势、反毒斗争业务等方面开展国际合作与交流。

三、完成中央交办的反毒品方面的专项工作。

民政部：

一、加强基层政权和社区建设工作，促进禁毒、戒毒政策的落实。

二、救济符合社会救济条件、家庭人均收入低于当地最低生活保障标准的戒毒人员及其家属。

三、加强对禁毒社团的管理，支持其依法开展工作。

四、做好对禁毒英烈的抚恤工作。

五、协助公安机关对被收容人员进行禁毒、戒毒宣传教育，并对其中的吸毒、贩毒人员做好审查、移交工作。

司法部：

一、开展禁毒法制宣传教育，并将其纳入普法教育规划。

二、依法收容强制戒毒的劳动教养人员，积极做好强制戒毒、治疗康复和矫治恶习工作，努力降低复吸率。

三、负责对在监狱服刑的涉毒罪犯的关押改造工作，依法执行刑罚，做好教育改造工作，不断提高改造质量，努力减少重新犯罪。

财政部：

一、根据禁毒实际情况和工作任务，对禁毒、戒毒等所需费用，在财力上给予必要的支持。

二、认真贯彻落实"收支两条线"规定，做好对缉毒缴获的毒资、非法收益和罚没财物的管理工作。

三、研究制定禁毒经费管理制度，加强对禁毒经费的管理和监督，提高资金使用效益。

农业部：

一、根据有关规定，确定麻醉药品原植物的种植单位，会同有关部门下达当年国家指令性生产计划；负责种植单位生产和加工的组织、管理及生产基地建设规划；协调主、副产品价格和供销事宜，协助做好生产、加工和收贮环节的安全监管工作。

二、负责麻醉药品原植物种子选育、引进、审定、应用管理，承担麻醉药品原植物种质资源搜集、保存和鉴定工作。

三、协助有关部门指导麻醉药品原植物的禁种和铲除工作。

四、会同有关部门指导利用境外农作物替代罂粟种植工作和境内大麻改植工作，不断提高替代和改植技术。

五、会同有关部门制定兽用麻醉药品的供应和使用管理办法。

对外贸易经济合作部：

一、协调有关部门制定和修改易制毒化学品进出口管理政策，建立和完善管理机制，强化易制毒化学品进出口管理，在维护合法贸易正常开展的前提下，防止易制毒化学品通过非法贸易流入国内外制毒渠道。

二、检查、监督、指导地方各级外经贸行政管理部门和中央企业贯彻执行易制毒化学品进出口管理规定，督促其做好对本地区或本系统进出口企业进出口易制毒化学品的初审工作。

三、负责对各类进出口企业进出口易制毒化学品进行审批，签发进出口许可证。

四、加强国际合作和部门协调，按照国际禁毒公约有关规定和国家禁毒委员会的要求，配合国家禁毒委员会办公室，对重要、敏感的易制毒化学品强化管制力度，开展国际核查，避免流入非法渠道。

五、了解掌握外经贸领域禁毒工作的情况，及时向有关部门反映并会同有关部门适时调整有关政策和管理办法。

文化部：

一、发挥文艺团体及各级群众艺术馆、文化馆（站）的作用，运用各种艺术形式宣传国家禁毒法律、法规和方针、政策。

二、支持、鼓励文艺工作者通过艺术创作反映禁毒斗争中涌现出的英雄事迹，揭露国内外毒品犯罪分子的罪恶，揭示毒品对人类生命、社会秩序、家庭和个人幸福的严重危害性。

三、按照国家禁毒委员会的部署，协助有关部门和单位做好重大宣传文艺活动的组织工作。

四、配合公安机关加强娱乐场所的管理。

国家广播电影电视总局：

一、指导各电台、电视台开展禁毒法律、法规和方针、政策及有关知识的宣传普及工作，协调中央人民广播电台、中央电视台、中国国际广播电台宣传报道禁毒工作。

二、支持、鼓励广播电影电视工作者创作反映禁毒题材的电影、电视和广播节目。

国家工商行政管理局：

一、组织各级工商行政管理机关加强对工商企业、市场的监督管理，配合公安机关查处流通领域及娱乐场所中发生的毒品犯罪行为；对查实参与贩毒、非法贩卖易制毒化学品、麻醉药品、精神药物的经营单位，依法吊销营业执照。

二、配合公安机关加强对个体工商户和私营企业的宣传教育工作。

国家林业局：

一、协调地方林业主管部门，配合地方人民政府做好东北和内蒙古国有林区毒品原植物的禁种和铲除工作，依法打击林区毒品犯罪活动。

二、配合有关部门做好林区禁毒宣传工作。

国家药品监督管理局：

一、履行麻醉品管制国际公约义务，负责麻醉药品、精神药物的监督管理工作。

二、负责戒毒药品的监督管理工作。

三、负责麻黄素的生产、销售管理工作。

四、负责全国药物滥用监测工作，定期向国家禁毒委员会报告全国药物滥用监测情况。

五、负责组织审核戒毒治疗方案及康复模式的研究工作。

六、负责组织麻醉品专家委员会对全国戒毒工作提供咨询意见。

七、配合有关部门管理戒毒医疗机构，开展药物滥用社区防治和预防教育工作。

解放军总参谋部：

一、协调军队有关部门，做好军队内部的禁毒工作。

二、支持、协助各地区和有关部门开展禁毒工作。

全国总工会：

一、提出全国工会系统参与禁毒工作的指导意见。

二、组织协调直属新闻单位，配合有关部门加强对职工群众的禁毒宣传教育工作。

共青团中央：

一、加强青少年法制宣传教育工作，在青少年中普及禁毒法律知识，增强青少年拒毒防毒意识。

二、开展丰富多彩的文化、科技、体育活动，丰富青少年精神生活，教育青少年远离毒品。

三、组织青少年积极参与禁毒专项斗争和有关禁毒工作。

四、优化青少年成长环境，进一步维护未成年人的合法权益，做好涉毒青少年的帮教工作。

五、广泛开展创建优秀"青少年维权岗"活动，协调与青少年事务有关的部门共同禁毒。

全国妇联：

一、加强毒品预防教育工作，教育妇女远离毒品。

二、把禁毒工作作为各级妇联参与社会治安综合治理的重要工作内容之一，实行目标管理，通过组织形式多样的活动，推动禁毒工作。

三、组织、动员妇女积极参与禁毒斗争，特别是参与社会帮教工作。

四、发挥妇女在家庭中的特殊作用，努力做好家庭毒品预防教育工作。

附录2：《中华人民共和国禁毒法》

中华人民共和国禁毒法
中华人民共和国主席令
第 七十九 号

《中华人民共和国禁毒法》已由中华人民共和国第十届全国人民代表大会常务委员会第三十一次会议于2007年12月29日通过，现予公布，自2008年6月1日起施行。

中华人民共和国主席 胡锦涛
2007年12月29日

总则

第一条 为了预防和惩治毒品违法犯罪行为，保护公民身心健康，维护社会秩序，制定本法。

第二条 本法所称毒品，是指鸦片、海洛因、甲基苯丙胺（冰毒）、吗啡、大麻、可卡因，以及国家规定管制的其他能够使人形成瘾癖的麻醉药品和精神药品。根据医疗、教学、科研的需要，依法可以生产、经营、使用、储存、运输麻醉药品和精神药品。

第三条 禁毒是全社会的共同责任。国家机关、社会团体、企业事业单位以及其他组织和公民，应当依照本法和有关法律的规定，履行禁毒职责或者义务。

第四条 禁毒工作实行预防为主，综合治理，禁种、禁制、禁贩、禁吸并举的方针。禁毒工作实行政府统一领导，有关部门各负其责，社会广泛参与的工作机制。

第五条　国务院设立国家禁毒委员会，负责组织、协调、指导全国的禁毒工作。县级以上地方各级人民政府根据禁毒工作的需要，可以设立禁毒委员会，负责组织、协调、指导本行政区域内的禁毒工作。

第六条　县级以上各级人民政府应当将禁毒工作纳入国民经济和社会发展规划，并将禁毒经费列入本级财政预算。

第七条　国家鼓励对禁毒工作的社会捐赠，并依法给予税收优惠。

第八条　国家鼓励开展禁毒科学技术研究，推广先进的缉毒技术、装备和戒毒方法。

第九条　国家鼓励公民举报毒品违法犯罪行为。各级人民政府和有关部门应当对举报人予以保护，对举报有功人员以及在禁毒工作中有突出贡献的单位和个人，给予表彰和奖励。

第十条　国家鼓励志愿人员参与禁毒宣传教育和戒毒社会服务工作。地方各级人民政府应当对志愿人员进行指导、培训，并提供必要的工作条件。

宣传教育

第十一条　国家采取各种形式开展全民禁毒宣传教育，普及毒品预防知识，增强公民的禁毒意识，提高公民自觉抵制毒品的能力。国家鼓励公民、组织开展公益性的禁毒宣传活动。

第十二条　各级人民政府应当经常组织开展多种形式的禁毒宣传教育。工会、共产主义青年团、妇女联合会应当结合各自工作对象的特点，组织开展禁毒宣传教育。

第十三条　教育行政部门、学校应当将禁毒知识纳入教育、教学内容，对学生进行禁毒宣传教育。公安机关、司法行政部门和卫生行政部门应当予以协助。

第十四条　新闻、出版、文化、广播、电影、电视等有关单位，应当有针对性地面向社会进行禁毒宣传教育。

第十五条　飞机场、火车站、长途汽车站、码头以及旅店、娱乐场所等公共场所的经营者、管理者，负责本场所的禁毒宣传教育，落实禁毒防范措施，预防毒品违法犯罪行为在本场所内发生。

第十六条　国家机关、社会团体、企业事业单位以及其他组织，应当加强对本单位人员的禁毒宣传教育。

第十七条　居民委员会、村民委员会应当协助人民政府以及公安机关等部门，加强禁毒宣传教育，落实禁毒防范措施。

第十八条　未成年人的父母或者其他监护人应当对未成年人进行毒品危害的教育，防止其吸食、注射毒品或者进行其他毒品违法犯罪活动。

毒品管制

第十九条　国家对麻醉药品药用原植物种植实行管制。禁止非法种植罂粟、古柯植物、大麻植物以及国家规定管制的可以用于提炼加工毒品的其他原植物。禁止走私或者非法买卖、运输、携带、持有未经灭活的毒品原植物种子或者幼苗。

地方各级人民政府发现非法种植毒品原植物的，应当立即采取措施予以制止、铲除。村民委员会、居民委员会发现非法种植毒品原植物的，应当及时予以制止、铲除，并向当地公安机关报告。

第二十条　国家确定的麻醉药品药用原植物种植企业，必须按照国家有关规定种植麻醉药品药用原植物。

国家确定的麻醉药品药用原植物种植企业的提取加工场所，以及国家设立的麻醉药品储存仓库，列为国家重点警戒目标。

未经许可，擅自进入国家确定的麻醉药品药用原植物种植企业的提取加工场所或者国家设立的麻醉药品储存仓库等警戒区域的，由警戒人员责令其立即离开；拒不离开的，强行带离现场。

第二十一条　国家对麻醉药品和精神药品实行管制，对麻醉药品和精神药品的实验研究、生产、经营、使用、储存、运输实行许可和查验制度。

国家对易制毒化学品的生产、经营、购买、运输实行许可制度。

禁止非法生产、买卖、运输、储存、提供、持有、使用麻醉药品、精神药品和易制毒化学品。

第二十二条　国家对麻醉药品、精神药品和易制毒化学品的进口、出口实行许可制度。国务院有关部门应当按照规定的职责，对进口、出口麻醉药品、精神药品和易制毒化学品依法进行管理。禁止走私麻醉药品、精神药品和易制毒化学品。

第二十三条　发生麻醉药品、精神药品和易制毒化学品被盗、被抢、丢失或者其他流入非法渠道的情形，案发单位应当立即采取必要的控制措施，并立即向公安机关报告，同时依照规定向有关主管部门报告。公安机关接到报告后，或者有证据证明麻醉药品、精神药品和易制毒化学品可能流入非法渠道的，应当及时开展调查，并可以对相关单位采取必要的控制措施。药品监督管理部门、卫生行政部门以及其他有关部门应当配合公安机关开展工作。

第二十四条 禁止非法传授麻醉药品、精神药品和易制毒化学品的制造方法。公安机关接到举报或者发现非法传授麻醉药品、精神药品和易制毒化学品制造方法的，应当及时依法查处。

第二十五条 麻醉药品、精神药品和易制毒化学品管理的具体办法，由国务院规定。

第二十六条 公安机关根据查缉毒品的需要，可以在边境地区、交通要道、口岸以及飞机场、火车站、长途汽车站、码头对来往人员、物品、货物以及交通工具进行毒品和易制毒化学品检查，民航、铁路、交通部门应当予以配合。海关应当依法加强对进出口岸的人员、物品、货物和运输工具的检查，防止走私毒品和易制毒化学品。邮政企业应当依法加强对邮件的检查，防止邮寄毒品和非法邮寄易制毒化学品。

第二十七条 娱乐场所应当建立巡查制度，发现娱乐场所内有毒品违法犯罪活动的，应当立即向公安机关报告。

第二十八条 对依法查获的毒品，吸食、注射毒品的用具，毒品违法犯罪的非法所得及其收益，以及直接用于实施毒品违法犯罪行为的本人所有的工具、设备、资金，应当收缴，依照规定处理。

第二十九条 反洗钱行政主管部门应当依法加强对可疑毒品犯罪资金的监测。反洗钱行政主管部门和其他依法负有反洗钱监督管理职责的部门、机构发现涉嫌毒品犯罪的资金流动情况，应当及时向侦查机关报告，并配合侦查机关做好侦查、调查工作。

第三十条 国家建立健全毒品监测和禁毒信息系统，开展毒品监测和禁毒信息的收集、分析、使用、交流工作。

戒毒措施

第三十一条 国家采取各种措施帮助吸毒人员戒除毒瘾，教育和挽救吸毒人员。

吸毒成瘾人员应当进行戒毒治疗。吸毒成瘾的认定办法，由国务院卫生行政部门、药品监督管理部门、公安部门规定。

第三十二条　公安机关可以对涉嫌吸毒的人员进行必要的检测，被检测人员应当予以配合；对拒绝接受检测的，经县级以上人民政府公安机关或者其派出机构负责人批准，可以强制检测。公安机关应当对吸毒人员进行登记。

第三十三条　对吸毒成瘾人员，公安机关可以责令其接受社区戒毒，同时通知吸毒人员户籍所在地或者现居住地的城市街道办事处、乡镇人民政府。社区戒毒的期限为三年。戒毒人员应当在户籍所在地接受社区戒毒；在户籍所在地以外的现居住地有固定住所的，可以在现居住地接受社区戒毒。

第三十四条　城市街道办事处、乡镇人民政府负责社区戒毒工作。城市街道办事处、乡镇人民政府可以指定有关基层组织，根据戒毒人员本人和家庭情况，与戒毒人员签订社区戒毒协议，落实有针对性的社区戒毒措施。公安机关和司法行政、卫生行政、民政等部门应当对社区戒毒工作提供指导和协助。城市街道办事处、乡镇人民政府，以及县级人民政府劳动行政部门对无职业且缺乏就业能力的戒毒人员，应当提供必要的职业技能培训、就业指导和就业援助。

第三十五条　接受社区戒毒的戒毒人员应当遵守法律、法规，自觉履行社区戒毒协议，并根据公安机关的要求，定期接受检测。对违反社区戒毒协议的戒毒人员，参与社区戒毒的工作人员应当进行批评、教育；对严重违反社区戒毒协议或者在社区戒毒期间又吸食、注射毒品的，应当及时向公安机关报告。

第三十六条　吸毒人员可以自行到具有戒毒治疗资质的医疗机构接受戒毒治疗。设置戒毒医疗机构或者医疗机构从事戒毒治疗业务的，应当符合国务院卫生行政部门规定的条件，报所在地的省、自治区、直辖市人民政府卫生行政部门批准，并报同级公安机关备案。戒毒治疗应当遵守国务院卫生行政部门制定的戒毒治疗规范，接受卫生行政部门的监督检查。戒毒治疗不得以营利为目的。戒毒治疗的药品、医疗器械和治疗方法不得做广告。戒毒治疗收取费用的，应当按照省、自治区、直辖市人民政府价格主管部门会同卫生行政部门制定的收费标准执行。

第三十七条　医疗机构根据戒毒治疗的需要，可以对接受戒毒治疗的戒毒人员进行身体和所携带物品的检查；对在治疗期间有人身危险的，可以采取必要的临时保护性约束措施。

发现接受戒毒治疗的戒毒人员在治疗期间吸食、注射毒品的，医疗机构应当及时向公安机关报告。

第三十八条　吸毒成瘾人员有下列情形之一的，由县级以上人民政府公安机关作出强制隔离戒毒的决定：

（一）拒绝接受社区戒毒的；

（二）在社区戒毒期间吸食、注射毒品的；

（三）严重违反社区戒毒协议的；

（四）经社区戒毒、强制隔离戒毒后再次吸食、注射毒品的。

对于吸毒成瘾严重，通过社区戒毒难以戒除毒瘾的人员，公安机关可以直接作出强制隔离戒毒的决定。

吸毒成瘾人员自愿接受强制隔离戒毒的，经公安机关同意，可以进入强制隔离戒毒场所戒毒。

第三十九条　怀孕或者正在哺乳自己不满一周岁婴儿的妇女吸毒成瘾的，不适用强制隔离戒毒。不满十六周岁的未成年人吸毒成瘾的，可以不适用强制隔离戒毒。对依照前款规定不适用强制隔离戒毒的吸毒成瘾人员，依照本法规定进行社区戒毒，由负责社区戒毒工作的城市街道办事处、乡镇人民政府加强帮助、教育和监督，督促落实社区戒毒措施。

第四十条　公安机关对吸毒成瘾人员决定予以强制隔离戒毒的，应当制作强制隔离戒毒决定书，在执行强制隔离戒毒前送达被决定人，并在送达后二十四小时以内通知被决定人的家属、所在单位和户籍所在地公安派出所；被决定人不讲真实姓名、住址，身份不明的，公安机关应当自查清其身份后通知。被决定人对公安机关作出的强制隔离戒毒决定不服的，可以依法申请行政复议或者提起行政诉讼。

第四十一条　对被决定予以强制隔离戒毒的人员，由作出决定的公安机关送强制隔离戒毒场所执行。强制隔离戒毒场所的设置、管理体制和经费保障，由国务院规定。

第四十二条　戒毒人员进入强制隔离戒毒场所戒毒时，应当接受对其身体和所携带物品的检查。

第四十三条　强制隔离戒毒场所应当根据戒毒人员吸食、注射毒品的种类及成瘾程度等，对戒毒人员进行有针对性的生理、心理治疗和身体康复训练。根据戒毒的需要，强制隔离戒毒场所可以组织戒毒人员参加必要的生产劳动，对戒毒人员进行职业技能培训。组织戒毒人员参加生产劳动的，应当支付劳动报酬。

第四十四条　强制隔离戒毒场所应当根据戒毒人员的性别、年龄、患病等情况，对戒毒人员实行分别管理。强制隔离戒毒场所对有严重残疾或者疾病的戒毒人员，应当给予必要的看护和治疗；对患有传染病的戒毒人员，应当依法采取必要的隔离、治疗措施；对可能发生自伤、自残等情形的戒毒人员，可以采取相应的保护性约束措施。强制隔离戒毒场所管理人员不得体罚、虐待或者侮辱戒毒人员。

第四十五条　强制隔离戒毒场所应当根据戒毒治疗的需要配备执业医师。强制隔离戒毒场所的执业医师具有麻醉药品和精神药品处方权的，可以按照有关技术规范对戒毒人员使用麻醉药品、精神药品。卫生行政部门应当加强对强制隔离戒毒场所执业医师的业务指导和监督管理。

第四十六条　戒毒人员的亲属和所在单位或者就读学校的工作人员，可以按照有关规定探访戒毒人员。戒毒人员经强制隔离戒毒场所批准，可以外出探视配偶、直系亲属。强制隔离戒毒场所管理人员应当对强制隔离戒毒场所以外的人员交给戒毒人员的物品和邮件进行检查，防止夹带毒品。在检查邮件时，应当依法保护戒毒人员的通信自由和通信秘密。

第四十七条　强制隔离戒毒的期限为二年。执行强制隔离戒毒一年后，经诊断评估，对于戒毒情况良好的戒毒人员，强制隔离戒毒场所可以提出提前解除强制隔离戒毒的意见，报强制隔离戒毒的决定机关批准。强制隔离戒毒期满前，经诊断评估，对于需要延长戒毒期限的戒毒人员，由强制隔离戒毒场所提出延长戒毒期限的意见，报强制隔离戒毒的决定机关批准。强制隔离戒毒的期限最长可以延长一年。

第四十八条　对于被解除强制隔离戒毒的人员，强制隔离戒毒的决定机关可以责令其接受不超过三年的社区康复。社区康复参照本法关于社区戒毒的规定实施。

第四十九条　县级以上地方各级人民政府根据戒毒工作的需要，可以开办戒毒康复场所；对社会力量依法开办的公益性戒毒康复场所应当给予扶持，提供必要的便利和帮助。戒毒人员可以自愿在戒毒康复场所生活、劳动。戒毒康复场所组织戒毒人员参加生产劳动的，应当参照国家劳动用工制度的规定支付劳动报酬。

第五十条　公安机关、司法行政部门对被依法拘留、逮捕、收监执行刑罚以及被依法采取强制性教育措施的吸毒人员，应当给予必要的戒毒治疗。

第五十一条　省、自治区、直辖市人民政府卫生行政部门会同公安机关、药品监督管理部门依照国家有关规定，根据巩固戒毒成果的需要和本行政区域艾滋病流行情况，可以组织开展戒毒药物维持治疗工作。

第五十二条　戒毒人员在入学、就业、享受社会保障等方面不受歧视。有关部门、组织和人员应当在入学、就业、享受社会保障等方面对戒毒人员给予必要的指导和帮助。

国际合作

第五十三条　中华人民共和国根据缔结或者参加的国际条约或者按照对等原则，开展禁毒国际合作。

第五十四条　国家禁毒委员会根据国务院授权，负责组织开展禁毒国际合作，履行国际禁毒公约义务。

第五十五条　涉及追究毒品犯罪的司法协助，由司法机关依照有关法律的规定办理。

第五十六条　国务院有关部门应当按照各自职责，加强与有关国家或者地区执法机关以及国际组织的禁毒情报信息交流，依法开展禁毒执法合作。经国务院公安部门批准，边境地区县级以上人民政府公安机关可以与有关国家或者地区的执法机关开展执法合作。

第五十七条　通过禁毒国际合作破获毒品犯罪案件的，中华人民共和国政府可以与有关国家分享查获的非法所得、由非法所得获得的收益以及供毒品犯罪使用的财物或者财物变卖所得的款项。

第五十八条　国务院有关部门根据国务院授权，可以通过对外援助等渠道，支持有关国家实施毒品原植物替代种植、发展替代产业。

法律责任

第五十九条 有下列行为之一，构成犯罪的，依法追究刑事责任；尚不构成犯罪的，依法给予治安管理处罚：

（一）走私、贩卖、运输、制造毒品的；

（二）非法持有毒品的；

（三）非法种植毒品原植物的；

（四）非法买卖、运输、携带、持有未经灭活的毒品原植物种子或者幼苗的；

（五）非法传授麻醉药品、精神药品或者易制毒化学品制造方法的；

（六）强迫、引诱、教唆、欺骗他人吸食、注射毒品的；

（七）向他人提供毒品的。

第六十条 有下列行为之一，构成犯罪的，依法追究刑事责任；尚不构成犯罪的，依法给予治安管理处罚：

（一）包庇走私、贩卖、运输、制造毒品的犯罪分子，以及为犯罪分子窝藏、转移、隐瞒毒品或者犯罪所得财物的；

（二）在公安机关查处毒品违法犯罪活动时为违法犯罪行为人通风报信的；

（三）阻碍依法进行毒品检查的；

（四）隐藏、转移、变卖或者损毁司法机关、行政执法机关依法扣押、查封、冻结的涉及毒品违法犯罪活动的财物的。

第六十一条 容留他人吸食、注射毒品或者介绍买卖毒品，构成犯罪的，依法追究刑事责任；尚不构成犯罪的，由公安机关处十日以上十五日以下拘留，可以并处三千元以下罚款；情节较轻的，处五日以下拘留或者五百元以下罚款。

第六十二条 吸食、注射毒品的，依法给予治安管理处罚。吸毒人员主动到公安机关登记或者到有资质的医疗机构接受戒毒治疗的，不予处罚。

第六十三条 在麻醉药品、精神药品的实验研究、生产、经营、使用、储存、运输、进口、出口以及麻醉药品药用原植物种植活动中，违反国家规定，致使麻醉药品、精神药品或者麻醉药品药用原植物流入非法渠道，构成犯罪的，依法追究刑事责任；尚不构成犯罪的，依照有关法律、行政法规的规定给予处罚。

第六十四条　在易制毒化学品的生产、经营、购买、运输或者进口、出口活动中，违反国家规定，致使易制毒化学品流入非法渠道，构成犯罪的，依法追究刑事责任；尚不构成犯罪的，依照有关法律、行政法规的规定给予处罚。

第六十五条　娱乐场所及其从业人员实施毒品违法犯罪行为，或者为进入娱乐场所的人员实施毒品违法犯罪行为提供条件，构成犯罪的，依法追究刑事责任；尚不构成犯罪的，依照有关法律、行政法规的规定给予处罚。娱乐场所经营管理人员明知场所内发生聚众吸食、注射毒品或者贩毒活动，不向公安机关报告的，依照前款的规定给予处罚。

第六十六条　未经批准，擅自从事戒毒治疗业务的，由卫生行政部门责令停止违法业务活动，没收违法所得和使用的药品、医疗器械等物品；构成犯罪的，依法追究刑事责任。

第六十七条　戒毒医疗机构发现接受戒毒治疗的戒毒人员在治疗期间吸食、注射毒品，不向公安机关报告的，由卫生行政部门责令改正；情节严重的，责令停业整顿。

第六十八条　强制隔离戒毒场所、医疗机构、医师违反规定使用麻醉药品、精神药品，构成犯罪的，依法追究刑事责任；尚不构成犯罪的，依照有关法律、行政法规的规定给予处罚。

第六十九条　公安机关、司法行政部门或者其他有关主管部门的工作人员在禁毒工作中有下列行为之一，构成犯罪的，依法追究刑事责任；尚不构成犯罪的，依法给予处分：

（一）包庇、纵容毒品违法犯罪人员的；

（二）对戒毒人员有体罚、虐待、侮辱等行为的；

（三）挪用、截留、克扣禁毒经费的；

（四）擅自处分查获的毒品和扣押、查封、冻结的涉及毒品违法犯罪活动的财物的。

第七十条　有关单位及其工作人员在入学、就业、享受社会保障等方面歧视戒毒人员的，由教育行政部门、劳动行政部门责令改正；给当事人造成损失的，依法承担赔偿责任。

附则

第七十一条　本法自 2008 年 6 月 1 日起施行。《全国人民代表大会常务委员会关于禁毒的决定》同时废止。

附录 3：《戒毒条例》

1 概要

2011 年 6 月 26 日第 24 个国际禁毒日当天，国务院总理温家宝签署国务院令，公布《戒毒条例》，条例自公布之日起施行。会议指出，全科医生是综合程度较高的医学人才，主要在基层承担预防保健、常见病多发病诊疗和转诊、病人康复和慢性病管理、健康管理等一体化服务，被称为居民健康的"守门人"。目前，我国全科医生的培养和使用尚处于起步阶段，全科医生数量严重不足。建立全科医生制度，逐步形成以全科医生为主体的基层医疗卫生队伍，是医药卫生体制改革的重要内容。

温家宝总理签署《戒毒条例》会议要求，到 2012 年使每个城市社区卫生服务机构和农村乡镇卫生院都有合格的全科医生；再经过几年努力，基本形成统一规范的全科医生培养模式和首诊在基层的服务模式，基本实现城乡每万名居民有 2 至 3 名合格的全科医生，更好地为群众提供连续协调、方便可及的基本医疗卫生服务。会议审议并原则通过的《戒毒条例》对禁毒法规定的自愿戒毒、社区戒毒、强制隔离戒毒和社区康复等戒毒措施作了具体规定，以规范戒毒工作，帮助吸毒成瘾人员戒除毒瘾，维护社会秩序。

2 行政法令

条例名称：中华人民共和国《戒毒条例》

签署机构：国务院

签署人：温家宝

颁发日期：2011 年 6 月 26 日

施行日期：2011 年 6 月 26 日

3 中华人民共和国国务院令

第 597 号

《戒毒条例》已经 2011 年 6 月 26 日国务院第 160 次常务会议通过，现予公布，自公布之日起施行。

总理　温家宝

二〇一一年六月二十六日

4《戒毒条例》全文

第一章　总则

第一条　为了规范戒毒工作，帮助吸毒成瘾人员戒除毒瘾，维护社会秩序，根据《中华人民共和国禁毒法》，制定本条例。

第二条　县级以上人民政府应当建立政府统一领导，禁毒委员会组织、协调、指导，有关部门各负其责，社会力量广泛参与的戒毒工作体制。

戒毒工作坚持以人为本、科学戒毒、综合矫治、关怀救助的原则，采取自愿戒毒、社区戒毒、强制隔离戒毒、社区康复等多种措施，建立戒毒治疗、康复指导、救助服务兼备的工作体系。

第三条　县级以上人民政府应当按照国家有关规定将戒毒工作所需经费列入本级财政预算。

第四条　县级以上地方人民政府设立的禁毒委员会可以组织公安机关、卫生行政和药品监督管理部门开展吸毒监测、调查，并向社会公开监测、调查结果。

县级以上地方人民政府公安机关负责对涉嫌吸毒人员进行检测，对吸毒人员进行登记并依法实行动态管控，依法责令社区戒毒、决定强制隔离戒毒、责令社区康复，管理公安机关的强制隔离戒毒场所、戒毒康复场所，对社区戒毒、社区康复工作提供指导和支持。

设区的市级以上地方人民政府司法行政部门负责管理司法行政部门的强制隔离戒毒场所、戒毒康复场所，对社区戒毒、社区康复工作提供指导和支持。

县级以上地方人民政府卫生行政部门负责戒毒医疗机构的监督管理，会同公安机关、司法行政等部门制定戒毒医疗机构设置规划，对戒毒医疗服务提供指导和支持。

县级以上地方人民政府民政、人力资源社会保障、教育等部门依据各自的职责，对社区戒毒、社区康复工作提供康复和职业技能培训等指导和支持。

第五条　乡（镇）人民政府、城市街道办事处负责社区戒毒、社区康复工作。

第六条　县级、设区的市级人民政府需要设置强制隔离戒毒场所、戒毒康复场所的，应当合理布局，报省、自治区、直辖市人民政府批准，并纳入当地国民经济和社会发展规划。

强制隔离戒毒场所、戒毒康复场所的建设标准，由国务院建设部门、发展改革部门会同国务院公安部门、司法行政部门制定。

第七条　戒毒人员在入学、就业、享受社会保障等方面不受歧视。

对戒毒人员戒毒的个人信息应当依法予以保密。对戒断3年未复吸的人员，不再实行动态管控。

第八条　国家鼓励、扶持社会组织、企业、事业单位和个人参与戒毒科研、戒毒社会服务和戒毒社会公益事业。

对在戒毒工作中有显著成绩和突出贡献的，按照国家有关规定给予表彰、奖励。

第二章　自愿戒毒

第九条　国家鼓励吸毒成瘾人员自行戒除毒瘾。吸毒人员可以自行到戒毒医疗机构接受戒毒治疗。对自愿接受戒毒治疗的吸毒人员，公安机关对其原吸毒行为不予处罚。

第十条　戒毒医疗机构应当与自愿戒毒人员或者其监护人签订自愿戒毒协议，就戒毒方法、戒毒期限、戒毒的个人信息保密、戒毒人员应当遵守的规章制度、终止戒毒治疗的情形等作出约定，并应当载明戒毒疗效、戒毒治疗风险。

第十一条　戒毒医疗机构应当履行下列义务：

（一）对自愿戒毒人员开展艾滋病等传染病的预防、咨询教育；

（二）对自愿戒毒人员采取脱毒治疗、心理康复、行为矫治等多种治疗措施，并应当符合国务院卫生行政部门制定的戒毒治疗规范；

（三）采用科学、规范的诊疗技术和方法，使用的药物、医院制剂、医疗器械应当符合国家有关规定；

（四）依法加强药品管理，防止麻醉药品、精神药品流失滥用。

第十二条　符合参加戒毒药物维持治疗条件的戒毒人员，由本人申请，并经登记，可以参加戒毒药物维持治疗。登记参加戒毒药物维持治疗的戒毒人员的信息应当及时报公安机关备案。

戒毒药物维持治疗的管理办法，由国务院卫生行政部门会同国务院公安部门、药品监督管理部门制定。

第三章　社区戒毒

第十三条　对吸毒成瘾人员，县级、设区的市级人民政府公安机关可以责令其接受社区戒毒，并出具责令社区戒毒决定书，送达本人及其家属，通知本人户籍所在地或者现居住地乡（镇）人民政府、城市街道办事处。

第十四条　社区戒毒人员应当自收到责令社区戒毒决定书之日起15日内到社区戒毒执行地乡（镇）人民政府、城市街道办事处报到，无正当理由逾期不报到的，视为拒绝接受社区戒毒。

社区戒毒的期限为3年，自报到之日起计算。

第十五条　乡（镇）人民政府、城市街道办事处应当根据工作需要成立社区戒毒工作领导小组，配备社区戒毒专职工作人员，制定社区戒毒工作计划，落实社区戒毒措施。

第十六条　乡（镇）人民政府、城市街道办事处，应当在社区戒毒人员报到后及时与其签订社区戒毒协议，明确社区戒毒的具体措施、社区戒毒人员应当遵守的规定以及违反社区戒毒协议应承担的责任。

第十七条　社区戒毒专职工作人员、社区民警、社区医务人员、社区戒毒人员的家庭成员以及禁毒志愿者共同组成社区戒毒工作小组具体实施社区戒毒。

第十八条　乡（镇）人民政府、城市街道办事处和社区戒毒工作小组应当采取下列措施管理、帮助社区戒毒人员：

（一）戒毒知识辅导；

（二）教育、劝诫；

（三）职业技能培训，职业指导，就学、就业、就医援助；

（四）帮助戒毒人员戒除毒瘾的其他措施。

第十九条　社区戒毒人员应当遵守下列规定：

（一）履行社区戒毒协议；

（二）根据公安机关的要求，定期接受检测；

（三）离开社区戒毒执行地所在县（市、区）3日以上的，须书面报告。

第二十条　社区戒毒人员在社区戒毒期间，逃避或者拒绝接受检测3次以上，擅自离开社区戒毒执行地所在县（市、区）3次以上或者累计超过30日的，属于《中华人民共和国禁毒法》规定的"严重违反社区戒毒协议"。

第二十一条　社区戒毒人员拒绝接受社区戒毒，在社区戒毒期间又吸食、注射毒品，以及严重违反社区戒毒协议的，社区戒毒专职工作人员应当及时向当地公安机关报告。

第二十二条　社区戒毒人员的户籍所在地或者现居住地发生变化，需要变更社区戒毒执行地的，社区戒毒执行地乡（镇）人民政府、城市街道办事处应当将有关材料转送至变更后的乡（镇）人民政府、城市街道办事处。

社区戒毒人员应当自社区戒毒执行地变更之日起15日内前往变更后的乡（镇）人民政府、城市街道办事处报到，社区戒毒时间自报到之日起连续计算。

变更后的乡（镇）人民政府、城市街道办事处，应当按照本条例第十六条的规定，与社区戒毒人员签订新的社区戒毒协议，继续执行社区戒毒。

第二十三条　社区戒毒自期满之日起解除。社区戒毒执行地公安机关应当出具解除社区戒毒通知书送达社区戒毒人员本人及其家属，并在7日内通知社区戒毒执行地乡（镇）人民政府、城市街道办事处。

第二十四条　社区戒毒人员被依法收监执行刑罚、采取强制性教育措施的，社区戒毒终止。

社区戒毒人员被依法拘留、逮捕的，社区戒毒中止，由羁押场所给予必要的戒毒治疗，释放后继续接受社区戒毒。

第四章　强制隔离戒毒

第二十五条　吸毒成瘾人员有《中华人民共和国禁毒法》第三十八条第一款所列情形之一的，由县级、设区的市级人民政府公安机关作出强制隔离戒毒的决定。

对于吸毒成瘾严重，通过社区戒毒难以戒除毒瘾的人员，县级、设区的市级人民政府公安机关可以直接作出强制隔离戒毒的决定。

吸毒成瘾人员自愿接受强制隔离戒毒的，经强制隔离戒毒场所所在地县级、设区的市级人民政府公安机关同意，可以进入强制隔离戒毒场所戒毒。强制隔离戒毒场所应当与其就戒毒治疗期限、戒毒治疗措施等作出约定。

第二十六条　对依照《中华人民共和国禁毒法》第三十九条第一款规定不适用强制隔离戒毒的吸毒成瘾人员，县级、设区的市级人民政府公安机关应当作出社区戒毒的决定，依照本条例第三章的规定进行社区戒毒。

第二十七条　强制隔离戒毒的期限为2年，自作出强制隔离戒毒决定之日起计算。

被强制隔离戒毒的人员在公安机关的强制隔离戒毒场所执行强制隔离戒毒3个月至6个月后，转至司法行政部门的强制隔离戒毒场所继续执行强制隔离戒毒。

执行前款规定不具备条件的省、自治区、直辖市，由公安机关和司法行政部门共同提出意见报省、自治区、直辖市人民政府决定具体执行方案，但在公安机关的强制隔离戒毒场所执行强制隔离戒毒的时间不得超过12个月。

第二十八条　强制隔离戒毒场所对强制隔离戒毒人员的身体和携带物品进行检查时发现的毒品等违禁品，应当依法处理；对生活必需品以外的其他物品，由强制隔离戒毒场所代为保管。

女性强制隔离戒毒人员的身体检查，应当由女性工作人员进行。

第二十九条　强制隔离戒毒场所设立戒毒医疗机构应当经所在地省、自治区、直辖市人民政府卫生行政部门批准。强制隔离戒毒场所应当配备设施设备及必要的管理人员，依法为强制隔离戒毒人员提供科学规范的戒毒治疗、心理治疗、身体康复训练和卫生、道德、法制教育，开展职业技能培训。

第三十条　强制隔离戒毒场所应当根据强制隔离戒毒人员的性别、年龄、患病等情况对强制隔离戒毒人员实行分别管理；对吸食不同种类毒品的，应当有针对性地采取必要的治疗措施；根据戒毒治疗的不同阶段和强制隔离戒毒人员的表现，实行逐步适应社会的分级管理。

第三十一条　强制隔离戒毒人员患严重疾病，不出所治疗可能危及生命的，经强制隔离戒毒场所主管机关批准，并报强制隔离戒毒决定机关备案，强制隔离戒毒场所可以允许其所外就医。所外就医的费用由强制隔离戒毒人员本人承担。

所外就医期间，强制隔离戒毒期限连续计算。对于健康状况不再适宜回所执行强制隔离戒毒的，强制隔离戒毒场所应当向强制隔离戒毒决定机关提出变更为社区戒毒的建议，强制隔离戒毒决定机关应当自收到建议之日起7日内，作出是否批准的决定。经批准变更为社区戒毒的，已执行的强制隔离戒毒期限折抵社区戒毒期限。

第三十二条　强制隔离戒毒人员脱逃的，强制隔离戒毒场所应当立即通知所在地县级人民政府公安机关，并配合公安机关追回脱逃人员。被追回的强制隔离戒毒人员应当继续执行强制隔离戒毒，脱逃期间不计入强制隔离戒毒期限。被追回的强制隔离戒毒人员不得提前解除强制隔离戒毒。

第三十三条　对强制隔离戒毒场所依照《中华人民共和国禁毒法》第四十七条第二款、第三款规定提出的提前解除强制隔离戒毒、延长戒毒期限的意见，强制隔离戒毒决定机关应当自收到意见之日起7日内，作出是否批准的决定。对提前解除强制隔离戒毒或者延长强制隔离戒毒期限的，批准机关应当出具提前解除强制隔离戒毒决定书或者延长强制隔离戒毒期限决定书，送达被决定人，并在送达后24小时以内通知被决定人的家属、所在单位以及其户籍所在地或者现居住地公安派出所。

第三十四条　解除强制隔离戒毒的，强制隔离戒毒场所应当在解除强制隔离戒毒3日前通知强制隔离戒毒决定机关，出具解除强制隔离戒毒证明书送达戒毒人员本人，并通知其家属、所在单位、其户籍所在地或者现居住地公安派出所将其领回。

第三十五条　强制隔离戒毒诊断评估办法由国务院公安部门、司法行政部门会同国务院卫生行政部门制定。

第三十六条　强制隔离戒毒人员被依法收监执行刑罚、采取强制性教育措施或者被依法拘留、逮捕的，由监管场所、羁押场所给予必要的戒毒治疗，强制隔离戒毒的时间连续计算；刑罚执行完毕时、解除强制性教育措施时或者释放时强制隔离戒毒尚未期满的，继续执行强制隔离戒毒。

第五章 社区康复

第三十七条 对解除强制隔离戒毒的人员，强制隔离戒毒的决定机关可以责令其接受不超过3年的社区康复。

社区康复在当事人户籍所在地或者现居住地乡（镇）人民政府、城市街道办事处执行，经当事人同意，也可以在戒毒康复场所中执行。

第三十八条 被责令接受社区康复的人员，应当自收到责令社区康复决定书之日起15日内到户籍所在地或者现居住地乡（镇）人民政府、城市街道办事处报到，签订社区康复协议。

被责令接受社区康复的人员拒绝接受社区康复或者严重违反社区康复协议，并再次吸食、注射毒品被决定强制隔离戒毒的，强制隔离戒毒不得提前解除。

第三十九条 负责社区康复工作的人员应当为社区康复人员提供必要的心理治疗和辅导、职业技能培训、职业指导以及就学、就业、就医援助。

第四十条 社区康复自期满之日起解除。社区康复执行地公安机关出具解除社区康复通知书送达社区康复人员本人及其家属，并在7日内通知社区康复执行地乡（镇）人民政府、城市街道办事处。

第四十一条 自愿戒毒人员、社区戒毒、社区康复的人员可以自愿与戒毒康复场所签订协议，到戒毒康复场所戒毒康复、生活和劳动。

戒毒康复场所应当配备必要的管理人员和医务人员，为戒毒人员提供戒毒康复、职业技能培训和生产劳动条件。

第四十二条 戒毒康复场所应当加强管理，严禁毒品流入，并建立戒毒康复人员自我管理、自我教育、自我服务的机制。

戒毒康复场所组织戒毒人员参加生产劳动，应当参照国家劳动用工制度的规定支付劳动报酬。

第六章 法律责任

第四十三条 公安、司法行政、卫生行政等有关部门工作人员泄露戒毒人员个人信息的，依法给予处分；构成犯罪的，依法追究刑事责任。

第四十四条 乡（镇）人民政府、城市街道办事处负责社区戒毒、社区康复工作的人员有下列行为之一的，依法给予处分：

（一）未与社区戒毒、社区康复人员签订社区戒毒、社区康复协议，不落实社区戒毒、社区康复措施的；

（二）不履行本条例第二十一条规定的报告义务的；

（三）其他不履行社区戒毒、社区康复监督职责的行为。

第四十五条　强制隔离戒毒场所的工作人员有下列行为之一的，依法给予处分；构成犯罪的，依法追究刑事责任：

（一）侮辱、虐待、体罚强制隔离戒毒人员的；

（二）收受、索要财物的；

（三）擅自使用、损毁、处理没收或者代为保管的财物的；

（四）为强制隔离戒毒人员提供麻醉药品、精神药品或者违反规定传递其他物品的；

（五）在强制隔离戒毒诊断评估工作中弄虚作假的；

（六）私放强制隔离戒毒人员的；

（七）其他徇私舞弊、玩忽职守、不履行法定职责的行为。

第七章　附则

第四十六条　本条例自公布之日起施行。1995年1月12日国务院发布的《强制戒毒办法》同时废止。

附录4：中国内地（大陆）《社会工作者职业道德指引》

第一章　总则

第一条　为加强社会工作者职业道德建设，保证社会工作者正确履行专业社会工作服务职责，根据国家有关规定，制定本指引。

第二条　本指引所指的社会工作者是通过全国社会工作者职业水平评价，提供专业社会工作服务的人员。

第三条　社会工作者应热爱祖国、热爱人民、拥护中国共产党领导，遵守宪法和法律法规，贯彻落实党和国家有关方针政策。

第四条　社会工作者应践行社会主义核心价值观，遵循以人为本、助人自助专业理念，热爱本职工作，以高度的责任心，正确处理与服务对象、同事、机构、专业及社会的关系。

第二章 尊重服务对象 全心全意服务

第五条 社会工作者应以服务对象的正当需求为出发点，全心全意为服务对象提供专业服务，最大限度地维护服务对象的合法权益。

第六条 社会工作者应平等对待和接纳服务对象，不因民族、种族、性别、户籍、职业、宗教信仰、社会地位、教育程度、身体状况、财产状况、居住期限等因素而区别对待。

第七条 社会工作者应尊重服务对象知情权，确保服务对象在接受服务过程中，了解自身和机构的权利、责任和义务，以及获得服务的情况和可能由此产生的结果。

第八条 社会工作者应在不违反法律、不妨碍他人正当权益的前提下，保护服务对象的隐私，对在服务过程中获取的信息资料予以保密。

第九条 社会工作者应培养服务对象自我决定的能力，尊重和保障服务对象对与自身利益相关的决定进行表达和选择的权利。

第十条 社会工作者不得利用与服务对象的专业关系，谋取私人利益或其他不当利益，损害服务对象的合法权益。

第三章 信任支持同事 促进共同成长

第十一条 社会工作者应与同事建立平等互信的工作关系。

第十二条 社会工作者应主动与同事分享知识、经验、技能，互相促进，共同成长。有责任在必要时协助同事为服务对象提供服务，接受转介的工作。

第十三条 社会工作者应尊重其他社会工作者、专业人士和志愿者不同的意见及工作方法。任何建议、批评及冲突都应以负责任、建设性的态度沟通和解决。

第十四条 社会工作者应相互督促支持，对同事违反专业要求的言行予以提醒，对同事受到与事实不符的投诉予以澄清。

第四章 践行专业使命 促进机构发展

第十五条 社会工作者应认同机构使命和发展目标，遵守机构规章制度，按照机构赋予的职责开展专业服务。

第十六条 社会工作者应积极维护机构的形象和声誉，在发表公开言论或进行公开活动时，应表明自己代表的是个人还是机构。

第十七条 社会工作者应致力于推动机构遵循社会工作专业使命和价

值观，促进机构成长、参与机构管理，增强服务能力、提高服务质量。

第五章 提升专业能力 维护专业形象

第十八条 社会工作者在提供专业服务时，应诚实、守信、尽责，积极维护专业形象。社会工作者应在自身专业能力和服务范围内提供服务。

第十九条 社会工作者应不断内化和践行专业理念，持续充实专业知识和技能，提升专业能力，促进专业功能的发挥和专业地位的提升。

第二十条 社会工作者应继承中华民族优良传统，借鉴国际社会工作发展优秀成果，总结中国社会工作经验，推动中国特色社会工作发展。

第六章 勇担社会责任 增进社会福祉

第二十一条 社会工作者应运用专业视角，发挥专业特长，参与相关政策法规的制定和完善，维护社会公平正义，增进社会福祉。

第二十二条 社会工作者应正确鼓励、引导社会大众参与社会公共事务，推动社会建设。

第二十三条 社会工作者应推广专业服务，促进社会资源合理分配，使社会服务惠及社会大众。

第七章 附则

第二十四条 本指引自发布之日起施行。

附录5：中国香港《注册社会工作者工作守则》

社会工作者注册局

注册社会工作者工作守则

前言

根据《社会工作者注册条例》（第五零五章）第十条，"为了就注册社会工作者的专业操守（包括关乎该等操守的道德事宜）提供实务指引"，社会工作者注册局批准及发出此《社会工作者工作守则》。

制订《工作守则》的主要目的是为保障服务对象及社会人士。为加强社会人士对社会工作者专业的信任和信心，制定工作守则实属必要。

这份文件是注册社会工作者（以下简称社会工作者）日常操守的指引。

根据《社会工作者注册条例》第十一条，当社会工作者被指控其操守违反本文件内所列明的专业标准时，注册局将以此《工作守则》作为裁决的依据。这份文件列明社会工作者与其服务对象、同工、所属机构、专业及社会建立专业关系时的道德行为标准。它适用于社会工作者的任何专业行为。

社会工作者须协力推行此《工作守则》，并遵从依据这些守则作出的所有纪律判决，亦应与时并进，紧贴可能不时修订的香港法律。此外，社会工作者应采取足够的措施或行动去预防、劝阻、纠正或揭发其他社会工作者违反《工作守则》的行为。社会工作者也应采取合理和适当的措施，监察其辖下的所有员工及协助社会工作者提供服务的其他人士不会因牴触《工作守则》而引致服务对象的利益受损。

第一部分　基本价值观及信念

1. 社会工作者的首要使命为协助有需要的人士及致力处理社会问题。

2. 社会工作者尊重每一个人的独特价值和尊严，并不因个人的族裔、肤色、家庭/社会/国家本源、国籍、文化、出生、性别、年龄、语言、信仰、政治或其他主张、家庭/社会/经济地位、残疾、教育程度、对社会的贡献或性倾向而有所分别。

3. 社会工作者相信每一个人都有发展的潜质，因而有责任鼓励及协助个人在顾及他人权益的情况下实现自我。

4. 社会工作者有责任维护人权及促进社会公义。

5. 社会工作者相信任何社会都应为其公民谋取最大的福祉。

6. 社会工作者有责任更新、提升及运用本身的专业知识和技能去推动个人和社会的进步，务求每一个人都能尽量发挥自己的所能。

7. 社会工作者认同人际关系的重要性，会尽力加强人际关系，务求维持、促进及提高个人、家庭、社团、机构、社群的福祉，帮助社会大众预防及减少困境与痛苦。

第二部分　原则及实务与服务对象有关

职责

1. 社会工作者首要的责任是向服务对象负责。

文化意识

2. 社会工作者应认同其服务的社群在种族及文化方面存在差异。

3. 社会工作者应对其服务对象的文化熟悉和敏锐，并明白到他们之间在族裔、国家本源、国籍、宗教和习俗各方面的分别。

知情决定及自决

4. 社会工作者有责任让服务对象知悉本身的权利及协助他们获得适切的服务，且应尽量使服务对象明白接受服务所要作出的承担与及可能产生的后果。

5. 如果服务对象是在强制情况下使用服务，社会工作者应向服务对象清楚说明他们的权利和权限，并协助他们尽量获取最大的自主权。

6. 因应服务对象在自决权方面的限制，社会工作者应鼓励服务对象尽量参与有关其目标、选择和可获得服务的决定。

使用资料及保密原则

7. 社会工作者应尊重服务对象在保障私稳和保密个人资料方面的权利，除非其他法例特别是个人资料（私隐）条例（香港法例第486章）有所订明。社会工作者也应尽可能充分告知服务对象在某种情况下，保密性所受到的限制，搜集资料的目的及资料的用途。

8. 在公开个案资料时，社会工作者应采取必要及负责任的措施，删除一切可以识别个案中人士身份的资料，并应尽可能事先取得服务对象及相关机构的同意。

9. 社会工作者应采取预防措施，确保和维持透过电子媒介传达至其他人士的资料的保密，并应尽量避免披露足以识别服务对象身份的资料。

10. 当社会工作者透过电子媒介提供服务时，应告知服务对象有关该等服务的限制和风险。

11. 除非能确定私隐得到保障，否则社会工作者不应在任何环境下讨论机密资料。

12. 当法律程序在进行中，社会工作者应在法律容许的范围内，保护服务对象的机密资料。

利益冲突

13. 社会工作者不得滥用与服务对象的关系，借以谋取私人的利益。

性关系

14. 在任何情况下，不论是经双方同意或以强迫方式，社会工作者不应与服务对象进行任何涉及性的活动或性接触。

15. 社会工作者不应为过去曾与其本人有性关系的人士提供临床服务。

持续提供服务

16. 如服务需要收费，社会工作者应尽量使服务对象不会因经济能力而不能及时获取所需要的服务。

收费措施

17. 社会工作者应制订及维持收费的措施，使之能准确地反映所提供的服务的性质和范围；如为私人或独立执业的社会工作者，更应使该等措施能识别由谁人提供有关服务。

18. 在提供服务之前，社会工作者应清楚告诉服务对象各种服务的收费率和费用。

与同工有关

尊重

19. 社会工作者应尊重其他社会工作者、其他专业人士及义务工作者不同的意见及工作方法。任何建议、批评及冲突都应以负责任的态度表达和解决。

跨界别协作

20. 社会工作者应以公平和专业的方式执行职务及对待同工，无论对方隶属哪个机构，对他们均一视同仁。

21. 社会工作者应尽量与其他社会工作者及其他界别的人士协作，以提高服务的成效。

22. 当社会工作者作为一个跨界别小组的成员时，应本着社会工作者专业的角度、价值和经验，参与和促成将会影响服务对象福祉的决定。社会工作者应尽量促使及协助该跨界别小组清楚界定小组整体及其个别成员的专业和道德责任。

23. 如果一个跨界别小组的决定引起关于社会工作者道德上的问题，该社会工作者应设法透过恰当的渠道来解决分歧。如果这样仍未能解决分歧，社会工作者应寻求其他适当和符合服务对象利益的途径，来处理他们所关注的问题。

督导及培训

24. 负责督导或提供专业咨询的社会工作者，应透过适当的进修、培训、谘商和研究，以获得和继续具备所需的知识、技能和方法，使自己能够胜任专业督导和培训方面的工作。社会工作者应只在其知识领域或工作能力范围内提供训练或发出指示。

25. 提供督导的社会工作者应该认同督导在教育、支援、发展和工作上所扮演的角色，而不应滥用与下属的专业关系，借以谋取任何利益。

26. 负责督导的社会工作者有责任监察其下属按照本《工作守则》办事。

咨询

27. 无论何时，如咨询同工是为了使服务对象获得最大利益，社会工作者应向同工寻求意见及指导。

28. 社会工作者应只向那些已显示其具备与须咨询议题有关的知识、专长和工作能力的同工，咨询他们的意见。

29. 当社会工作者为了服务对象而须咨询同工的意见时，应只向该同工提供必须的资料。

服务对象的选择权

30. 社会工作者尊重服务对象的选择权，并不应在不尊重其他机构和同工的情况下夺取其他社会工作者的服务对象。

共事同工间的沟通

31. 社会工作者与共事同工之间沟通时所谈及的内容，在未得到原说者明确许可之前，该社会工作者不应向服务对象透露任何超出服务对象个人资料范围以外的内容。

性关系

32. 作为督导或培训者的社会工作者，不应与在其专业权力下督导的下属、学生或受训学员，进行任何涉及性的活动或性接触。

与机构有关

33. 社会工作者应向其雇用机构负责，提供具效率及效能的专业服务。

34. 社会工作者应作出建设性及负责任的行动，以影响并改善僱用机构的政策、程序及工作方式，务求令机构的服务水平不断提升，及使社会工作者不会因执行机构的政策时而抵触这份《工作守则》。

35. 社会工作者在发表任何公开言论或进行公开活动时，应表明自己是以个人身份抑或代表团体或机构名义行事。

36. 社会工作者不应在未经其服务机构同意下，利用机构与外界的联系，为个人的私人业务招揽服务对象。

与专业有关
专业责任

37. 社会工作者从事其专业工作时，应持着诚实、诚信及尽责的态度。

38. 社会工作者应持守专业的价值观和操守，并提升专业的知识。

39. 社会工作者应向有关机构报告任何有违专业工作守则而危害接受社会工作服务对象利益的行为，并在有需要时维护那些受到不公正指控的社会工作者。

职效能力

40. 社会工作者应只在其教育、训练、执照、证书、专业咨询、被督导的经验或其他相关的专业经验的范畴内，提供服务及声称自己具备有关的职效能力。

41. 社会工作者应只在参与研究、训练、专业咨询，及经由熟悉该等介入方法或技巧的人士的督导后，才在实质的范畴内提供服务，或采用对他们来说新的介入技巧或方法。

42. 如果在新兴的实务领域中，仍未有普遍认可的标准，社会工作者应小心判断，并采取负责任的措施，包括适当的进修、研究、培训、专业咨询和督导，以确保他们的工作成效，以及保护服务对象免受伤害。

尊重

43. 社会工作者对专业提出评论时，应持着负责任和有建设性的态度。

陈述

44. 社会工作者不应就个人资料、专业资格、证书、教育、职效能力、服务性质、服务方法或将可达致的成果，作出不确的声明或虚假的陈述。

独立进行社会工作者实务

45. 从事私人执业或独立进行社会工作者实务的社会工作者，应只在其能力范围内提供服务。一旦服务对象的需要超出其能力范围，社会工作者应予以适当的转介。任何有关其服务的宣传，均应建基于该等社会工作者的实际资格、经验和专长。

专业发展

46. 社会工作者有责任不断增进本身的专业知识和技能。

47. 社会工作者有责任协助新加入社会工作专业的同工建立、增强与发展其操守、价值观及专业上的技能与知识。

奉召当值

48. 当有关方面提出明确的要求，特别召集在场的社会工作者，在特定的情况下提供某些服务，社会工作者应奉召当值。

与社会有关

49. 当政府、社团或机构的政策、程序或活动导致或构成任何人士陷入困境及痛苦，又或是妨碍困境及痛苦的解除时，社会工作者认同有需要唤起决策者或公众人士对这些情况的关注。

50. 社会工作者认同有需要倡导修订政策及法律，以改善有关的社会情况，促进社会的公义及福祉。社会工作者亦认同有需要致力推动社会福利政策的实施。社会工作者不可运用个人的知识、技能或经验助长不公平的政策或不人道的活动。

51. 社会工作者认同有需要致力防止及消除歧视，令社会资源分配更为合理，务使所有人士有均等机会获取所需的资源和服务。

52. 社会工作者认同有需要推动大众尊重社会的不同文化。

53. 社会工作者认同有需要鼓励社会大众在知情的情况下参与制定和改善社会政策和制度。

一九九八年十月十六日首次刊宪生效二〇一〇年一月十五日修订
第二部分第 7 段于二〇一三年十一月十五日修订

附录6：中国台湾《社会工作师伦理守则》（节选）

一、使命

社会工作以人的尊严与价值为核心，使服务对象都能获人性尊严的生活条件，让所有不同文化的族群，都能同等受到尊重。

二、适用对象

社会工作伦理守则适用对象为社会工作师。

三、核心价值

努力促使服务对象免于贫穷、恐惧、不安、压迫及不正义对待，维护服务对象基本生存保障，享有尊严的生活。

四、社会工作伦理原则

4.1. 促进服务对象的最佳福祉。

4.2. 实践弱势优先及服务对象最佳利益。

4.3. 尊重服务对象的个别性及价值。

4.4. 理解文化脉络及人际关系是改变的重要动力。

4.5. 诚信正直的专业品格及态度。

4.6. 充实自我专业知识和能力。

五、伦理冲突的处理原则

社会工作师面对伦理冲突时，应以保护生命为最优先考量原则，并在维护人性尊严、社会公平与社会正义的基础上作为。

5.1. 所采取的方法有助于服务对象利益之争取。

5.2. 有多种达成目标的方法时，应选择服务对象的最佳权益、最少损害的方法。

5.3. 保护服务对象的方法所造成的损害，不得与欲达成目的不相符合。

5.4. 尊重服务对象自我决定的权利。

第二章 守 则

一、社会工作师对服务对象的伦理守则

1.1. 社会工作师应基于社会公平、正义，以促进服务对象福祉为服务之优先考量。

1.2. 社会工作师应尊重并促进服务对象的自我决定权，除为防止不法侵权事件、维护公众利益、增进社会福祉外，不可限制服务对象自我决定权。服务对象为未成年人、身心障碍者，若无法完整表达意思时，应尊重服务对象监护人、法定代理人、委托人之意思；除非前开人员之决定侵害服务对象或第三人之合法利益，否则均不宜以社会工作者一己之意思取代有权决定者之决定。

1.3. 社会工作师服务时，应明确告知服务对象有关服务目标、限制、风险、费用权益措施等相关事宜，协助服务对象作理性的分析，以利服务对象作最佳的选择。

1.4. 社会工作师应与服务对象维持正常专业关系，不得与服务对象有不当双重或多重关系而获取不当利益。

1.5. 社会工作师基于伦理冲突或利益回避，须终止服务服务对象时，应事先明确告知服务对象，并为适当必要之转介服务。

1.6. 社会工作师应保守业务秘密；服务对象纵已死亡，仍须重视其隐私权利。服务对象或第三人声请查阅个案社会工作记录，应符合社会工作伦理及相关规定；否则社会工作者得拒绝信息之公开。但有下列特殊情况时保密须受到限制：

a. 隐私权为服务对象所有，服务对象有权亲自或透过监护人或规定代表而决定放弃时。

b. 涉及有紧急的危险性，基于保护服务对象本人或其他第三者权益时。

c. 社会工作师负有警告责任时。

d. 社会工作师负有相关报告责任时。

e. 服务对象有致命危险的传染疾病时。

f. 评估服务对象有自杀危险时。

g. 服务对象涉及刑案时。

1.7. 社会工作师收取服务费用时，应事先告知服务对象收费标准，所收费用应合理适当并符合相关规定，并不得收受不当的馈赠。

1.8. 未经服务对象同意不得于公开或社群网站上公开其他足以直接或间接方式识别服务对象的资料。

1.9. 运用社群网站或网络沟通工具与服务对象互动时，应避免伤害服务对象的法定权益。

二、对同仁的伦理守则

2.1. 社会工作师应尊重同仁，彼此支持、相互激励，与社会工作及其他专业人员合作，共同增进服务对象的福祉。

2.2. 社会工作师不宜或无法提供服务对象适切服务时，应透过专业或跨专业分工，寻求资源整合或为适当之专业转介；在完成转介前，应采取适当的措施，以保护服务对象权益；转介时应充分告知服务对象未来转介服务方向，并将个案服务资料适当告知未来服务机构，以利转衔服务。

2.3. 当同仁与服务对象因信任或服务争议，应尊重同仁之专业知识及服务对象合法权益，以维护服务对象权益与同仁合理之专业信任。

三、对实务工作的伦理守则

3.1. 社会工作师应致力社会福利政策的推展，增进福利服务效能，依法公平进行福利给付与福利资源分配。

3.2. 社会工作师应具备社会工作专业技能，不断充实自我；担任教育、督导时，应尽力提供专业指导，公平、客观评量事件；接受教育、督导时应理性、自省，接纳批评与建议。

3.3. 社会工作师的服务记录应依相关规范，适时、正确及客观的记载并妥善保存，以确保服务对象之权益及隐私。

3.4. 社会工作师在转介服务对象或接受服务对象转介，应审慎评估转介后可能的利益与风险，并忠实提供服务对象转介咨询服务。

3.5. 社会工作师应恪遵相关规定，忠实有效呈现工作成果，协助社会工作教育与人力发展；争取社会工作师公平合理的工作环境。

3.6. 社会工作师应在社会工作伦理规范下，参与权益争取活动，并忠实评估其对服务对象、社会大众所衍生可能之利益与风险。

四、对社会工作师专业的伦理责任

4.1. 社会工作师应包容多元文化、尊重多元社会现象，防止因种族、宗教、性别、性倾向、国籍、年龄、婚姻状态及身心障碍、宗教信仰、政治理念等歧视，所造成社会不平等现象。

4.2. 社会工作师应注意自我言行对服务对象、服务机构、社会大众所生影响。

4.3. 社会工作师应提升社会工作专业形象，及服务质量，重视社会工作价值，落实伦理守则，充实社会工作知识与技术。

4.4. 社会工作师应致力社会工作专业的传承，促进社会福利公正合理的实践。

4.5. 社会工作师应增进社会工作专业知能的发展，进行研究及著作发表，遵守社会工作研究伦理。

4.6. 社会工作师应推动社会工作专业制度建立，发展社会工作的各项措施与活动。

五、对社会大众的伦理守则

5.1. 社会工作师应促进社会福利的发展，倡导人类基本需求的满足，促使社会正义的实现。

5.2. 社会工作师应致力于社会公益的倡导与实践。

5.3. 社会工作师应维护弱势族群之权益，协助受压迫、受剥削、受欺凌者获得社会安全保障。

5.4. 社会工作师与媒体互动或接受采访时，若涉及服务对象，应征得知情同意并保护其隐私。

5.5. 社会工作师应促使相关机关、民间团体及社会大众履行社会公益，并落实服务对象合法权益保障。

5.6. 社会工作师面对灾害所致社会安全紧急事件，应提供专业服务，以保障弱势族群免于生命、身体、自由、财产的危险与意外风险。

附录7：美国《社会工作者协会（NASW）伦理守则》

美国社会工作者协会（NASW）伦理守则

（本守则于1996年8月由美国社会工作者协会会员大会通过，1997年1月施行）

序言

社会工作专业的首要使命在促进人类的福祉，协助人类满足其基本人性需求，尤其关注于弱势群体、受压迫者及贫穷者的需求和增强其力量。社会工作的历史传统和形象定位皆着重于促进社会中的个人的福祉和社会福祉。社会工作的基础就是关注那些产生、影响和引发生活问题的环境力量。

社会工作者协同或代表案主来促进社会正义和社会变迁。"案主"概指那些个人、家庭、团体、组织和社区。社会工作者要敏感于文化及种族的多元性，并致力于终结歧视、压迫、贫穷及其他形的社会不公正。这些活动的形式包括直接的实务工作、社区组织、督导、咨询、行政、倡导、社会政治行动、政策发展和执行、教育、研究与评估。社会工作者寻求增进人们表达自我需求的能力，同时也追求促使组织、社区和其他社会机构对个人需求与社会问题的回应。

社会工作专业的使命立足于一整套核心价值。这些贯穿于社会工作专业、为社会工作者所信奉的核心价值，是社会工作独特的目标与发展前的基础：

·服务
·社会公正
·个人尊严与价值
·人际关系的重要性
·正直
·能力

这些核心价值的组合反映了社会工作专业的独特性，核心价值和由此衍生出的原则必须配合不同的人类社会环境及其复杂性而定。

NASW伦理守则的目的

专业伦理是社会工作的核心，专业有义务说明它的基本价值、伦理原则和伦理标准。美国社会工作者协会的伦理守则阐述这些价值、原则与标准，以指引社会工作者的行为。这个守则与所有社会工作者、社会工作专业学生均有关，不因他们的专业功能、工作机构或服务对象不同而产生差异。

美国社会工作者协会伦理守则的六个主要目的：

1.守则确定社会工作的使命所立足的核心价值。

2.守则概括了广泛的伦理原则，以反映专的核心价值，并建立一套指导社会工作实务的伦理标准。

3.守则帮助社会工作者在专业职责相冲突或产生伦理疑惑时作为相关思考的依据。

4.守则提供给社会大众了解社会工作专业责任的伦理标准。

5.守则增进新进实务社会工作者的社会化，使其了解社会工作的使命、价值、伦理原则和伦理标准。

6.守则阐明了社会工作专业自身的标准，得以评估社会工作者是否有违反职业伦理的行为。美国社会工作者协会有标准的程序来裁定对其会员的投诉。在签署这份守则时，社会工作者被要求配合其实施，参与 NASW 的裁定过程，并遵守美国社会工作者协会的任何纪律、规则和制裁。

当伦理议题发生时，守则提供一整套价值、原则和标准以指引作出决定和行为。它不是提供一套社会工作者在所有情景下如何行为的规范。守则在应用于特定情景时，必须考虑其背景及守则价值、原则和标准间产生冲突的可能性。伦理的职责源于所有的人际关系，包括个人、家庭、社会、专业的关系。

此外，当价值、原则和标准相冲突时，美国社会工作者协会伦理守则并未区别何者是最重要的或何者应加权。当价值、伦理原则和伦理标准冲突时，社会工作者之间对于优先顺序的排列，可能会存在着合理的分歧。在特定情景下的伦理决策必须依靠个别社会工作者的充分判断，同时也应考虑专业的伦理标准在同辈的审查过程中将会如何被判断。

伦理决策是一个过程。在社会工作的许多案例中，复杂的伦理议题无法用简单的答案去解决。社会工作者应详加考虑守则中与任何适当的伦理决策情景有关的所有价值、原则和标准。社会工作者的抉择和行为都必须与本守则的精神与文字相一致。

除了守则外，还有许多有利于伦理思考的信息来源。社会工作者一般应思考伦理理论和原则、社会工作理论和研究、法律、规则、机构政策及其他相关的伦理守则等，并认识到在许多伦理原则中，美国社会工作者协会的伦理守则是社会工作者最首要的伦理守则来源。社会工作者也应觉察到案主的个人价值、文化和宗教信仰，以及实务工作者的个人价值、文化和宗教信仰对伦理决策的影响。社会工作者应觉察到任何个人与专业价值的冲突，并负责任地加以处理。当面对伦理的两难时，为寻求更多的指导，社会工作者应参考专业伦理和伦理决策的相关文献，寻找合适的咨询等。这些咨询顾问包括机构内或社会工作组织的伦理委员会、管理机构、有学识的同事、督导或法律咨询。

当社会工作者协会伦理职责与机构政策、相关法律或规定冲突时，社会工作者应以符合本守则的价值、原则和标准的姿态，尽责地致力于解决冲突。如果尚无可能合理地解决冲突，社会工作者应在做决定前寻求适当的咨询。

美国社会工作者协会伦理守则被美国社会工作者协会及个人、机构、组织和单位采用或作为参考构架［例如：执照和管理委员会、专业责任险的提供者、法院、董（理）事会、政府机构和其他专业团体等］。违反本守则的标准并不自动表示应承担法律责任或违法，只有经过法律与司法诉讼程序才能判定。有违反本守则之嫌者应先经过同辈审查程序，这个程序通常和法律或行政流程是分开的，也与法律审查或诉讼程序区分，以容许专业本身来咨询及规范自己的成员。

伦理守则并不能保证伦理的行为。而且，伦理守则也不能解决所有的伦理议题和争议，或涵盖在道德范围内作出负责任决定的所有复杂层面。更进一步说，伦理守则所阐述的价值、伦理原则和标准，仅供专业人员参考并判断其行动。社会工作者的伦理行为源于他们个人对投入伦理实务工作的承诺。美国社会工作者协会伦理守则反映了所有社会工作者对专业价值信守的承诺。一个品格高尚、明辨善恶、真诚的、寻求可靠的伦理决策的人，必定会善用这些原则与标准。

伦理原则

以下广泛的伦理原则是立足于对社会工作的核心价值：服务，社会正义，个人的尊严与价值，人际关系的重要性，正直和能力。这些原则设定了所有的社会工作者都应追寻的理想。

价值一：服务

伦理原则：社会工作者最首要的目标就是帮助有需要的人们，并致力于社会问题的解决。

社会工作者应超越个人利益来提供对他人的服务。社会工作者依其专业知识、价值和技术来协助有需要的人们，并致力于社会问题的解决。社会工作者被鼓励在不期望相当经济回报下，自愿地奉献他们部分的专业技能（免费的服务）。

价值二：社会公正

伦理原则：社会工作者要挑战社会的不公正

社会工作者追求社会变迁，尤其要协同和代表弱势、受压迫之个人和团体。社会工作者在社会变迁方面首要的努力应着重于贫穷、失业、歧视及其他形态的社会不公正。这些活动寻求增加对压迫、文化和种族多元性的敏感度和知识。社会工作者致力于确保服务对象能够获得必要的信息、服务、资源、平等的机会，以及在全民决策上有意义的参与。

价值三：个人的尊严与价值

伦理原则：社会工作者尊重个人与生俱来的尊严与价值

社会工作者以一种关怀与尊重的态度对待每个人，关注个别差异和文化及种族的多样性。社会工作者促进案主对社会负责的自我决定。社会工作者追求促进案主表达他们自我的需求和改变的能力和机会。社会工作者认识到自己对案主以及广大社会的双重责任。他们寻求能够在符合专业的价值、伦理原则和伦理标准下，实践社会责任，以解决案主利益和广大社会利益间的冲突。

价值四：人际关系的重要性

伦理原则：社会工作者应认识到人际关系的核心重要性

社会工作者了解人与人之间的关系是改变的重要工具。社会工作者在助人过程中扮演案主的伙伴角色。社会工作者在有目的的努力之下尝试去增强人际关系，以增强、恢复、维持和促进个人、家庭、社会团体、组织和社区的福祉。

价值五：正直

伦理原则：社会工作者的行为应是值得信赖的

社会工作者要始终清醒地意识到专业的使命、价值、伦理原则和伦理标准，并能付之于实践。社会工作者以真诚和负责的行为，去履行其所属组织实践符合伦理的实务工作。

价值六：能力

伦理原则：社会工作者应在自己专业能力的范围内执行业务，并提升自己的专业技能

社会工作者应持续地致力于增加自己的专业知识和技巧，并运用于实务工作中，社会工作者应鼓舞自己对专业的知识基础有所贡献。

伦理标准

以下的伦理标准与所有的社会工作者的专业活动均有关系。这些标准关注的是：①社会工作者对案主的伦理责任；②社会工作者对同事的伦理

责任；③社会工作者在实务机构的伦理责任；④社会工作者作为专业人员的伦理责任；⑤社会工作者对社会工作专业的伦理责任；⑥社会工作者对广大社会的伦理责任。

以下这些标准，有的在专业行为的指引上具有强制性，有的则是被期望去做的。具有强制性的每项标准，其尺度是由那些负责处理违反伦理事件的人员所做的专业判断来把握。

一、社会工作者对案主的伦理责任

1.01 对案主的承诺

社会工作者的首要责任是促进案主的福祉。一般而言，案主的利益是最优先的。但是，社会工作者对广大社会或特定法律的责任，也可能在某些情形下会取代对案主的承诺，而案主也应被这样告知。（例如：社会工作者被法律要求通报案主虐待小孩，或曾威胁要伤害自己或他人。）

1.02 自决

社会工作者尊重且促进案主的自决权，并协助案主尽力确认和澄清他们的目标。在社会工作者的专业判断下，当案主的行动或潜在行动具有严重的、可预见的和立即的危险会伤害自己或他人时，社会工作者可以限制案主的自决权。

1.03 告知后同意

（a）社会工作者只应在获得案主适当而有效的告知后同意的专业关系范围内来提供服务，必须以清楚和易懂的语言告知案主：服务的目标，服务中有关的风险，由于第三者付费规定而产生的服务限制，相关的费用，合理的选择方案，案主可以拒绝或撤回同意的权利，同意的时间范围等。社会工作者应给案主提问的机会。

（b）如果案主不识字或对实务机构内所使用的基本语言难以理解，社会工作者应采取行动以确保案主的理解。这可能包括：提供案主详细的口头说明，或尽可能安排合格的翻译人员。

（c）如果案主缺乏告知后同意的能力，社会工作者应寻求适当的第三者的同意，并以案主所能理解的程度告知案主，以保护案主的利益。在这种情形下，社会工作者应确认所找的第三者是符合案主的期望和利益的。社会工作者应采取必要的步骤增强这些案主提供告知后同意的能力。

（d）如果案主属于非自愿的个案，社会工作者应提供下列信息给案主，包括服务的本质和内容、案主拒绝服务的权利范围。

（e）如果社会工作者借由电子媒体（如电脑、电话、广播和电视）提供服务，应告知服务接受者这类服务的限制和风险。

（f）社会工作者应在录音、录像或允许第三者旁观之前，得到案主的告知后同意。

1.04 能力

（a）社会工作者应仅在自己所受的教育、训练、执照、证书，所受的咨询或被督导的经验，及相关专业经验的范围内提供服务和展现自己。

（b）当社会工作者要在独立的领域提供服务，或使用新的介入技术或取向，应在相当的研习、训练、咨询或接受具备该介入技术或取向的专家督导下才可施行。

（c）在普遍认同的标准尚未建立的新兴实务工作领域中，社会工作者应谨慎地判断，并采取负责的步骤（包括适当的教育、研究、训练、咨询和督导），以确保能胜任这一工作，并能保护案主免受伤害。

1.05 文化能力与社会多元

（a）社会工作者必须了解文化及其对人类行为和社会的功能，并认识到存在于所有文化中的力量。

（b）社会工作者应具备对案主文化背景的知识基础，并在提供服务时能展现对案主文化的敏感度，也要能分辨不同人群和文化群体间的差异。

（c）社会工作者应通过教育并致力于了解社会多元化的本质，以及关于民族、种族、国籍、肤色、性别、性倾向、年龄、婚姻状况、政治信仰、宗教或身心障碍等问题。

1.06 利益冲突

（a）社会工作者应警觉并避免会影响到专业裁量权和公正判断的利益冲突。当实际或潜在的利益冲突发生时，社会工作者应告知案主，并以案主之利益为优先或尽可能保护案主最大利益的态度，来采取必要的步骤解决争端。在某些案例中，有时为了保护案主的利益，必须终止专业关系并做适当转介。

（b）社会工作者不应从任何专业关系中获取不当利益，或是剥削其他人以得到个人的、宗教的、政治的或是商业的利益。

（c）社会工作者不应与现有或先前的案主产生双重或多重的关系，以避免剥削或可能伤害案主的风险。如果双重或多重关系难以避免，社会工作者应采取行动保护案主，并有责任设定清楚的、适当的及符合文化敏感性的界限。（当社会工作者和案主产生超过一种以上的关系，不论是专业的、社交的或商业的关系，即是双重或多重关系。双重或多重关系可能同时存在或接连发生。）

（d）当社会工作者对彼此有关系的两种或两种以上的人提供服务时（例如配偶、家庭成员），必须向所有的人澄清谁才是案主，并说明社会工作者对不同个人的专业职责的本质。社会工作者在面对服务对象间的利益冲突时，或是必须扮演可能冲突的角色（例如：社会工作者被要求在儿童保护个案的争议中作证，或在案主的离婚诉讼程序中作证），社会工作者必须向有关人员澄清他们的角色，并采取适当行动将任何利益冲突降到最低。

1.07 隐私与保密

（a）社会工作者应尊重案主的隐私权。除非为提供服务或进行社会工作评估或研究的必要，否则不应诱使案主说出隐私信息。一旦隐私信息提供出来，保密标准就要用上。

（b）社会工作者若要公开这些保密的信息，必须经过案主确切的同意，或是经过合法授权的案主代理人同意。

（c）除非迫于专业理由，否则社会工作者必须对专业服务过程中所获得的所有信息加以保密。社会工作者应该严守资料机密，一般例外的情况如下：预防案主或可确认的第三者遭遇严重的、可预见的、立即的伤害时，或是法律或法规要求揭露而不需案主同意。无论如何，社会工作者应公开与达成目标最必要且最少量的保密信息，而且只有与目标直接相关的信息才可以公开暴露。

（d）社会工作者应在公开保密资料前，在可能的情况下，告知案主保密资料的公开以及可能产生的结果。不论是社会工作者应法律之要求或是案主同意而公开保密资料，均应如此。

（e）社会工作者必须和案主及其他利益相关者讨论保密的本质和案

主隐私权的限制。社会工作者应与案主讨论在某些情况下保密的信息需要提供出来，以及依法必须解密时对案主可能产生的后果。这项讨论应在社会工作者与案主建立专业关系后尽快安排，而如有必要，在专业关系的全程中均可讨论。

（f）当社会工作者给家庭、夫妻或团体提供咨询服务，社会工作者应与参与者达成协议，有关每个成员的保密权利，及对他人所分享的机密资料的保密义务。社会工作者也必须提醒参加家庭、夫妻或团体咨询的成员，社会工作者没有办法保证所有的参与者均能遵守他们的保密协议。

（g）社会工作者应告知参与家庭、夫妻、婚姻或团体咨询的案主，有关社会工作者、雇主和机构对于社会工作者在咨询中在其成员间公开机密资料的相关政策。

（h）社会工作者除非获得案主的授权，否则不可泄露咨询机密给付费用的第三者。

（i）除非社会工作者可以确定隐私权能被保障，否则不可以在任何场合讨论咨询机密资料。社会工作者也不可以在公开或半公开的场所，如大堂、接待室、电梯和餐厅等，讨论咨询机密资料。

（j）在诉讼过程中，社会工作者仍应在法律允许的范围内保护案主的机密。倘若未经案主同意揭露这些机密或资料，以及泄密会伤害到案主，即使这是法庭的要求或是其他法定代理人的命令，社会工作者也应要求法庭撤回命令，或是尽可能限制命令的范围，要求保持记录是密封的，或是使记录在公开调查中不会曝光。

（k）在面对大众媒体时，社会工作者应保护案主的隐私权。

（l）社会工作者应保护案主书面、电子或其他敏感性资料。社会工作者应采取可行步骤确保案主的记录存放在安全的处所，并确保其他未被授权的人无法接触到这些记录。

（m）社会工作者对于运用电脑、电子邮件、传真机、电话、电话答录机，以及其他电子或电脑科技传送机密资料时，要注意确保其安全性。必须避免在任何可能情况下泄露可供辨识的资料。

（n）社会工作者在转送和清理案主记录时，应保护案主的隐私权，也应符合国家法令规章和社会工作者的执照规范。

（o）社会工作者在面临终止服务、停业或死亡时，应采取可行的防备措施以保护案主的隐私权。

（p）社会工作者为教学与训练目的而讨论到案主时，除非案主同意暴露机密资料，否则不可泄露任何可供辨认的信息。

（q）社会工作者在做咨询而讨论到案主时，除非案主的同意或有强制性的需要，否则不可泄露任何可供辨认的信息。

（r）即使案主去世，社会工作者也应以上述一致的标准来保护案主的隐私权。

1.08 记录的接近

（a）社会工作者应提供案主合理地接近与其自身有关的记录。如果案主在看到自己有关的记录时，可能会有严重的误解或受到伤害，社会工作者应提供适当的协助以向案主解释或给予咨询。只有在明显的证据显示可能造成案主严重伤害的例外情况下，社会工作者才可以限制案主取得全部或部分的记录。在案主的档案中必须记载清楚案主对记录查看的要求以及限制案主查看全部或部分资料的理由。

（b）当案主提供案主接触其记录时，社会工作者必须采取行动保护记录中被提及或被讨论到的其他人的隐私权。

1.09 性关系

（a）社会工作者无论在任何情况下都不可以和当前的案主发生自愿同意的或是强迫性的性行为或性接触。

（b）当对案主有剥削的风险或潜在的伤害时，社会工作者不可以与案主的亲属或案主有亲密个人关系的他人发生性行为或性接触。与案主的亲属或与案主有亲密个人关系的他人发生性关系或性接触可能会伤害案主，也会使社会工作者和案主间难以维持适当的专业界限。社会工作者应负有全部责任去建立一种清楚的、适当的，以及符合文化敏感度的关系界限，而不是靠案主、案主的亲属，或是与案主有亲密个人关系的人来负这样的责任。

（c）社会工作者不可以和以前的案主发生性行为或性接触，以免潜在地对案主产生伤害。如果社会工作者的行为违背了这项禁令，或是声称在某些特殊情况下可以例外，那么是社会工作者而不是案主，应负有完全的责任证明先前的案主并未遭受到有意或无意的剥削、强制或操纵。

（d）社会工作者不可以对以前曾与自己有性关系之个人提供临床服务。对先前的性伴侣提供临床服务有可能对其产生伤害，并使得社会工作者与个人之间难以维持适当的专业界限。

1.10 肢体接触

如果肢体接触的结果有可能对案主产生心理上的伤害（例如：轻抱怀里或抚爱案主），社会工作者不应与案主有肢体的接触。社会工作者在与案主有适当的肢体接触时，有责任设定一个清楚的、适当的和具文化敏感度的界限以约束类似的肢体接触。

1.11 性骚扰

社会工作者不准对案主性骚扰。性骚扰包括性的示好、性的诱惑、要求性行为以及其他含有性本质的语言或肢体的接触。

1.12 诽谤的语言

社会工作者在与案主沟通或提及案主的文字或语言中，不应使用诽谤的语言。社会工作者在所有与案主沟通或提及案主时，应使用正确且尊重的语言。

1.13 服务的付费

（a）对于服务费用的决定，社会工作者应确保收费的价格是公平的、合理的，并且相当于所提供的服务，也要考虑案主的承受能力。

（b）社会工作者应避免接受案主的礼物或服务以作为专业服务的报酬。交易（特别是牵涉到服务的交易）制造了社会工作者与案主间潜在的利益冲突、剥削及不适当的关系界限。社会工作者只有在极其有限的情况下才可去探索和从事这类交易，如当地专业人员已接受的做法、对服务的提供而言是重要的、没有强制的交易协商，以及由案主主动提出并得到案主的告知后同意。社会工作者在接受案主的礼物或服务以作为服务的报酬时，其负有完全的责任以表明这项安排不会伤害到案主或专业关系。

（c）社会工作者经由雇主或机构的安排为案主提供服务时，不应请求私人的费用或其他报酬。

1.14 缺乏决定能力的案主

当社会工作者必须代理无决定能力的案主时，社会工作者应采取合理的步骤以保障此案主的利益和权利。

1.15 服务的中断

社会工作者在面临如服务缺乏、搬迁、疾病、身心障碍或是死亡而导致服务中断时，应尽合理的努力来确保服务的延续。

1.16 服务的终止

（a）当服务与专业关系不再有需要时，或其不再符合案主需要或利益时，社会工作者应终止对案主以及专业关系。

（b）社会工作者应采行合理的步骤以避免对仍有需要的案主终止其服务。社会工作者只有在非同寻常的情况下才可仓促地撤回服务，并要审慎思考各项因素，使得负面影响减至最低。社会工作者应协助适当的安排以延续必要的服务。

（c）社会工作者在付费服务的机构中，如果事先曾与案主有清楚的财务合约说明，如果案主没有对自己或他人有立即的危险，以及如果曾与案主说明和讨论未付款所造成的临床上与其他的后果，则社会工作者可以终止对逾期未付款的案主的服务。

（d）社会工作者不应为了与案主建立社会的、经济上的或是性的关系而终止其服务。

（e）当社会工作者预备终止或中断对案主的服务时，应立即通知案主，并且依照案主的需求和意愿寻求服务的转案、转介或延续服务。

（f）社会工作者如果要离开受雇机构，应该告知案主适当选择延续服务以及这些选择的优点与风险。

二、社会工作者对同事的伦理责任

2.01 尊重

（a）社会工作者应尊重同事，并且正确而公正地陈述同事的资格、观点和职责。

（b）社会工作者在与案主或其他专业人员沟通时，应避免对同事的不当的负面评论。不当的负面评论包括对同事的能力水准或是其个人特征，如民族、种族、国籍、肤色、性别、性倾向、年龄、婚姻状况、政治信仰、宗教信仰或身心障碍等的贬低和批评。

（c）社会工作者应与其他社会工作者同事或其他专业同事合作，以增进案主的福祉。

2.02 保密

社会工作者对于同事在专业关系和转介流程中所分享到的案主资料，应予以保密。社会工作者应确保这些同事了解社会工作者尊重隐私权以及有关隐私权例外情境的职责。

2.03 学科间的合作

（a）社会工作者担任跨学科团队的成员时，应基于社会工作专业的观点、价值与经验，以参与并贡献于影响案主福祉的决策，应建立跨学科团队作为一个整体和其成员的专业及伦理职责。

（b）社会工作者所处的团队决定若引发伦理的顾虑，应通过适当的渠道来尝试解决分歧。如果这些分歧无法解决，社会工作者应寻求其他的途径来表明与案主的福祉相一致的关切。

2.04 同事涉入争议

（a）社会工作者不应利用同事与雇主之间的争议，以谋取职位或其他个人利益。

（b）社会工作者与同事发生争执时，不应使案主受到剥削，也不应不恰当地与案主讨论社会工作者与同事间的冲突。

2.05 咨询

（a）社会工作者为案主最佳利益着想，应寻求同事的建议与咨询。

（b）社会工作者应了解同事的专长领域与能力，在向同事咨询时，应仅就那些拥有咨询主题相关知识、专长和能力的同事为限。

（c）社会工作者在向同事咨询有关案主的问题时，在达到咨询的目标之下，应尽量减少信息的透露。

2.06 转介服务

（a）当其他专业人员的特殊知识或专长，对提供案主完整的服务是必要时；或是当社会工作者认为自己的服务没有效果时；或无法与案主有合理的进展但需要更进一步的服务时，社会工作者应将案主转介给其他专业人员。

（b）当社会工作者要将案主转介给其他专业人员时，应采取适当步骤以有助于依序地完成责任的转移。社会工作者将案主转介给其他专业人员时，在获得案主的同意下，要将所有适当的信息提供给新的服务提供者。

（c）当转介的社会工作者并未提供专业的服务时，社会工作者禁止在转介时给予或接受报酬。

2.07 性关系

（a）社会工作者在担任督导或教育者时，不应与受督导者、学生、受训者，或在其专业权威之下的其他同事发生性行为或性关系。

（b）当有利益冲突的可能时，社会工作者应该避免与同事发生性关系，社会工作者已经或是即将与同事涉及性关系，必要时有职责转换专业责任以避免利益冲突。

2.08 性骚扰

社会工作者不应对受督导者、学生、受训者或同事进行以下的性骚扰：性的示好，性的诱惑，要求性行为及其他含有性本质的语言或肢体的接触。

2.09 同事之个人问题

（a）当社会工作者直接知道自己的社会工作同事因为个人问题、心理社会压力、物质滥用或心理健康的困难而损及他们的表现及影响他们的实务工作效果时，如果可能的话，应与同事咨询讨论，并帮助其采取补救的行动。

（b）当社会工作者相信同事的个人问题将影响其实务工作的效果，而这位同事并未采取充分的步骤去面对和处理时，社会工作者应通过由雇主、机构、美国社会工作者协会、执照和管理委员会，以及其他专业组织所建立的适当途径来采取行动。

2.10 同事之能力不足

（a）当社会工作者直接知道其同事的能力不足时，如果可能的话，应与同事咨询讨论，并帮助其采取补救的行动。

（b）当社会工作者相信同事是能力不足的，而这位同事并未采取充分的步骤去面对和处理时，社会工作者应通过由雇主、机构、美国社会工作者协会、执照和管理委员会，以及其他专业组织所建立的适当途径来采取行动。

2.11 同事之不伦行为

（a）社会工作者应采取适当的规范来劝阻、预防、揭穿和纠正同事的不伦行为。

（b）社会工作者应知晓处理同事不伦行为的现有政策与程序。社会工作者必须熟悉联邦、州和地方政府处理伦理申诉的程序。这些包括由美国社会工作者协会、执照及管理委员会、雇主机构和其他专业组织所制订的政策和程序。

（c）当社会工作者相信同事的行为不伦时，如果可行或讨论是有用的，应与其讨论大家的关切并寻求解决。

（d）当社会工作者相信同事的行为不伦的情况下，必要时，社会工作者应通过一些适当的正式渠道来采取行动（例如：联系州政府负责执照的委员会或管理机构、美国社会工作者协会的调查委员会，或其他的专业伦理委员会）。

（e）社会工作者应该替那些受到不公正的指控为不伦行为的同事辩护并给予帮助。

三、社会工作者在实务机构的伦理责任

3.01 督导与咨询

（a）社会工作者必须具备适当的知识和技能以提供督导或咨询，但应仅限于自己知识与能力范围内提供督导与咨询。

（b）社会工作者在提供督导或咨询时，有责任设定一个清楚的、适当的和具文化敏感度的关系界限。

（c）社会工作者不应该和受督导者发生双重或多重关系，以避免对受督导者产生剥削或潜在伤害的危险。

（d）社会工作者在担任督导时，对于受督导者的表现应予以公正与尊重的评估。

3.02 教育和训练

（a）社会工作者在担任教育者、实习督导或训练者时，应仅限于自己知识与能力范围内提供指导，且提供的是专业中最合乎潮流的、有助益的咨询和知识。

（b）社会工作者在担任教育者或实习督导时，对于学生的表现应予以公正与尊重的评估。

（c）社会工作者在担任学生的教育者或实习督导时，若是由学生提供对案主的服务，则有责任采取行动确认案主已依程序被告知。

（d）社会工作者在担任学生的教育者或实习督导时，不应该和学生发生双重或多重关系，以避免对学生产生剥削或潜在伤害的危险。社会工作教育和实习督导，有责任设定一个清楚的、适当的和具文化敏感度的界限。

3.03 绩效评估

社会工作者应以公正而周全的态度对其他人的表现加以评估，并依据清楚且明示的评估标准而为之。

3.04 案主记录

（a）社会工作者有责任确保记录的正确性并且能反映出所提供的服务。

（b）社会工作者应确保记录的内容是充分的且合乎时效的，以利于未来服务的提供和确保服务的延续性。

（c）社会工作者的档案应尽可能地、适当地保护案主的隐私权，且仅记录与服务直接相关的信息。

（d）社会工作者在服务结束时应保存记录以供未来需要时使用，并依州政府法律或相关契约要求保留记录若干年。

3.05 付费

社会工作者应建立并维持能准确反映与所提供服务本质和内容相一致的付费方式，并能指明实务机构中由谁提供了服务。

3.06 转案

（a）当案主正在接受其他机构或同事的服务而来寻求社会工作者的服务时，社会工作者在同意提供服务之前应谨慎考虑案主的需求。为了降低可能的混淆与冲突，社会工作者应与未来可能的案主讨论他（她）与其他服务提供者关系的本质，及与新的服务提供者建立关系后的含义，其中包括可能的利益与风险。

（b）当新的案主曾接受其他机构或同事的服务，社会工作者在考虑案主的最佳利益下，应与这位案主讨论是否向他（她）先前的服务提供者提出咨询。

3.07 行政

（a）社会工作行政人员应在机构内外倡导为案主需求提供充分的资源。

（b）社会工作者应倡导资源分配程序是公开且公平的,当并非所有案主的需求都能被满足时,应建立一个没有歧视、适当且原则一致的分配程序。

（c）身为行政人员,社会工作者有责任确保机构或组织有足够资源以提供员工适当的督导。

（d）社会工作行政人员有责任确保他们所负责的工作环境是符合且遵守美国社会工作者协会的伦理守则。也有责任消除他们组织内违背、抵触或不鼓励遵守伦理守则的情形。

3.08 继续教育与员工发展

社会工作行政人员和督导有责任为他们负责的所有职员提供或安排继续教育与员工发展。继续教育与员工发展应讲授有关社会工作实务和伦理的新的知识与未来发展。

3.09 对雇主的承诺

（a）社会工作者一般应坚持对雇主和受雇组织的承诺。

（b）社会工作者应致力于改进受雇机构的政策、程序及服务的效率与效果。

（c）社会工作者有责任确保雇主能了解社会工作者应该遵循美国社会工作者协会的伦理守则的义务,以及这些义务所赋予社会工作实务的含义。

（d）社会工作者不应让受雇组织的政策、程序、规定或行政命令抵触他们的社会工作的伦理实务。社会工作者有责任确保受雇组织的实务工作是与美国社会工作者协会的伦理守则一致的。

（e）社会工作者应采取行动以预防或消除受雇组织在工作分派、雇佣政策和做法上的歧视。

（f）社会工作者仅在组织实行公正的人事制度下受雇或安排学生实习。

（g）社会工作者应尽心地管理受雇组织的资源,适当且明智地保管基金,决不滥用基金或不依指定用途使用基金。

3.10 劳资争议

（a）社会工作者可以参与有组织的活动,包括:工会的组成和参与,以改善对案主的服务与工作条件。

（b）社会工作者应在专业价值、伦理守则和标准的指引下投入劳资争议、抗议行动或罢工。在实际或可能具威胁性的罢工或抗议行动发生时，社会工作者在考虑他们身为一个专业人员的首要义务时，可能存在各种不同的意见。社会工作者应该在决定投入行动前，审慎地检视相关的问题以及可能对案主的影响。

四、社会工作者作为专业人员的伦理责任

4.01 能力

（a）社会工作者在接受任务或受雇时，应仅立足于现有的能力，或具有取得必备能力的意愿。

（b）社会工作者应致力达成与维持熟练的专业实务和专业功能的发挥。社会工作者应批判地检视与取得最新的社会工作有关知识。社会工作者应经常地阅读专业文献并接受与社会工作实务和社会工作伦理相关的继续教育。

（c）社会工作者应根据已有知识来提供服务，包括与社会工作和社会工作伦理相关的实证基础知识。

4.02 歧视

社会工作者不应从事、包容、推动或配合各种形式的歧视，包括源自于民族、种族、国籍、肤色、性别、性倾向、年龄、婚姻状况、政治信仰、宗教或身心障碍等的歧视。

4.03 个人行为

社会工作者不应允许其个人的行为干扰到自己执行专业职责的能力。

4.04 不诚实、欺诈、诱骗

社会工作者不应参与、宽容或涉及有关不诚实、欺诈或诱骗等行为。

4.05 个人问题

（a）社会工作者不应该让自身的个人问题、心理社会压力、法律问题、物质滥用或心理健康问题影响他们的专业判断与表现，或是危害到社会工作者对其负有专业职责的人之最佳利益。

（b）当社会工作者自身的个人问题、心理社会压力、法律问题、物质滥用或心理健康问题影响他们的专业判断与表现时，应立即寻求咨询，并采取适当的补救行动，包括寻求专业协助、调整工作量、结束实务工作或采取其他必要措施，以保护案主及其他相关人员。

4.06 失言

（a）社会工作者的言语和行为，应清楚地区分是代表个人自我或是代表社会工作专业、某个社会工作专业组织，或社会工作者的受雇机构。

（b）社会工作者若代表专业社会工作组织发言，应正确地代表其在组织中正式的与被授权的地位。

（c）社会工作者应确认他们对案主、机构和社会大众所表述的专业资格、证书、教育程度、能力、会员身份、所提供的服务和可以达成的结果都是正确的。社会工作者应只能表述他们实际拥有的相关专业资格，并对其他人任何不正确或是欺骗的资格陈述采取行动更正之。

4.07 招揽

（a）因为潜在的案主之特殊情况，而使其较容易受到不当诱惑、操纵或强制的影响，所以社会工作者不应对潜在的案主进行强制招揽。

（b）因为案主或其他人的特殊情况而较容易受到不当诱导，所以社会工作者不应要求案主或其他人为自己提供表扬信的签名（包括要求案主同意使用案主先前的陈述作为表扬信而签名）。

4.08 承认功绩

（a）社会工作者仅对于自己曾实际执行的工作与贡献过的实务享有责任和功绩，包括著作权。

（b）社会工作者应诚实地承认其他人所做的努力和贡献。

五、社会工作者对社会工作专业的伦理责任

5.01 专业的正直

（a）社会工作者应致力于维持并提升高标准的实务工作。

（b）社会工作者应支持和促进专业的价值、伦理、知识与使命。社会工作者应透过适当的调查和研究、积极的讨论，及对专业负责任的批判来保护、提高与增进专业的正直。

（c）社会工作者应贡献时间和专长，以促进对社会工作的价值、正直与能力的尊重。这些行动包括教学、研究、咨询、服务、立法公证会、社区中的演说，以及参与专业组织。

（d）社会工作者应对社会工作知识基础有所贡献，并且和同事分享自己在实务工作、研究和伦理方面所得的知识。社会工作者应寻求对专业知识的贡献，并且在专业会议和研讨会中分享知识。

（e）社会工作者应采取行动以预防不被认可和不符资格的社会工作服务。

5.02 评估与研究

（a）社会工作者应监督和评估政策、方案的执行和实务工作的介入。

（b）社会工作者促进与催化对知识发展有益的评估和研究。

（c）社会工作者应批判地检视与取得最新的社会工作有关知识，并且在专业的实务中充分地使用评估与研究所得到的证据。

（d）社会工作者在从事评估或研究时应审慎地考虑可能产生的后果，而且应该遵循已有的保护评估和研究参与者的指引。并适时向机构的审查委员会提出咨询。

（e）社会工作者在从事评估或研究时，应获得参与者的自愿参与和书面的告知后同意；对于拒绝参与的情况，应该没有任何潜藏的或实质的剥削和处罚；也不能不当的诱导参加。应对参与者的福祉、隐私权和尊严予以适当的尊重。告知后同意的信息应该包括：请求参与的性质、范围和时间以及阐明参与研究的危险性与利益。

（f）当评估和研究的参与者没有能力给予告知后同意时，社会工作者应对参与者适当的解释，获得参与者能力范围内的同意，并且取得适当代理人的书面同意。

（g）社会工作者从不设计和执行未经参与者同意程序的评估和研究，如自然观察法和档案研究。除非以下的情况除外，对研究加以严格和负责任地审查而发现它对未来具有科学性、教育性、应用性的价值；同时除非同等效果的替代方案并不需要告知后同意和告知后同意并不易得到。

（h）社会工作者应知会参与者，他们有权利在任何时间退出评估和研究而不会得到任何惩罚。

（i）社会工作者应采取适当行动以确保评估和研究的参与者有权获得适当的支持性服务。

（j）社会工作者在从事评估和研究时，应保护参与者避免不当的身体或精神的痛苦、伤害、危险或剥削。

（k）社会工作者在从事服务工作的评估时，其讨论应仅限于专业的目的，而且只与从专业的角度关心此咨询的人讨论。

（l）社会工作者在从事评估或研究时，应确保参与者和从他们身上所获得的资料的匿名性及保密性。社会工作者应告知参与者保密性的任何限制、为保障保密性所采取的行动、记载研究资料的记录何时将被销毁。

（m）社会工作者在报告中评估和研究结果时，除非获得适当的同意授权揭露，否则应除去足以辨识身份的信息以保障参与者的隐私权。

（n）社会工作者应准确地报告评估和研究的发现。他们不应该伪造或曲解结果，对于经标准发行程序出版的资料中若发现错误，应采取行动校正之。

（o）社会工作者在从事评估或研究时，应留意并避免和参与者有利益冲突的双重关系。当有真实的或潜在的利益冲突发生时，应知会参与者并采取以参与者利益为优先的态度解决问题。

（p）社会工作者应该教育自己、学生和同事有关研究实务的责任。

六、社会工作者对广大社会的伦理责任

6.01 社会福利

社会工作者应促进本土社会及全球的整体福祉，并增进人们及其社区与环境的发展。社会工作者应倡导与人类基本需求满足有关的生活条件，并促进社会、经济、政治和文化价值与制度能符合社会正义的实现。

6.02 公共参与

在社会政策与制度的发展过程中，社会工作者应促进社会大众了解如何参与公共事务。

6.03 公共紧急事件

社会工作者应尽最大可能地为公共紧急事件提供适当的专业服务。

6.04 社会和政治行动

（a）社会工作者参与社会和政治行动，确保所有人民都能公平地得到其所需要的资源、就业机会、服务和机会，以使个人基本需求获得充分的满足与发展。社会工作者必须知晓政界对实务工作的影响，应倡导政策与立法的改变，以改善满足人类基本需求的社会条件，并促进社会的正义。

（b）社会工作者应采取行动以扩大所有人群的选择和机会，并对于弱势人群、处于劣势者、受压迫者、受剥削的个人和团体给予特别的关注。

（c）社会工作者应促进人们对美国境内与全世界的多元文化与社会的尊重。社会工作者应促使政策与实务工作均展示对差异的尊重、支持文化知识与资源的扩展、倡导展示文化资产的项目与制度、促进保护所有人群权益并确认其社会正义与公平的政策实施。

（d）社会工作者应采取行动以防止和消除那些源自于民族、种族、国籍、肤色、性别、性倾向、年龄、婚姻状况、政治信仰、宗教或身心障碍所造成的支配、剥削和歧视。

附录8：我国不同地区和美国社会工作伦理守则的具体比较

我国不同地区和美国伦理守则中"对服务的伦理责任"的内容对比

伦理类别	中国内地（2012年）	中国香港（2013年）	中国台湾（2019年）	美国（1996年）
对服务对象的承诺	第五条 社会工作者应当以服务对象的正当需求为出发点，全心全意为服务对象提供专业服务，最大限度地维护服务对象的合法权益。	职责 1 社工首要的责任是向服务对象负责。	1.1 社会工作师应基于社会公平、正义，以促进服务对象福祉为服务之优先考量。	1.01 对案主的承诺 社会工作者的首要责任是促进服务对象的福祉。一般而言，服务对象的利益是最优先的。但是，社会工作者对广大社会或特定法律的责任，也可能在某些情形下会代替对服务对象的承诺，而服务对象也应被这样告知。
服务对象自决	第九条 社会工作者应培养服务对象自我决定的能力，尊重和保障服务对象与自身利益相关的决定进行表达和选择的权利。	知情决定及自决 5 和 6，以及服务对象的选择权 5 如果服务对象是在强制情况下使用服务，社工应向服务对象清楚说明他们的权利和权限，并协助他们尽量获取最大的自主权。 30 社工尊重服务对象的选择权，并不应在不尊重其他机构和同工的情况下夺取其他社工的服务对象。	1.2 社会工作师应尊重并促进服务对象的自我决定权，除为防止不法侵权事件，维护社会大众利益，增进社会福祉外，不可限制服务对象自我决定权。服务对象为未成年人、身心障碍者，无法完整表达意思时，应尊重服务对象、监护人、代理人、委托人之意思；除非服务或第三人之权益侵害服务对象或第三人之利益，否则均不宜以社会工作者一己之意思取代服务对象之决定。	1.02 自决 社会工作者尊重并促进服务对象的自决权，尽力确认和澄清他们的目标。在社会工作者的专业判断下，当服务对象的行动或潜在行动具有严重的、可预见的伤害他人即的危险或伤害自己和他人时，社会工作者可以限制服务对象的自决权。

续表

伦理类别	中国内地（大陆）（2012年）	中国香港（2013年）	中国台湾（2019年）	美国（1996年）
知情同意	第七条 社会工作者应尊重服务对象知情权，确保服务对象在接受服务过程中，了解自身的权利、责任和义务，以及获得服务的情况和可能由此产生的结果。	知情决定及自决 4和5 4 社工有责任让服务对象知悉本身的权利及协助他们获得适切的服务，且应尽量使服务对象明白接受服务所要作出的承担及可能产生的后果。 5 如果服务对象是在强制情况下使用服务，社工应向服务对象清楚说明他们的权利和权限，并协助他们尽量获取最大的自主权。	1.3 社会工作师服务时，应明确告知服务对象有关服务目标、风险、费用权益措施等相关事宜，协助服务对象作理性的分析，以利服务对象作出最佳的选择。	1.03 告知后同意，6条细则 （a）社会工作者只应在获得服务对象适当而有效的告知后同意（即知情同意）的专业关系范围内来提供服务，必须关心服务对象所用的语言告知服务对象：服务的目标、服务中有关的风险，由于第三者付费规定而产生的服务限制，相关的费用，合理的服务选择方案，服务对象可以拒绝或撤回同意的权利，同意的时间范围等。社会工作者应向服务对象提供询问的机会。
能力 （与作为专业人员的伦理所述的"能力"角度不同）				1.04 能力，3条细则 （a）社会工作者应仅在自己所受的教育、训练、执照、证书、所受的咨询或被督导的经验，及相关专业经验和展现自己提供服务和展现自己。

伦理类别	中国内地（大陆）（2012年）	中国香港（2013年）	中国台湾（2019年）	美国（1996年）
文化能力与社会多元	第六条 社会工作者应平等对待并接纳服务对象，不因民族、种族、性别、户籍、职业、宗教信仰、社会地位、教育程度、身体状况、财产状况、居住期限等因素而区别对待。	文化意识 2 和 3 2 社工应认同其服务的社群在种族及文化方面存在差异。 3 社工应对其服务对象的文化熟悉和敏锐，并明白他们之间在民族、国家本源、国籍、宗教和习俗各方面的分别。	4.1 社会工作师应包容多元文化，尊重多元社会现象，防止因种族、宗教、性别、国籍、年龄、婚姻状态及身心障碍、信仰、政治理念等歧视，所造成社会不平等现象。	1.05 文化能力与社会多元，3条细则 （a）社会工作者必须了解文化及其对人类行为和社会的功能，并认识到存在于所有文化中的力量。
利益冲突	第十条 社会工作者不得利用与服务对象的专业关系，谋取私人利益或其他不当利益，损害服务对象的合法权益。	利益冲突 13 13 社工不得滥用与服务对象的关系，借以谋取私人的利益。	1.4 社会工作常专业关系，不得与服务对象有不当双重或多重关系而获取不当利益。	1.06 利益冲突，4条细则 （a）社会工作者应警觉并避免影响到利益裁量权和公正判断的利益冲突。当实际或潜在的利益冲突发生时，社会工作者应告知服务对象，并以服务对象之利益为优先或尽可能保护服务对象最大利益的态度，采取必要的步骤解决争端。在某些案例中，有时为了保护服务对象的利益，必须终止专业关系并做适当转介。

续表

伦理类别	中国内地（大陆）（2012年）	中国香港（2013年）	中国台湾（2019年）	美国（1996年）
隐私与保密	第八条 社会工作者应在不违反法律、不妨得他人正当权益的前提下，保护服务对象的隐私，对在服务过程中获取的信息资料予以保密。	使用资料及保密原则7～12 7社工应尊重服务对象在保障私隐和保密个人资料方面的权利，除非其他法例特别是个人资料（私隐）条例（中国香港法例第486章）有所订明。社工也应尽可能充分告知服务对象在某种情况下，保密性所受到的限制、收集资料的目的及资料的用途。	1.6和5.4 1.6社会工作师应守业务秘密；服务对象纵已死亡，仍须重视其隐私权利。服务对象或第三人申请查阅个案社会工作记录，应符合社会工作伦理及规定；否则社会工作者得拒绝资讯之公开。但有下列特殊情况时保密须受到限制（下列7点。）	1.07 隐私与保密 （a）社会工作者应尊重服务对象的隐私权。除非为提供服务或进行社工评估或研究的必要，否则不应诱使服务对象说出隐私信息。一旦隐私信息提供出来，保密标准就要用上。
记录的接近				1.08 记录的接近，2条细则 （b）当服务对象接触其记录时，社会工作者必须采取行动保护记录中被提及或被讨论到的其他人的隐私权。
与服务对象的专业关系		性关系14和15 14在任何情况下，不论是经双方同意或以强迫方式，社工不应与服务对象进行任何涉及性的活动或涉性接触。	1.4社会工作师应维持正常专业关系，不得与服务对象有不当双重或多重关系而获取不当利益。	1.09 性关系 1.10 肢体接触 1.11 性骚扰 1.12 诽谤的语言
服务的付费		持续提供服务16以及收费措施17和18 16如服务需要收费，社工应尽量使服务对象不会因经济能力不能及时获取所需要的服务。	1.7社会工作师收取服务费用时，应事先告知服务对象收费标准，所收费用应合理适当并符合相关规定，并不得收受不当的馈赠。	1.13 服务的付费，3条细则 （a）对于服务费用应确保收费的价格是公平的、合理的，并且相当于所提供的服务，也要考虑服务对象的承受能力。

续表

伦理类别	中国内地（大陆）（2012年）	中国香港（2013年）	中国台湾（2019年）	美国（1996年）
缺乏决定能力的服务对象				1.14 缺乏决定能力的服务对象当社会工作者必须代理服务对象时，社会工作者应采取合理的步骤以保障此服务对象的利益和权利。
服务的中断与中止			1.5 社会工作师基于伦理冲突或利益回避，应终止服务对象时，并为适当必要之转介服务。	1.15 服务的中断社会工作者在面临如服务缺乏、搬迁、疾病、身心障碍或是死亡而导致服务中断时，应尽合理的努力来确保服务的延续。 1.16 服务的终止，6条细则
网络场景下的保密和服务对象保护（台湾社会工作师伦理守则增加的项目）			1.8 未经服务对象同意不得于公开或社群网站上公开以直接或间接方式识别服务对象之资料。 1.9 运用社群网站或网络沟通工具与服务对象互动时，应避免伤害服务对象的权益。	

注：以上表格中中国内地（大陆）《社会工作者职业道德指引》中涉及"对服务对象的伦理责任"的守则内容都已摘录，中国台湾《社会工作师伦理守则》仅在"隐私与保密"守则内容比较多，没有摘全。美国《社会工作者协会（NASW）伦理守则》注册社会工作者守则》因细则较多，仅列出部分。

我国不同地区与美国伦理守则中"对同事的伦理责任"的内容对比

伦理类别	中国内地（大陆）（2012年）	中国香港（2013年）	中国台湾（2019年）	美国（1996年）
尊重	第十一条 社会工作者应与同事建立平等互信的工作关系。 第十三条 社会工作者应尊重其他社会工作者、专业人士和志愿者不同的意见及建议，批评及工作方法。任何建议、批评及工作中冲突都应以负责任、建设性的态度沟通和解决。	尊重 19 19 社工应尊重其他社工、其他专业人士及义务工作者不同的意见及工作方法。任何建议、批评及冲突都应以负责任的态度表达和解决。	2.1 社会工作师应尊重同仁，彼此支持、相互激励，与社会工作及其他专业人员合作，共同增进服务对象的福祉。 2.3 当同仁与服务对象因信任或服务争议，应尊重服务对象之专业知识及服务对象的权益，以维护服务对象权益与同仁合理之专业信任。	2.01 尊重、3 条细则 （a）社会工作者应尊重同事，并且正确而公正地陈述同事的资格、观点和职责。
保密		共事同工间的沟通 31 31 社工与共事同工之间的沟通时所谈及的内容，在未得到原说者明确许可之前，该社工应向服务对象透露任何超出服务对象个人资料范围以外的内容。		2.02 保密 社会工作者对于同事在专业关系和转介流程中所分享到的服务对象资料，应予以保密。社会工作者应确保这些同事隐私权以及有关隐私权例外情况的职责。
跨学科合作		跨界别协作 20～23 20 社工应以公平和专业的方式执行职务及对待同工，无论对方隶属哪个机构，对他们均一视同仁。		2.03 学科间的合作、2 条细则 （a）社会工作者担任跨学科团队的成员时，应基于社会工作专业的观点、价值与经验，以参与贡献于影响服务对象福祉的决策，并参与跨学科团队作为一个整体和其成员的专业及伦理职责。

续表

伦理类别	中国内地（大陆）（2012年）	中国香港（2013年）	中国台湾（2019年）	美国（1996年）
咨询		咨询27~29 27 无论何时，如咨询同工是为了使服务对象获得最大利益，社工应向同工寻求意见及指导。 （27~29与美国2.05咨询的三条细则内容基本一致）		2.05 咨询，3条细则 （a）社会工作者为服务对象最佳利益着想，应寻求同事的建议与咨询。 （b）社会工作者应了解同事的专长领域与能力，在向同事咨询时，应仅就那些拥有咨询主题相关知识、专长和能力的同事为限。 （c）社会工作者在向同事咨询有关服务对象的问题时，在达到咨询的目标之下，应尽量减少信息的透露。
转介服务	第十二条 社会工作者应主动与同事分享知识、经验、技能，共同促进、互相促进，有责任在必要时协助同事为服务对象提供服务，接受转介的工作。	进行独立社工实务 45 45 从事私人执业或独立进行社工实务的社工，应只在其能力范围内提供服务。一旦服务对象的需要超出其能力范围，社工应予以恰当的转介。任何有关其服务的宣传，均应基于该社工的实际资格、经验和专长。	2.2 社会工作师不宜或无法提供服务对象适切服务时，应透过专业或跨专业分工，寻求资源整合或为恰当之专业转介，以完成服务转介之工作，以保护服务对象权益；转介时应充分告知服务对象未来转介服务方向，并将个案服务资料适当告知未来服务机构，以利转衔服务（转衔转介衔接）。	2.06 转介服务，3条细则 （a）当其他专业人员的特殊知识或专长，对提供服务对象完整的服务是必要时；或是当社会工作者认为自己的服务没有效果时，有合理的进展但需要更进一步的服务时，社会工作者应将服务对象转介给其他专业人员。

续表

伦理类别	中国内地（大陆）（2012年）	中国香港（2013年）	中国台湾（2019年）	美国（1996年）
与同事间的专业关系		性关系 32 32 作为督导或培训者的社工，不应与其在专业权利下督导的下属、学生或受训学员，进行任何涉及性的活动或性接触。		2.07 性关系，2条细则 （a）社会工作者在担任督导或教育者时，不应与受督导者、学生、受训者或其他专业权威之下的其他同事发生性行为或性关系。 2.08 性骚扰，1条细则
同事有不合乎伦理行为	第十四条 社会工作者应相互督促支持，对同事违反专业要求的言行予以提醒，对同事受到不实指控的投诉予以澄清。	专业责任 39 39 社工应向有关机构报告任何违背专业守则而危害社会工作服务对象利益的行为，并在有需要时维护那些受到不公正指控的社工。		2.11 同事之不伦行为，5条细则 （a）社会工作者应采取适当的规范来劝阻、预防、揭穿和纠正同事的不伦行为。
协助同事发展		专业发展 47 47 社工有责任协助新加入社会工作专业的同工建立、增强与发展其操守、价值观及专业上的技能与知识。		2.09 同事之个人问题，2条细则 （a）当社会工作者直接知道自己的同事因为个人问题、心理社会压力、物质滥用或心理健康的困难而影响他们的实务工作效果时，如果可能的话，应与同事咨询讨论，并帮助其采取补救的行动。 2.10 同事之能力不足，2条细则

附 录

续表

伦理类别	中国内地（大陆）（2012年）	中国香港（2013年）	中国台湾（2019年）	美国（1996年）
维护同事权益		专业责任39 39 社工应向有关机构报告任何违反专业工作守则而危害社会工作服务对象利益的行为，并在有需要时维护那些受到不公正指控的社工。 （此条包含同事有不合乎伦理行为的内容）	2.4 社会工作师为维护社会工作伦理，协助保障同仁的权益，面对不公平或不合伦理规范之要求，当事人或代理人应向服务机构或各地区社会工作师公会、社会工作主管机构申诉，以保障合法权益，落实社会工作专业伦理。	2.11 同事之不伦行为，5条细则 （a）社会工作者应采取恰当的规范来劝阻、预防、揭穿和纠正同事的不伦行为。
同事之间有冲突		服务对象的选择权30 30 社工尊重服务对象的选择权，并不应在不尊重其他机构和同工的情况下夺取其他机构的服务对象。		2.04 同事涉入争议，2条细则 （a）社会工作者不应利用同事与雇主之间的争议，以谋取职位或其他个人利益。 （b）社会工作者与同事发生争执时，不应使服务对象受到剥削，也不应讨论服务对象地与服务同事间的冲突。

注：以上表格中中国内地（大陆）《社会工作者职业道德指引》和中国台湾《社会工作师伦理守则》中涉及"对同事的伦理责任"都只有4条守则，全部完整摘录进相应的类别。美国《社会工作者协会（NASW）伦理守则》和中国香港《注册社会工作者工作守则》因细则较多，仅列出部分。

我国不同地区与美国伦理守则中"对实务机构的伦理责任"的内容对比

伦理类别	中国内地（2012 年）	中国香港（2013 年）	中国台湾（2019 年）	美国（1996 年）
督导与咨询		督导及培训 25 和 26 25 提供督导的社工应该认同督导任教育、支援、发展和监察上所扮演的角色，而不应滥用与下属的专业关系，借以谋取任何利益。	3.2 社会工作师应具备社工作专业技能，不断充实自我，担任教育、督导时，应尽力提供专业指导；接受教育、督导时应理事件；公平、客观评量性、自省，接纳批评与建议。	3.01 督导与咨询，4 条细则 （a）社会工作者必须具备适当的知识和技能以提供督导或咨询，但应仅限于自己知识与能力范围内提供督导与咨询。
教育和训练		督导及培训 24 24 负责督导或提供专业咨询的社工，应透过适当的进修、咨商和研究，以获得相关继续具备所需的知识、技能和方法，使自己能够胜任专业督导和培训方面的工作。社工应只在其知识领域或工作能力范围内提供训练或发出指示。		3.02 教育和训练，4 条细则 （a）社会工作者在担任教育者、实习督导或训练者时，仅限于自己知识与能力范围内提供指导，且提供的是专业中最合乎潮流的、有助益的咨询和知识。
绩效评估				3.03 绩效评估，1 条细则 社会工作者应以公正而周全的态度对其他人的表现加以评估，并依据清楚明示的评估标准而为之。
服务对象记录			3.3 社会工作师的服务记录依相关规范，适时、正确反客观地记载并妥善保存，以确保服务对象之权益及隐私	3.04 服务对象记录，4 条细则 （a）社会工作者有责任确保记录的正确性并且能反映出所提供的服务。

续表

伦理类别	中国内地（大陆）（2012年）	中国香港（2013年）	中国台湾（2019年）	美国（1996年）
服务付费		在"与服务对象有关"措施17、18 2条细则，有类似的内容		3.05 付费，1条细则 社会工作者应建立并维持能准确反映与所提供服务本质和内容相一致的付费方式，并能指明实务机构中由谁提供了服务。
转案			3.4 社会工作师转介服务对象或接受服务对象转介，应审慎评估转介后可能的利益与风险，并忠实提供服务对象转介咨询服务。	3.06 转案，2条细则 （b）当新的服务对象曾接受其他机构或同事的服务，社会工作者在考虑服务对象的最佳利益下，应与这位服务对象讨论是否向他（她）先前的服务提供者提出咨询。
行政				3.07 行政，4条细则 （c）身为行政人员，社会工作者有责任确保机构或组织有足够资源以提供员工适当的督导。
继续教育与员工发展			3.5 社会工作师应遵循规范，忠实呈现工作成果，协助社会工作教育与人力发展；争取社会工作师公平合理的工作环境。	3.08 继续教育与员工发展，1条细则 社会工作行政人员和督导有责任为他们负责的所有员工提供或安排继续教育与员工发展。继续教育与员工发展应讲授有关社会工作实务和伦理发展的知识与未来发展。

续表

伦理类别	中国内地（大陆）（2012年）	中国香港（2013年）	中国台湾（2019年）	美国（1996年）
对雇主的承诺	第十五条 社会工作者应认同机构使命和发展目标，遵守机构规章制度，按照机构赋予的职责开展专业服务。 第十六条 社会工作者应积极维护机构的形象和声誉，在发表公开言论或进行公开活动时，应表明自己代表的是个人还是机构。 第十七条 社会工作者应致力于推动机构遵循社会工作专业使命和价值观，促进机构成长，参与机构管理，增强服务能力，提高服务质量。	33 和 34 33 社工应向其雇佣机构负责，提供具效率及效能的专业服务。 34 社工应作出建设性及负责任的行动，以影响并改善雇佣机构的政策，程序及工作方式，务求令机构的服务水准不断提升，及使社工不会因执行机构的政策而抵触这份《工作守则》。		3.09 对雇主的承诺，7条细则 (a) 社会工作者一般应坚持对雇主和受雇组织的承诺。 (b) 社会工作者应致力于改进受雇机构的政策，程序及服务的效率与效果。
劳资争议				3.10 劳资争议，2条细则 (a) 社会工作者可以参与有组织的活动，包括：工会的组成和参与，以改善对服务对象的服务与工作条件。

注：以上表格中中国内地（大陆）《社会工作者职业道德指引》、中国香港《社会工作者伦理守则》、中国台湾《社会工作师伦理守则》和中国香港《注册社会工作者工作守则》中涉及"对实务机构的伦理责任"的伦理细则全部完整摘录进相对应的类别。美国《社会工作者协会（NASW）伦理守则》第三部分因细则较多，仅列出部分。

我国不同地区与美国伦理守则中"作为专业人员的伦理责任"的内容对比

伦理类别	中国内地（2012年）	中国香港（2013年）	中国台湾（2019年）	美国（1996年）
能力	第十八条 社会工作者在提供专业服务时，应诚实、守信、尽责，积极维护专业形象。社会工作者应在自身专业能力和服务范围内提供服务。	职效能力 40～42，和独立进行社工实务 45 40 社工只应在其教育、训练、执照、证书、专业咨询、被督导的经验或其他相关的专业经验的范围内，提供服务又声称自己具备有关的职效能力。	3.2 社会工作师应具备社会工作专业技能，不断充实自我；担任教育、督导时，应尽力提供专业指导、公平、客观评量事件；接受教育、督导时应理性、自省，接纳批评与建议。（也放入对"实务机构的伦理责任"督导与咨商中）	4.01 能力，3条细则 （a）社会工作者在接受任务或受雇时，应仅立足于现有的能力，或具有取得必备能力的意愿。
歧视		文化意识 2 和 3 3 社工应对其服务对象对的文化、熟悉和敏锐，并明白他们之间在族裔、国家本源、宗教和习俗各方面的分别。（也放人第一部分"文化能力与社会多元"中）	4.1 社会工作师应尊重多元社会现象，防止因种族、宗教、性别、性倾向、国籍、年龄、婚姻状态及身心障碍、宗教信仰、政治理念等歧视，所造成社会不平等现象。（也放人对"服务对象的伦理责任"文化能力与社会多元中）	4.02 歧视，1 条细则 社会工作者不应从事、包容、推动或配合各种形式的歧视，包括源自于民族、种族、肤色、性别、性倾向、年龄、婚姻状况、政治信仰、宗教或身心障碍等。
个人品行				4.03 个人行为，1 条细则 社会工作者不应允许其个人的行为干扰到自己执行专业职责的能力。 4.04 不诚实、欺诈、诱骗，1 条细则 社会工作者不应参与、宽容或涉及有关不诚实、欺诈或诱骗等行为。

附　录　277

续表

伦理类别	中国内地（大陆）（2012年）	中国香港（2013年）	中国台湾（2019年）	美国（1996年）
个人问题				4.05 个人问题，2 条细则 （a）社会工作者不应该让自身的个人问题、心理社会压力、法律问题、物质滥用或心理健康问题影响他们的专业判断与表现，或是危害服务到社会工作者对其负有专业职责的人之最佳利益。
失言	第十六条 社会工作者应积极维护机构的形象和声誉，在发表公开言论或进行公开活动时，应表明自己代表的是个人还是机构。 （也放人对"实务机构的伦理责任"对雇主的承诺" 中）	与机构有关 35 和陈述 44 44 社工不应就个人资料、专业资格、证书、教育、职效能力、服务性质、服务方法或将可达致的成果，作出不确明或虚假的陈述。 （35 在 "与机构有关"）	4.2 社会工作师应注意自我言行对服务对象、服务机构、社会大众所产生的影响。	4.06 失言，3 条细则 （a）社会工作者的言语和行为，应清楚地区分是代表个人自我或是社会工作专业、某个社会工作专业组织，或社会工作者的受雇机构。
招揽		36 社工不应在未经其服务机构同意下，利用机构与外界的联系，为个人的私人业务招揽服务对象。 （36 在 "与机构有关"）		4.07 招揽，2 条细则 （a）因为潜在的服务对象之特殊情况，而使其较容易受到不当诱惑、操纵或强制的影响，所以社会工作者不应对潜在的服务对象进行强制招揽。
承认功绩				4.08 承认功绩，2 条细则 （a）社会工作者仅对于自己曾实际执行的工作与贡献过的实务享有责任和功绩，包括著作权。

附录

我国不同地区与美国伦理守则中"对社会工作专业的伦理责任"的内容对比

伦理标准	中国内地（大陆）（2012年）	中国香港（2013年）	中国台湾（2019年）	美国（1996年）
专业的正直	第十八条 社会工作者在提供专业服务时，应诚实、守信、尽责。社会工作者应在自身专业能力和服务范围内提供服务。（也放入作为"专业人员的伦理责任"能力中）	专业责任 37～39、尊重 43 和专业发展 46　37 社工从事其专业工作时，应持着诚实、诚信及尽责的态度。	4.3 和 4.4　4.3. 社会工作师应提升社会工作专业形象及服务品质，重视伦理守则，落实社会工作价值，充实社会工作知识与技术。	5.01 专业的正直、5 条细则　（a）社会工作者应致力于维持并提升高标准的实务工作。
评估与研究			4.5 社会工作师应增进社会工作专业知能的发展，进行研究及著作发表，遵守社会工作研究伦理。	5.02 评估与研究、16 条细则　（a）社会工作者应监督和评估政策、方案的执行和实务工作的介入。
推动专业发展（为中国内地（大陆）和台湾独列出的一项，与"专业正直"有点类似，但着眼点更宏观）	第十九条 社会工作者应不断内化和践行专业理念，持续充实专业知识和技能，提升专业能力，促进专业功能的发挥和专业地位的提升。 第二十条 社会工作者应继承中华民族优良传统，借鉴国际社会工作发展优秀成果，总结中国社会工作经验，推动中国特色社会工作发展。		4.6 社会工作师应推动社会工作专业制度建立、发展社会工作的各项措施与活动。	

注：以上表格中中国内地（大陆）《社会工作者职业道德指引》、中国台湾《社会工作师伦理守则》、中国香港《注册社会工作者工作守则》和美国《社会工作者协会（NASW）伦理守则》因细则比较多，仅列出部分。"对社会工作专业的伦理责任"的伦理细则全部完整摘录。

续表

我国不同地区与美国伦理守则中"对社会的伦理责任"的内容对比

伦理类别	中国内地（大陆）（2012年）	中国香港（2013年）	中国台湾（2019年）	美国（1996年）
社会福利	第二十一条 社会工作者应运用专业视角，发挥专业特长，参与相关政策法规的制定和完善，维护社会公平正义，增进社会福利。 第二十二条 社会工作者应推广专业服务，促进社会资源合理分配，使社会服务惠及社会大众。	与社会有关 50 50 社工认同有需要倡导修订政策及法律，以改善有关的社会情况，促进社会的公义及福祉。社工亦认同有需要致力推动社会福利政策的实施。社工不可运用个人的知识、技能或经验助长不公平的政策或不人道的活动。	3.1、3.6、5.1、5.2 3.1. 社会工作师应致力社会福利政策的推展，增进福利服务效能，依法公平进行福利给付与福利资源分配。	6.01 社会福利，1条细则 社会工作者应促进本土社会及全球社区与环境的发展，并增进人们满足其有关的生活条件，并促进社会、经济、政治和文化价值与制度能符合社会正义的实现。
公共参与	第二十三条 社会工作者应正确鼓励、引导社会大众参与社会公共事务，推动社会建设。	与社会有关 49、53 53 社工知情的情况下参与制定和改善社会政策和制度。	5.5 社会工作师应促使相关机构，民间团体及社会大众履行社会公益，并落实服务对象的法权益保障。	6.02 公共参与，1条细则 在社会政策制度的发展过程中，社会工作者应促进社会大众了解如何参与公共事务。
公共紧急事件		奉召当值 48 48 当有关方面提出明确的要求，特别召集在场的社工，在特定的情况下提供某些服务时，社工应奉召当值。	5.6 社会工作师面对灾害所致社会安全紧急事件，应提供专业服务时，以保障弱势族群免于生命、身体、自由、财产的危险与意外风险。	6.03 公共紧急事件，1条细则 社会工作者应尽其最大可能地为公共紧急事件提供适当的专业服务。

续表

伦理类别	中国内地（大陆）（2012年）	中国香港（2013年）	中国台湾（2019年）	美国（1996年）
社会和政治行动		与社会有关 51 和 52 51 社工认同有需要致力防止及消除歧视，令社会资源分配更为合理，令使所有人士有均等机会获取所需的资源和服务。	5.3 社会工作师应维护弱势族群之权益，协助受压迫、受剥削、受欺凌者获得社会安全保障。	6.04 社会和政治行动，4条细则 （b）社会工作者应采取行动以扩大所有人群的选择和机会，并对于弱势人群、处于劣势者、受压迫者、受剥削的个人和团体给予特别的关注。

注：以上表格中中国内地（大陆）《社会工作者职业道德指引》中涉及"对广大社会的伦理责任"的伦理细则全部完整摘录，中国香港和中国台湾的伦理守则在"对广大社会的伦理责任"这一范畴的一致性最高，每一个类别的伦理细则对应相关的描述。中国台湾《社会工作伦理守则》中涉及"对社会工作专业的伦理责任"的伦理细则全部完整摘录，中国香港《注册社会工作者守则》和美国《社会工作者协会（NASW）伦理守则》因细则比较多，仅列出部分。

附录9：APA与CPS伦理守则比较

	APA	CPS
专业关系	避免歧视	3.01 不公平的歧视 心理学家在从事与工作相关的活动时，不涉及基于年龄、性别、性别认同、种族、民族认同、文化、原国籍、宗教、性取向、身心障碍、社会经济地位等及任何法律禁止的基本不公平的歧视。	1.1 心理师应公正地对待寻求专业服务者，不得因其年龄、性别、种族、性取向、宗教信仰和政治立场、文化水平、身体状况、社会经济状况等因素歧视对方。

续表

		APA	CPS
专业关系	避免骚扰	3.02 性骚扰 心理学家不得对他人进行性骚扰。这些行为是（1）不受欢迎的，冒犯的，或营造了一个充满敌意的工作场所或教育环境，而且该心理学家知道或者已经被告知这一点；（2）在当时的情境下，对一位有理智的人来说这已是极严重的虐待行为。 3.03 其他的骚扰 心理学家不会故意基于年龄、性别、性别认同、种族、种族认同、文化、原国籍、宗教、性取向、身心障碍、社会经济地位在工作中对与之互动的人进行骚扰或贬低。	
	避免伤害	3.04 避免伤害 心理学家采取合理的措施以避免伤害他们的来访者/病人、学生、被督导者、研究参与者、团体未访者，以及其他与他们一起工作的人，并且将可预见且不可避免的伤害减到最低。	1.2 心理师应充分尊重和维护寻求专业服务者的权利，促进其福祉。心理师应当避免伤害寻求专业服务者、学生或研究被试。如果伤害可避免或可预见，心理师应在对方知情同意的前提下尽可能避免，或将伤害最小化；如果伤害不可避免或无法预见，心理师应尽力使伤害程度降至最低，或在事后设法补救。
	避免剥削的关系	3.08 剥削的关系 心理学家不得剥削被他督导、评估或施加权力的人，诸如未访者/病人、学生、被督导者、研究参与者和员工。	1.6 心理师应清楚地认识其自身所处位置对寻求专业服务者的潜在影响，不得利用寻求专业服务者对自己的信任或依赖剥削对方，为自己或第三方谋取利益。
	避免替来访者做决定		1.5 心理师须尊重自己的价值观，及其对寻求专业服务者的可能影响，并尊重寻求专业服务者的价值观，避免将自己的价值观强加给寻求专业服务者或替其做重要决定。

续表

	APA	CPS
专业关系 / 多重关系	3.05 多重关系 (a) 多重关系的产生是当一种专业角色与某个人相处，但同时又以另一角色与此人相处，或这人同时与心理学家在专业工作上遇到的某个人有极亲密的关系或亲戚关系，或承诺将来与这个人或是和与此人亲密的人发展另一种关系或成为亲戚。如果心理学家合理地预期到这种多重关系会危及身为心理学家所应具有的客观性、能力、或是工作效率，或则与此人保持专业上的关系会有剥削和危害的风险，则避免进入多重关系中。否则，人在此多重关系不会导致伤害或有剥削或危害是合乎伦理的。 3.06 利益冲突 当心理学家合理地预期到个人的、科学的、专业的、法律上的、财务上的、或其他利益关系可能会出现下列情形时，应避免担任专业角色：损害客观性、能力、或是身为心理学家该表现的职能；或让心理学家所服务、有专业关系的个人或是机构暴露在可能被剥削或伤害的情境下。	1.7 心理师要清楚地了解多重关系（例如与寻求专业服务者发展家庭、社交、经济、商业或其他密切的个人关系）对专业判断可能造成的不利影响及损害寻求专业服务者福祉的潜在危险。尽可能避免与寻求专业服务者发生多重关系的潜在危险。尽管多重关系不可避免时，应采取专业措施预防可能的风险影响，例如签署知情同意书，做好相关记录，告知多重关系可能影响寻求专业判断，并且不对寻求专业服务者造成危害，以确保对寻求专业服务者不会影响自己的专业判断，并且不对寻求专业服务者造成危害。 1.8 心理师不得与当前寻求专业服务者或其家庭成员发生任何形式的性或亲密关系，包括当面和通过电子媒介进行的性或亲密沟通与交往。 1.9 心理师在与寻求专业服务者结束心理咨询或治疗关系后至少三年内，不得与该寻求专业服务者或其家庭成员发生任何形式的性或亲密关系，包括当面和通过电子媒介进行的性或亲密的沟通与交往。 1.10 当他人与寻求专业服务者存在除了性亲密关系以外的其他非亲密关系，如果可能对寻求专业服务者造成伤害，心理师应当避免与寻求专业服务者建立亲密关系。例如，因无法保持客观、中立，心理师不得与自己的朋友甚至自己的朋友亲人建立关系。
交流与合作	3.09 与其他专业的合作 当心理学家被告知，且在专业上也合适时，他们可与其他专业合作，以便更有效且合适地服务来访者／病人。	1.15 心理师与心理健康服务领域同行（包括精神科医师／护士、社会工作者等）的交流和合作会影响对寻求专业服务者的服务质量。心理师应与相关同行积极建立专业的工作关系和沟通渠道，以保障寻求专业服务者的福祉。 2.4 当寻求专业服务者同时接受其他心理健康服务时，心理师可以根据工作需要，在征得寻求专业服务者的同意后，联系其他心理健康服务领域专业工作者并与他们进行沟通，以更好地为寻求专业服务者提供服务。

续表

		APA	CPS
	机构	3.07 第三方要求的服务 当心理学家在第三方要求下，同意为某个人或团体提供服务时，心理学家需要试图在服务开始时澄清他与所有相关的个人或机构之间的关系。 3.11 给机构提供的心理服务 （a）心理学家提供服务给机构或通过机构提供心理服务时，得事先提供信息给顾客，而如果适宜的话，也提供给直接受到服务影响的人。 （b）如果法律或机构禁止心理学家提供这样的信息给特定的个人或团体，他们需要在服务开始之时就要告知那些人或团体。	1.16 在机构中从事心理咨询与治疗的心理师未经机构允许，不得将自己在该机构中的寻求专业服务转介为个人接诊的来访者。
专业关系	中断与转介	3.12 中断心理服务 除非合约上有所载明、搬迁或退休、死亡、无法继续服务，或是服务对象/病人搬家或经济上的限制等因素下，心理学家仍应付出合理的努力计划去促进该项服务。	1.11 心理师不得随意中断心理咨询与治疗工作。 1.12 心理师认为自己的专业能力不能胜任为寻求专业服务者提供专业服务，或不适合与寻求专业服务者维持专业关系时，应在和督导或同行讨论后，向寻求专业服务者明确说明，并本着负责的态度将其转介给合适的专业人士或机构，同时书面记录转介情况。 1.13 当寻求专业服务者在心理咨询与治疗中无法获益、心理师应终止这种专业关系。 1.14 寻求专业服务者转介至其他专业人士或机构时，应建议寻求专业服务者继续在同行处寻求帮助。 1.17 心理师将寻求专业服务者转介至其他专业人士或相关机构时，不得收取任何费用，也不得向第三方支付与转介相关的任何费用。

续表

		APA	CPS
专业关系	收费	6.04 费用和财务安排 (a) 一旦专业或科学关系形成，心理学家应尽快与接受心理服务者针对报偿和付账之费用达成协议。 (b) 心理学家收取之费用需合法。 (c) 心理学家不可谎报他们的费用。 (d) 如果服务的限度可以根据财务限制预知，应尽早与接受服务者讨论此事。 (e) 如果接受服务者不支付已同意的服务费用，且如果心理学家打算透过催收机构或是以法律手段催收费用，心理学家应先知会此人将采取的方法，以给予此人一个及时付款的机会。	1.3 心理师应依照当地政府规定要求本单位规定恰当地收取专业服务费用。心理师在进入专业工作关系之前，要向寻求专业服务者清楚地介绍和解释其服务收费情况。
	收受实物	6.05 与服务对象/病人以物易物 以物易物乃是接受服务对象/病人所送的物品、服务，或其他非金钱的报酬，以回报心理服务。如果是非临床上的禁忌；最终的安排心理学家可以易物。	1.4 心理师不得以收受实物、获得劳务服务或其他方式作为其专业服务的回报，以防止引发冲突、剥削、破坏专业关系等潜在危险。 1.18 心理师应清楚了解决定是否收取专业服务者的礼物时需考虑以下因素。专业关系、文化习俗、礼物的价值、赠送礼物的动机以及心理师决定接受或拒绝礼物的动机。
知情同意	确保知情同意	3.10 知情同意 (a) 当心理师通过面对面，或经由电子媒体等形式的沟通，以执行其研究或提供心理评估、心理治疗，或心理咨询服务时，心理学家需要使用这个人或这些人能合理理解的语言，以获得个人或群体的知情同意。除非执行这些活动是法律或政府强制要求，或者遵循伦理法，则可以不需获得同意。 (d) 心理学家适当地保存手写或口头同意，允许和赞同。	2.1 心理师应确保寻求专业服务者了解自己与寻求专业服务者双方的权利、责任。工作经验以及专业工作理论取向；②专业服务的作用；③专业服务的目标；④专业服务所采用的理论和技术；⑤专业服务的过程和局限；⑥专业服务可能带来的好处和风险；⑦心理测量与评估的意义，以及测验和结果报告的用途。明确介绍收费设置，告知专业服务者享有的保密权利，保密例外情况以及保密界限。心理师应认真记录评估、咨询或治疗过程中有关知情同意的讨论过程。 2.2 心理师应知晓，寻求专业服务者有权了解下列相关事项： ①心理师的资质、所执认证、工作经验以及专业工作理论取向；②专业服务的作用；③专业服务的目标；④专业服务所采用的理论和技术；⑤专业服务的过程和局限；⑥专业服务可能带来的好处和风险；⑦心理测量与评估的意义，以及测验和结果报告的用途。

附　录　285

续表

		APA	CPS
知情同意	无法行使知情同意权个体	3.10 知情同意 (b) 对于那些在法律上无能力处理知情同意的人，心理学家需要：①提供适当的解释；②征求本人同意；③考虑此人的偏好和最佳利益；④从法律授权人那里获得正当的许可。如果法律上不允许或不要求从法律授权人那里获得同意，那么心理学家应当采取合理的步骤去保护个人的权利和福祉。 (c) 当心理服务是法院的命令或是强制执行的，心理学家在执行之前，需要告知此人即将接受的服务之质量，包括服务是否为法院命令或是强制执行的以及在进行之前任何的保密限度。	2.3 在与被强制要求接受专业服务人员工作时，心理师应当在专业工作开始时与其讨论保密原则的强制界限及相关依据。
	录音、录像	4.03 录音/录像 心理学研究者需在征得个体或个体监护人的同意下，在实验或咨询过程中进行录音和拍摄照片。	2.5 只有在得到寻求专业服务者书面同意的情况下，心理师才能对心理咨询或治疗过程录音、录像或进行教学演示。
隐私权与保密	保密的义务	4.01 保守机密 心理学家具有基本义务，并应采取合理的防范措施，以保护从任何媒介获取或存储于任何媒介中的保密信息。心理学家应认识到保密可能会因为法律或机构的规定及专业或科学的关系而有其范围与限制。	3.1 在专业服务开始时，心理师应按照法律法规和专业伦理规范严格保密的前提下创建、使用、保存、传递和处理专业工作相关信息（如个案记录、测验资料、信件、录音、录像等）。心理师可告知寻求专业服务者保密例外情况并签署知情同意书。 3.4 心理师应按照法律法规和专业伦理规范严格保密的前提下创建、使用、保存、传递和处理专业工作相关信息（如个案记录、测验资料、信件、录音、录像等）。心理人员（如同事、督导、个案管理者、信息技术人员）有无权限接触这些记录。

续表

		APA	CPS
隐私权与保密	保密例外	4.02 讨论保密的限度 (a) 心理学家与个人（在可行的范围内亦包括法律上无能力给予其知情同意的人，和他们的法定代理人）在科学或专业上建立合作关系时，需与他们讨论：相关的保密限制，和未来对共同进行的心理学活动获取的信息的使用。 (c) 心理学家通过电子媒介提供服务、产品或信息时，需告知服务对象/病人有关隐私权与保密限制的风险。 4.05 公开 (a) 在机构类型的服务对象、个人型服务对象、病人同意的情形下，心理学家可以公开服务对象/病人的机密资料（法律不允许的情况除外）。 (b) 仅有在法律强制之下，或是法律所推许的正当目的之下，心理学家可以未经服务对象/病人同意公开机密资料。 4.04 减少隐私干扰 (a) 心理学家书面报告、口头报告以及咨询内容中只包含出现和研究目的紧密相关的信息。 (b) 心理学研究者只能基于专业或科研目的对从工作获取到的机密信息进行讨论，该讨论仅限于专业明确知晓该项规则的研究者。 4.07 出于教育或其他目的使用机密信息心理学家不能在他们的著作、讲座或其他公共媒体中泄露客户在工作中收集到的、他们的客户或患者、学生、研究参与者、团体客户或者其他接受他们服务的人的、可识别出身份的个人信息，除非他们采取了合理的方法来掩饰该客户或团体的身份；该客户或团体签署了纸质同意书；或者他们有执行此行为的法律授权。	3.2 心理师应清楚地了解保密原则的应用有其限度，下列情况为保密原则的例外：①心理师发现他人的严重危险；②不具备完全民事行为能力的未成年人等受到性侵犯或虐待；③法律规定需要披露的其他情况。 3.3 遇到 3.2 ①和②的情况，可确认的潜在受害者或相关部门预警；遇到 3.2 ③的情况，心理师有义务遵守法律法规，但须要求法庭及相关人员出示合法的正式文书，心理师有责任向寻求专业服务的合法监护人，并按照最低限度原则披露相关信息，并要求他们注意专业服务相关信息的披露范围。 3.5 心理师因专业工作需要在案例讨论教学、科研、写作中采用心理咨询或治疗案例，应隐去可能辨认出寻求专业服务者的相关信息。 3.6 心理师在教学培训、科普宣传中，应避免使用完整案例，如果有可辨识身份的个人信息（如姓名、家庭背景、特殊成长或创伤经历、体貌特征等），须采取必要措施保护当事人隐私。
	教育、教学和科普宣传中的保密		

续表

		APA	CPS
隐私权与保密	团队服务中的保密	4.06 咨询 在寻同事咨询时，若私密资料可能合理地导致辨认出与心理学家有保密关系的服务对象/病人，参与研究者、其他人或机构的身份，心理学家不能透露此机密资料的，除非事先已获得他们的同意，或是泄露是不可避免的；并且所透露的数据必须局限在达成咨询目的的范围内。	3.7 如果由团队为寻求专业服务者服务，应在团队内部确立保密原则，只有确保寻求专业服务者隐私受到保护时才能讨论其相关信息。
专业胜任力和专业责任	能力范围	2.01 能力范围 (a) 心理学家根据他们所受的教育、训练、被督导的经验、学习与专业经验，咨询、他们能力范围之内的专业领域内为某些群体提供服务，教学，进行研究。 (b) 在心理学学科中，科学或专业知识是建立在对年龄、性别、性别认同、种族、种族特点、文化、民族血统、宗教、性取向、身心障碍、语言或社会经济地位等因素的了解上，这份了解对他们有效执行其服务和研究是至关重要的。 (e) 在一些新兴的领域里，目前还未确立普遍认可的预备训练标准，但心理学家仍可以采取合理的步骤，以确保他们的工作能力，并保护当事人/病人、学生、接受督导者、参与研究者、机构中的个案和其他人避免受到伤害。 (f) 当心理学家担任法庭的角色时，他们相当熟悉或渐渐熟悉监督他们担任的角色的司法或行政法规。 2.04 科学和专业判断的基础 心理学家的工作应当以此领域中已经确立的科学与专业知识为依据。	4.1 心理师应在专业能力范围内，根据自己所接受的教育、培训和督导的经历和工作经验，为适宜人群提供科学有效的专业服务。 4.2 心理师应规范执业、遵守执业场所、机构、行业的制度。

续表

		APA	CPS
专业胜任力和专业责任	在紧急状况下提供服务	2.02 在紧急状况下提供服务 紧急状况时，如果人们无法得到适当的心理卫生服务，而心理学家亦尚未得该服务的必要训练，心理学家仍可为他们提供服务，以确保未拒绝服务。这项服务在紧急状况结束，或是可利用适当服务时立即终止。	
	保持能力	2.03 保持能力 心理学家应持续努力提高，并维持自己的能力。	4.3 心理师应关注保持自身专业胜任力，充分认识继续教育的意义，参加专业培训，了解专业工作领域的新知识及新进展，必要时寻求专业督导。缺乏专业督导时，应尽量寻求同行的帮助。
	自我保健	2.06 本人的问题和冲突 （a）当心理学家知道，或应当知道可能会因为个人问题而影响他们执行与工作相关的活动的能力时，他们应该避免发起该项活动。 （b）当心理学家意识到个人问题可能妨碍他们正当地执行其工作相关的职责时，应采取适当的措施，例如表取专业的咨询或或援助，并决定是否应该限制、延后、或是终止与这些工作相关的职责。	4.4 心理师应关注自我保健，警惕因自己的身心健康问题伤害服务对象对他可能性，必要时寻求专业督导或其他专业人员的帮助，或者限制、中断、终止临床专业服务。
	社会责任		4.6 心理师应承担必要的社会责任，鼓励心理师为社会提供自己的部分专业工作时间做经济回报、公益性质的专业服务。
心理测量与评估	评估的使用	9.01 评估基础 （a）心理学家在他们的推荐书、报告、诊断或评量的叙述，包括法庭上的证词所提出之意见，皆基于足够的资料和技术以证明他们的发现。 9.02 评估的使用 （a）心理学家在使用、采用、计分、解释、或是使用测量的技术、访谈、测验或设备时，就研究与证据对于实用性及技术的适当应用而言，其态度及目的应当是正当的。	5.1 心理测量与专业评估不应超越服务目的和适用范围。心理师不得滥用心理测量或评估。

续表

		APA	CPS
心理测量与评估	信度与效度	9.02 评估的使用 (b) 心理学家所使用的测量工具需要在他们所测试的群体样本中已经过了效度和信度检验。在尚未检测测验的效度和信度时，心理学家需描述并解释测验结果的优势点和局限性。 (c) 心理学家应当使用符合受测者的语言偏好和能力的测量方法，除非使用的另一种语言与测量的主题相关性很强。	5.3 心理师应根据测量目的与对象，采用自己熟悉的、已经在国内建立并证实信度、效度的测量工具。若无可靠信度、效度数据，需要说明测验结果及解释的说服力和局限性。
	知情同意	9.03 测量的知情同意 (a) 如"准则 3.10 知情同意"的描述，心理学家提供评估或诊断的服务时需要取得知情同意。除非测量是法律或政府法规的强制命令；隐含的知情同意，因为测验的实施是例行性的，如教育、公共机构、公司者自愿测量），参与者自愿同意测量）；测量包括对以下事项的解释：测量、费用及所涉及第三方的性质与目的的及保密程度。同时给予受测者/病人足够的机会问问题并得到解答。 (b) 对那些法律或政府法规命令而进行测验的人，心理学家需要使用受测者掌握的语言，告知他们关于实施测量服务的性质和目的。	2.2 心理师应知晓，寻求专业服务者有权了解下列相关事项： (7) 心理测量与评估的意义，以及测验和结果报告的用途。
	数据的保密	9.04 测验数据的公开 (a) 心理学家可以避免公开测验数据以保护某位服务对象/病人或其他人，以免造成重大的伤害、滥用或错误的解释数据或测验，并意识到哪些情况下，公开机密数据受法律约束。如果服务对象/病人未提出公开数据的要求，那么心理学家仅可以在法律或法院的要求下提供测验数据。	5.5 未经寻求专业服务者授权，心理师不得向非专业人员或机构泄露其测验和评估的内容与结果。

续表

		APA	CPS
心理测量与评估	测验开发	9.05 测验结构 开发测验和其他测量技术的心理学家,在测验设计、标准化、验证,降低或去除偏见及使用建议上需要使用适当的心理计量程序与现有的科学或专业知识。	
	解释结果	9.01 评估基础 (b) 除了在 9.01c 所注明的事项以外,心理学家仪在对个人实施足够的测验以支持他们的说明或者结论后,才能提供有关此人心理特质的结论。 (c) 当心理学家审查记录,提供咨询或督导或者无必要对个体检测为结论提供足够的解释,也需要解释他们是根据何种数据源而做出此结论及建议。 9.06 诠释评量结果 解释测量结果时,包括自动化的解释,心理学家不但需要参虑到测量的目的,而且需要参考到各种影响测验的因素。心理学家应该指出影响他们进行结果解释的所有限制性因素。 9.08 被淘汰的测验和过时的测验结果 (a) 心理学家不可根据已经过时的数据或测验结果,对他们当前测验结果进行评估。 9.09 测验计分和解释服务 (a) 心理学家为其他人员提供评量或记分的服务时,需精确描述该程序的目的、基准、信度、效度及应用,和适合他们使用的任何特定的规定。 9.10 解释评量结果 不论记分或解释是否由其他心理学家、雇员、助理、自动化操作,或其他外界服务给出,心理学家都应采取合理的步骤,以确保外界服务于当事人或或指定的代表该结果的解释,或非此关系的特质禁止提供该结果的解释,而且事先已向受测者清楚地说明这个事实。	5.4 心理师应尊重寻求专业服务者了解和获得测量与评估结果的权利,在测量或评估后对结果给予准确、客观、对方能理解的解释,避免寻求专业服务者误解。

续表

		APA	CPS
心理测量与评估	测验专业能力	9.07 不合资格的人实施测量 心理学家不可任用无资格的人使用心理测量技术，除非其使用目是为了训练的目的，并且在适当的督导下进行。	5.2 心理师应在接受相关培训并具备适当专业知识和技能后，实施相关测量或评估工作。
	维护测验安全	9.11 维护测验安全 术语"测验材料"是指手册、器材、草案、和测验题目或测刺激（物），但不包括"准则 9.04 测验数据公开"中所定义的测验数据。心理学家在符合法律和契约的责任，及严守此伦理法的态度下，合理地尽力维护测验材料和其他评量技术的完整和安全。	5.6 心理师有责任维护心理测验材料（测验手册、测验工具和其他心理评估工具）的公正、完整和安全，不得以任何形式向非专业人员泄露或提供不应公开的内容。
远程专业工作（网络/电话咨询）	知情同意及应急程序	3.10 知情同意 （a）当心理学家通过面对面，或经由电子媒体，他形式的沟通，以执行其研究或提供心理评估，或心理治疗，或心理咨询服务时。心理学家需要使用这个人或这些人能合理理解的语言，以获得个人或群体的知情同意。	8.1 心理师通过网络／电话提供专业服务时，除了常规知情同意外，还需要帮助寻求专业服务者了解并同意下列信息：①远程服务所在的地理位置；②远程专业工作的益处，局限和潜在风险；③发生技术故障时可能性及处理方案；④无法联系到心理师时的应急程序。
	保密	4.02 保密的限度 （c）心理学家通过电子媒介提供服务、产品或信息时，需告知服务对象、病人有关隐私权与保密限制的风险。	8.2 心理师应告知寻求专业服务者电子记录和远程服务过程在网络传输中保密的局限性，告知寻求专业服务者相关人员（同事、督导、个案管理者、信息技术人员）有无权限接触这些记录和咨询过程。个案管理者应采取合理预防措施（例如设置用户开机密码、网站密码、咨询文档密码等）来保证信息传递和保存过程中的安全性。
	确认身份		8.3 心理师远程工作时须确认双方真实身份及联系信息，也需确认寻求专业服务者具体地理位置和紧急联系人信息，以确保在寻求专业服务者出现危机状况时可有效采取保护措施。

续表

		APA	CPS
远程专业工作（网络/电话咨询）	专业能力		8.4 心理师通过网络、电话与寻求专业服务者互动并提供专业服务时，全程应协证寻求专业服务者真实身份，确保对方是与自己达成协议的对象。心理师应提供专业资质对应证证机构的电子链接，并确认此电子链接的有效性以保障寻求专业服务者的权利。
	专业关系		8.5 心理师应明白与寻求专业服务者保持专业关系的必要性。心理师应与寻求专业服务者讨论并建立工作界限。当寻求专业服务者或心理师认为远程服务工作无效时，心理师应考虑采用面对面服务形式。如果心理师无法提供面对面服务，应帮助对方转介。
伦理问题处理	伦理学习		10.1 心理师应当认真学习并遵守伦理守则，缺乏相关知识、误解伦理条款都不能成为违反伦理规范的理由。
	工作失误与误用	1.01 如果心理家表怀他们的工作被误用或误传了，他们需采取合理的步骤去改正。	10.2 心理师一旦觉察自己工作中有失职行为或对职责有误解，应尽快采取措施改正。
	与法律法规冲突	1.02 如果心理学家的伦理职责与法律、法规部门冲突需要阐明冲突的本质，心理学家遵伦理法。并在坚持本伦理法法的一般原则和道德标准之下，尽最大可能找到解决冲突的办法的办法。在任何情况下，此标准都不能用于违背人权的行为的辩护。	10.3 若本学会专业伦理规范与法律法规冲突，心理师必须让他人了解冲突的存在，并努力解决冲突。如这种冲突无法解决，心理师应以法律和法规作为其行动指南。
	伦理与机构冲突	1.03 如果心理学家所附属或服务的机构提出的需求与本伦理法相抵触，心理学家澄清冲突的本质，让对方了解他们谨遵伦理法，并在坚持本伦理法的一般原则和道德标准之下，尽最大可能找到解决冲突的办法。在任何情况下，此标准都不能用于违背人权的行为的辩护。	10.4 如果心理师所在机构的要求与本学会伦理规范有矛盾之处，心理师需澄清矛盾的实质，表明自己按专业伦理规范行事的责任。心理师应在坚持专业伦理前提下，合理地解决伦理规范与机构要求的冲突。

续表

		APA	CPS
伦理问题处理	违反伦理处理办法	1.04 当心理学家认为其他心理学家存在违背伦理的问题时，在不违背任何保密权并注意实验保密伦理并采取适当方式解决该问题。 1.05 如果出现了已经伤害或者很可能伤害到个人或组织的，明显违背伦理的事件，并且不适用于准则1.04"违背伦理的非正式处理方法"的条件，或不能通过这种方式合理解决的问题，心理学家应采取进一步的行动。本标准不适用于执照审查委员会或其他相关权力机构、省级或国家级专业伦理委员会、省级或国家级委任的心理学家或委任检查该心理学家的专业行为的情况。	10.5 心理师若发现同行或其他同事违反了伦理规范，应规劝；规劝无效则通过适当渠道反映问题。如其违反伦理的行为并非常明显，且已造成严重危害，心理师应当向临床心理学注册工作委员会伦理工作组反映其他适合的权威机构举报，以保护寻求专业服务者的权益，维护行业声誉。心理师如不能确定某种情形或所遇问题是否违反伦理规范，可向临床心理学注册工作委员会伦理工作组或其他适合的权威机构寻求建议。 10.6 心理师有责任配合临床心理学注册工作委员会伦理工作组调查可能违反伦理规范的行为并采取行动。心理师应了解对违反伦理规范的处理申诉程序和规定。
	伦理委员会合作	1.06 心理学家得配合APA或其所属的州心理学会做伦理调查、诉讼，和结果上的要求。合作时，他们得强调任何保密权之议题。不合作本身即是违反伦理。然而，要求延期裁定所申诉的伦理事件，致使诉讼悬而未决，则此单一事件未构成不合作之事实。	10.8 违反伦理守则者将按情节轻重给予以下处罚：①警告；②严重警告；③暂停注册资格，同时暂停有关权利；④永久除名，并保留向相关部门通报的权利。
	伦理案件投诉	1.07 心理学家不提鼓励或不鼓励轻率粗鲁的申诉案件，或刻意忽略事实上根本不足以起诉的伦理申诉。	10.7 伦理投诉案件的处理必须以事实为根据，以伦理守则相关条文为依据。
	反对歧视	1.08 心理学家不可由于某些人仅仅是曾经提报过伦理申诉的案件，或是其本身是伦理申诉人的被告，核准推进入学界或是其他项目，获得长身教职、进修、核准推进入学界或是其他项目、获得长身教职、进修、核准，以反升正。这不并不排除根据诉讼结果或考虑其他适当的数据而采取的行动。	10.9 反对以不公正态度或报复方式提出有关伦理问题的投诉。

附录10：不同国家和地区团体心理伦理守则比较

	国际团体治疗与过程协会	美国团体心理治疗学会	英国团体分析学会	团体工作专家协会
专业能力	6 完成正规的团体心理治疗教育（6.1 包括理论教育、督导实践等）。6.11 认识自己能力和局限并适时转介。7 继续发展和保持专业知识。	专业准则 1 保持胜任力。专业准则 2 为团体治疗发展做贡献。3.1 了解自己的能力，当成员需求超出能力范围时，向其他适当的来源进行咨询。	5.1 安排持续督导。5.2 任身心健康、非酒精或药物影响下工作。5.3 在协会指导下持续发展。	B.2 符合相关资质要求，具备有关的基本知识，能够执行核心团体胜任力。A.8a 通过一些活动保持现有知识和技能。A.8（b、c、d）寻求适当的专业帮助或督导支持。A.8e 了解团体研究和发展的最新情况
团体成员筛选	1.7 不歧视或利用团体成员，如果产生不利影响，应当转介给其他团体治疗师。2.1 只向有需要的来访者推荐团体治疗，并确保团体适合个人的治疗计划。	1.2 鼓励来访者在符合其需要情况下参与团体治疗。1.3 不应持有或容忍任何形式的歧视，但不禁止针对特定人群或特定问题的团体治疗。	2.7 不得歧视团体成员。通过对团体的多元化分析评估使个体非歧视原则得到强化。	A.7a 确保团体成员的目标与团体目标一致。B.8 工作人员要具备广泛的职业敏感性，从而应对来访者的多样性。持续地寻求关于不同人群文化问题相关的信息。

续表

	国际团体治疗与过程协会	美国团体心理治疗学会	美国团体分析学会	团体工作专家协会
知情同意	2.3 团体治疗师告知成员参加团体的风险、权利、义务；治疗开始前获得成员的知情同意。 3.5 与第三方联系应在成员知情同意下进行，除非有突发情况。 3.4、5.5 出于研究、教学、学术讨论目的使用个案资料的知情同意。	1.1 团体治疗师应当向潜在的团体成员告知治疗的性质，并告知其作为一名团体成员的风险、权利与义务。 2.3 团体治疗师不得将团体或其成员的身份信息用于教学目的、出版或专业演讲，除非获得许可并已采取所有措施以保护成员隐私。	2.3 咨访双方就关于治疗的本质、风险、场所、频率的信息达成书面或口头协议。 2.4 关于时间、场所、频率的规定和节假日安排。 2.5 十六周岁以下的团体成员不具同意权，须有监护人在场。 2.11 特殊情况下可不经成员同意联系第三方，但事后应告知成员。 3.4 参与研究时，团体成员需被告知研究的本质和目的。	A.7b 团体工作者负责知情同意书，提供团体的意图、目标，进入和离开的政策等相关文件要求的知情同意。
保密	3 团体治疗师有义务对成员信息保密。 3.1 指导成员保护团体内其他成员隐私的重要性。 3.2、3.3、3.9 保密例外（涉及自伤或伤害他人的风险、法律要求）。 3.8 如有成员泄露其他成员信息，则有必要进行干预并重建团体安全感。	2 保护团体成员的隐私权。 2.1、2.4 团体治疗师和成员都要遵守保密协议，团体治疗师要告知保密例外。 2.2、2.5 法律要求的以及成员可能对自己或他人有危险时的保密例外。	2.12 团体治疗师保障信息的安全存储。 2.11、2.13 保密例外（紧急伤害有特殊许可）。	A.6 应该对保密范围进行专业暴露声明。

续表

	国际团体治疗与过程协会	美国团体心理治疗学会	美国团体分析学会	团体工作专家协会
团体心理工作者和成员的关系	4 把成员利益放在首位，不得在性或经济上剥削患者。 4.1 和成员之间的个人关系、浪漫关系与治疗是对立的。 4.2 审慎对待移情和反移情的影响。 4.3 治疗期间，应避免与成员有任何其他形式的关系。 4.4 转介不必支付或接受委托金。 4.5 与成员经济往来应只限于专业费用相关事项，不得有借贷关系。	3.2 团体治疗师不应利用自己的专业关系谋求个人或商业利益。 3.3 与成员的性亲昵行为违背伦理。	2.8 团体治疗师和成员之间的关系是职业而非私人关系。不从性爱、情感、金钱上剥削和利用成员。 2.14 如案遭疾病或者死亡，团体治疗师应以专业遗嘱预先为成员做出适合的转介安排，确保治疗不会被治疗师的因素影响。	B.6 团体工作者帮助成员通过经验发展其个人目标，尊重成员并将其看成平等的合作伙伴。

后 记

2000年的某戒毒所，4位民警带着自己新的认知、新的梦想，对戒毒事业从新燃起的希望，挑选了10个强制隔离戒毒人员，一起创建了"向日葵治疗社区"，那个年代很少有人知道什么是社会工作者，跟毒沾边的事都应该归警察管，就更没有禁毒社会工作者这回事了。

这4位民警在创建"向日葵治疗社区"之前，觉得这群出去过不了几天就会复吸再回来的。但一次出差改变了他们的认知，那次出差所有的会议服务人员都是曾经有吸毒经历现已康复者，并且在曾经居住的戒毒所继续帮助其他刚刚进来的戒毒人员，他们管这个叫作同伴教员。

这4位民警就像发现了宝贝一样，住进了那个戒毒所，学习他们的运作模式，并带着新的信念：人是可以改变的！回到了自己的戒毒所，创建了新的"治疗社区"。为了让戒毒人员相信民警是真心帮助他们，6个月的时间里民警与10名戒毒人员同吃同住同劳动，一起遵守所里的规章制度，做对了一起受表扬，做错了一起受处罚。

就这样他们帮助的这10个人，至今有5人仍保持良好的操守，第一批社区戒毒人员的操守率达到了50%，这是戒毒所从未达到过的数字。他们用真心和实际行动换来了这些人对他们的信任，挽回了5个灵魂，5个支离破碎的家庭。

戒毒难，但戒毒工作更难。人们常说，戒毒工作是一场没有敌人的战争，是一场与魔鬼争夺灵魂的战争，既然是战场我们只有知己知彼，才能百战不殆。作为禁毒社会工作者，不仅仅需要学习专业技术，提高专业技能，了解更多的与毒品相关的法律政策等知识，更需要在遇到每一个服务对象时，知道边界在哪里，知道如何作出正确的、适当的、适宜的行为和决定。

作为见证这场战争的亲历者，我们要统一战线，我们的敌人是毒品而不是吸毒者，我们要懂得分辨，吸毒人群犯罪率高，但吸毒者不等于罪犯，我们要精进专业，复杂的问题更需要有多元的解决方案。

从警察主管到社会工作者队伍的建设，原来由警察所做的事现在更多落在了社会工作者肩上，这份重任不仅仅是要辅助社戒社康人员的尿检工作，更是在工作中运用自己学到的知识技能帮助社戒社康人员预防复发，保持良好的操守。这个工作艰难，就如同"向日葵治疗社区"刚刚创建时那样，充满了困难和挑战。而这每一个困难和挑战对服务对象来讲都是一个转机，都是一次希望！

每个社会工作的从业者，无论是科班出身还是半路出家，都会遇到或多或少的困惑，即助人与工作的边界冲突，个人情感与专业服务的冲突、服务对象利益与机构利益的冲突，服务与法律的冲突。专业伦理不仅仅是行业的道德价值观与行为规范，更是该专业领域里工作的理想指南，它更是在为提供专业助人服务的过程中，提供专业人士在遇到专业方面的伦理道德问题时做正确决策的依据，保护服务对象的福祉。

我们这些人聚在一起来写这本书，就是为了在禁毒社会工作者这个社会工作的细分领域，用我们浅薄的经验与探索，对以上的问题给出我们所理解的答案。书中难免有疏漏之处，欢迎各位前辈同行不吝赐教，我们共同学习前行，尽我们所能，像向日葵那样，积极向上、朝气奋发，引领每个迷途知返的人坚持向着阳光生长。

编 者

2024年3月于北京